O custo da ambição

Como o esforço de superar os outros pode nos derrubar

Miroslav Volf

Traduzido por Susana Klassen

mundocristão

Publicado originalmente por Brazos Press, divisão da Baker Publishing Group, Grand Rapids, Michigan, EUA.

Os textos bíblicos foram extraídos da *Nova Almeida Atualizada* (NAA), da Sociedade Bíblica do Brasil, salvo indicação específica.

CIP-Brasil. Catalogação na publicação
Sindicato Nacional dos Editores de Livros, RJ

V889c

Volf, Miroslav, 1956-
O custo da ambição : como o esforço de superar os outros pode nos derrubar / Miroslav Volf ; tradução Susana Klassen. - 1. ed. - São Paulo : Mundo Cristão, 2025.

Tradução de: The cost of ambition
ISBN 978-65-5988-488-9

1. Ambição. 2. Sucesso - Aspectos religiosos - Cristianismo. 3. Vida cristã. I. Klassen, Susana. II. Título.

CDD: 248.4
CDU: 27-423

25-99266.0

Carla Rosa Martins Gonçalves - Bibliotecária - CRB-7/4782

Categoria: Cristianismo e sociedade
1ª edição: Setembro de 2025

Edição
Daniel Faria
Revisão
Ana Luiza Ferreira
Produção
Felipe Marques
Diagramação
Gabrielli Casseta
Colaboração
Guilherme H. Lorenzetti
Adaptação de capa
Jonatas Belan

Publicado no Brasil com todos os direitos reservados por:

Editora Mundo Cristão
Rua Antônio Carlos Tacconi, 69
São Paulo, SP, Brasil
CEP 04810-020
Telefone: (11) 2127-4147
www.mundocristao.com.br

Cuidado com os escribas, que gostam de andar com vestes talares e das saudações nas praças; buscam as primeiras cadeiras nas sinagogas e os primeiros lugares nos banquetes; devoram as casas das viúvas e, para o justificar, fazem longas orações.

Jesus (Mc 12.38-40)

"O amor", diz meu senhor Rochfaucault, "costuma ser sucedido de ambição; mas ambição quase nunca é sucedida de amor." Essa paixão, uma vez que se apossa inteiramente do peito, não permite nem rival, nem sucessor.

Adam Smith, *Teoria dos sentimentos morais*

O orgulho é, em essência, competitivo. [...] O orgulho não obtém nenhum prazer de possuir algo, mas apenas de possuir mais daquilo do que o outro. Dizemos que as pessoas se orgulham de ser ricas, ou inteligentes, ou bonitas, mas isso não é verdade. Elas se orgulham de ser mais ricas, mais inteligentes ou mais bonitas que as outras.

C. S. Lewis, *Cristianismo puro e simples*

Mira (quando viu que estava perdendo): — Não quero mais jogar!

Eu: — Mas, quando alguém vence, outra pessoa perde!

Mira: — Não deveriam existir jogos em que alguém perde!

Minha filha, quando tinha 5 anos

Sumário

Prefácio

Não sei ao certo quando comecei a pensar que o esforço para ser melhor que outra pessoa, o esforço por superioridade, é problemático. "Comecei" pode não ser o termo correto. Talvez um modo mais adequado de expressar a incerteza seja dizer que não sei quando abandonei a heresia de que o esforço por superioridade é um bem magnífico e voltei à "fé" implícita do começo de minha infância. Não ouvia meus pais ou minha virtuosa babá me incentivarem a superar outra pessoa em alguma coisa ou me elogiarem por tê-lo feito. Na família Volf, como percebi mais tarde, partia-se do pressuposto de que devíamos fazer tudo com excelência, de que o apartamento devia estar impecavelmente limpo (minha mãe) e de que o chocolate devia formar uma camada perfeitamente lisa e decorativa sobre o bolo (meu pai). Não devia importar se fazíamos as coisas melhor que outros; as outras pessoas não eram nosso padrão de medida. Claro que, muitas vezes, certamente importava para mim — e, envergonho-me de dizer, ainda importa.

A primeira vez que argumentei publicamente a favor da ideia de que a superioridade não é tão valiosa quanto se costuma supor foi em outubro de 2019, no Segundo Congresso Global sobre Esportes e Cristianismo, em Grand Rapids, Michigan. Em minha palestra, desenvolvi uma tese um tanto malquista: embora o valor (em dinheiro e reputação) do esforço bem-sucedido por superioridade nos esportes possa ser grande (usei como exemplo Lionel Messi, na época o atleta mais bem remunerado e uma das pessoas mais famosas do mundo), o valor *moral* desse esforço é, na melhor das hipóteses, questionável. O esforço por superioridade, acompanhado, como é o caso com frequência, de expressões de ostentação e uma atitude de "eu sou o maior", parecia-me contrário não apenas ao exemplo de meus pais, mas, o que era ainda mais importante, ao espírito e à letra da fé cristã, uma afronta à humildade que deve caracterizá-la.

Ao escolher o tema de minha palestra, pensei comigo mesmo: "É hora de gerar controvérsia!".

Depois da palestra, o problema do esforço por superioridade não me deixou em paz, essa tensão entre os benefícios que ele traz e os estragos que causa para nós e para nosso mundo. Considere apenas dois exemplos. Um vem da história do desenvolvimento ético. Charles Taylor, no final de sua obra *Cosmic Connections* [Conexões cósmicas], acompanha o curso do desenvolvimento histórico de conceitos éticos essenciais comuns aos seres humanos. Ele observa que alguns conceitos importantes "produziram autoimagens ultrajantes de superioridade em relação a outros povos e civilizações, imagens que legitimaram muita injustiça".[1] Uma percepção de superioridade europeia inferiorizou outros povos e, ao mesmo tempo, legitimou séculos de violência contra eles, ilustrada de modo mais horrendo no comércio de escravizados.

O outro exemplo diz respeito aos efeitos do esforço por superioridade em nossa percepção de valor próprio. (Para uma lista mais abrangente, veja as teses 6-18 na conclusão.) Alunos da Universidade Yale formam um grupo de indivíduos privilegiados e, supostamente, seguros de si. A maioria deles é excepcionalmente talentosa, dedicada e proficiente. Ao chegar a Yale, porém, cada um desses indivíduos se torna apenas um dentre cinco mil alunos semelhantemente brilhantes. Para alguns, essa experiência de nivelamento é desnorteadora. Ao contrário do que estavam habituados, as comparações com seus colegas nem sempre os colocam em posição de vantagem. Parte considerável de seu valor próprio era decorrente de serem os melhores, e agora, ao se verem imersos em uma multidão de colegas aproximadamente do mesmo nível que eles — e a maioria, em algum aspecto, superior a eles —, sua autoestima despenca. Acostumados a serem superiores, sentem a dor aguda da inferioridade.

Uma percepção de inferioridade motiva o esforço por superioridade, e o esforço por superioridade é acompanhado de sentimentos de orgulho e, ao mesmo tempo, de inferioridade. Oscilamos entre "Sou melhor que alguns, talvez até que a maioria!" e "Todos são melhores que eu, ou, pelo menos, todos que são relevantes". Por trás dessa oscilação há uma convicção tácita: "Preciso ser pelo menos melhor que a maioria. Preciso estar acima da média, pois, do contrário, sou inadequado, um fracassado; não

[1] Taylor, *Cosmic Connections*, p. 572.

sou nada". E, abaixo dessa convicção, há outra que diz: "Meu valor vem de meu desempenho em comparação com os outros; eu *sou* meu desempenho em comparação com os outros".

Espero mostrar que é possível nos libertarmos dessa oscilação autoperpetuadora entre percepção de inferioridade e esforço por superioridade. É possível resgatar nosso valor próprio do cativeiro das comparações e viver de modo confiante, bebendo da água viva que brota da rocha de nossa alma, sem ansiedade quanto a nosso desempenho em relação aos outros. Se o fizermos, um novo mundo nascerá para cada um de nós e para todos nós juntos.

***

Cheguei à conclusão de que tradições bíblicas e importantes pensadores teológicos podem ajudar a abrir nossos olhos para que vejamos o mal do esforço por superioridade; também podem nos incentivar para que nos esforcemos com alegria por aquilo que é genuinamente bom, isto é, por aquilo que essas coisas boas são em si mesmas e pelos benefícios que elas proporcionam para nós, para os outros e para o mundo.

Um breve olhar sobre a Bíblia é suficiente para mostrar que o esforço por superioridade é um tema predominante na história de injustiça e sofrimento humanos. Considere Caim, primogênito amado da mãe de todos os seres humanos, e seu relacionamento com seu irmão, Abel. Ao dar à luz Caim, Eva declara: "Adquiri um varão com o auxílio do SENHOR" (Gn 4.1). Ela se mostra menos jubilosa na chegada do segundo filho e lhe dá o nome Abel, que significa "vapor", mera névoa soprada pelo vento. Quando o Senhor transtorna a ordem de preeminência ao aceitar o sacrifício do inferior Abel em lugar da oferta do preferido Caim, este último mata seu irmão e rival (Gn 4.1-16). Na outra extremidade da Bíblia, em Apocalipse, considere a besta com dez chifres e sete cabeças, a encarnação do mal. De acordo com João, o Vidente, o mundo todo se enche de admiração com seu poder invencível, presta-lhe culto e pergunta: "Quem é semelhante à besta? Quem pode lutar contra ela?" (Ap 13.4). A força da besta é absolutamente superior.

A Bíblia é emoldurada, portanto, pela obsessão dos seres humanos com superioridade — e com homicídio e guerra, manifestações extremas das medidas às quais as pessoas recorrem para obter e manter essa superioridade. E, entre essas histórias de Gênesis e Apocalipse, o mesmo tema surge repetidamente. Quando dois de meus principais interlocutores, John Milton e Søren Kierkegaard, escrevem sobre os males do esforço por superioridade e esboçam alternativas para ele, estão, acima de tudo, interpretando a Bíblia. E quando Paulo, meu terceiro interlocutor principal, faz o mesmo, está *escrevendo* a Bíblia!

Enquanto eu escrevia este livro, explorando o que a Bíblia hebraica, Jesus, Paulo, Milton e Kierkegaard dizem sobre o esforço por superioridade, de alguma forma as frases que redigi deram meia-volta e falaram comigo, não apenas com meu intelecto, mas com meu coração, o lugar onde ardem as chamas da ambição. Espero que este livro também fale com você: por meio do pequeno lírio contente de Kierkegaard que, embora seja mais belo que Salomão em todo o seu esplendor, se angustiou por não ser um lírio Coroa Imperial, o monarca dos lírios; por meio da ambição desmedida do Satanás de Milton, sua aversão a si mesmo e sua queda final do pináculo do templo; por meio da consciência de Paulo de que procurar ser o melhor era transformar em lixo as dádivas de Deus, ou por meio da loucura intencional de se gloriar em uma tentativa farsesca de convencer os coríntios de que se gloriar é insensato. Para mim, aquilo que a Bíblia hebraica, Jesus, Paulo, Milton e Kierkegaard têm a dizer é fascinante e profundo e transforma nossa vida. Escrever este livro foi um exercício espiritual, uma transformação da mente e, mais ainda, do coração. Minha esperança é que esta leitura também seja transformadora para você.

Organizei o livro de uma forma que lhe permite começar a ler no início ou no final, no capítulo 1 ou nas 24 teses sobre o esforço por superioridade que constituem sua conclusão. Você também pode começar em qualquer capítulo no meio. Cada um é independente e cada um oferece uma perspectiva singular sobre o esforço por superioridade, destacando aspectos de seus problemas e alternativas para esse esforço. Os capítulos também complementam uns aos outros, como indicarei no breve resumo do livro na conclusão.

1

"Ó, Salomão, eu te superei!"

1

"Glória seja a Deus que me considerou digno desta missão! Ó Salomão, eu te superei!" Assim se diz que o imperador Justiniano, o Grande (527–62 d.C.), exclamou em 26 de dezembro de 537. A maioria de nós não chega aos pés de Justiniano em sua importância; ainda assim, podemos nos identificar com seu desejo de superar um concorrente, pequeno ou grande.

Justiniano, acompanhado do patriarca e de uma multidão de fiéis, pronunciou essa exclamação triunfante quando estava consagrando Santa Sofia, o deslumbrante arquétipo de arquitetura bizantina, obra à qual ele dedicou um bocado de energia e recursos, vigiando constantemente o projeto e a construção. É bem provável que essa exclamação seja apócrifa, mas o esforço por superioridade que ela expressa era genuíno e fervoroso.[1] Ele imaginou que houvesse provado sua superioridade sobre Salomão, construtor do primeiro templo de Israel e, de acordo com o livro que Justiniano considerava sagrado, um homem de sabedoria inigualável. Salomão também havia competido por superioridade. A casa a ser construída para o Deus "maior do que todos os deuses" devia ser, conforme as instruções de seu pai, Davi, um edifício "sobremodo magnífico, para nome e glória em todas as terras" (2Cr 2.5; 1Cr 22.5). A grandeza de seu Deus e a majestade da casa a ser construída para ele redundariam em superioridade para Salomão. E Justiniano, ao completar Santa Sofia, havia provado que era superior a Salomão.

Não foi Justiniano quem deu início à competição com Salomão em Constantinopla. Em 527, Anícia Juliana, descendente dos imperadores ocidentais e mulher de grande riqueza, havia completado um edifício

[1] Para um breve apanhado histórico, veja Ousterhout, *Eastern Medieval Architecture*, cap. 9. Sou grato a Vasileios Marinis por destacar para mim esta e várias outras fontes na presente seção.

majestoso, a Igreja de São Polieucto. Quando a obra foi concluída, "era a maior e mais suntuosa igreja da cidade".[2] Era ornamentada com palmeiras, romãs, videiras, flores abertas e capitéis em forma de lírio, temas extraídos diretamente das descrições bíblicas do templo de Salomão.[3] Além disso, medindo cem côvados quadrados (uma medida bíblica e não romana!), a igreja foi projetada para se parecer com o templo escatológico ainda mais grandioso das visões de Ezequiel.[4] Em escala e custo, a igreja de Juliana superou todas as outras igrejas da capital na época de sua construção.[5] O poema de consagração da igreja inclui esta linha: "Somente ela [Juliana] venceu os ditames do tempo e superou a sabedoria do renomado Salomão ao edificar uma habitação para Deus".[6]

A Igreja de São Polieucto foi consagrada no ano de ascensão de Justiniano ao trono. Deve ter sido um espinho na carne para ele, especialmente tendo em conta que Juliana era descendente da realeza romana, enquanto ele era de origem camponesa ilírica. Sem falar na grande fortuna de Juliana. Justiniano queria que ela entregasse parte de suas riquezas para o tesouro do Estado. Ela procrastinou e, depois, derreteu muito de seu ouro para fazer placas que ela usou para enfeitar o teto de sua igreja.

A oportunidade de Justiniano de superar Juliana surgiu em 532, quando outra igreja foi destruída por um incêndio durante a Revolta de Nika. O projeto para a nova igreja ficou pronto em quarenta dias, "indicando que tinham sido feitos preparativos consideráveis antes mesmo de a Revolta de Nika tornar necessária a reconstrução da igreja".[7] O novo edifício, concluído depois de apenas cinco anos de trabalho realizado em ritmo frenético e com fundos praticamente ilimitados providos pelo imperador, era uma obra de beleza esplêndida. Era duas vezes maior que a igreja de Juliana e fazia o templo de Salomão parecer minúsculo. De acordo com 1Reis, o templo de Salomão tinha 27,43 metros de comprimento, 9,14 metros de largura e 17,73 metros de altura, e levou sete anos para ser completado. Santa Sofia, de Justiniano, ocupava uma área 24 vezes maior que a área do templo de Salomão, tinha 55 metros de altura e

[2] Harrison, "Church of St. Polyeuktos", p. 279.
[3] Ibid., p. 278.
[4] Bardill, "New Temple for Byzantium", p. 343.
[5] McClanan, *Representations of Early Byzantine Empresses*, p. 94-98.
[6] Ibid., p. 96-97.
[7] Barker, *Justinian and the Later Roman Empire*, p. 183.

levou apenas cinco anos para ser concluída. E, o que era mais importante, avanços arquitetônicos e novas técnicas empregadas no projeto significavam que o edifício permitia a entrada de uma quantidade muito maior de luz em comparação com seus antecessores, entre eles o Panteão romano. A luz passava por inúmeras janelas em diferentes ângulos, enchia todo o espaço e interagia de forma resplandecente com suas superfícies: vastas extensões de mármore e imensos mosaicos policromáticos que cobriam superfícies curvas e planas. Era uma nova Jerusalém terrena, um espaço digno de ser considerado habitação de Deus.[8]

Com Santa Sofia, Justiniano superou seu antigo rival, Salomão, e sua rival contemporânea, Juliana. Uma vez construída a igreja, ele podia até se gloriar de que Constantinopla, a nova capital do império, superava Roma, a antiga capital. Paulo Silenciário (falecido c. 575), poeta e diplomata de Justiniano, se gloriou por ele: "Ao edificar esse templo infinito sobre teu braço, ele te tornou [Constantinopla] mais brilhante que tua mãe no Tibre, que o deu à luz. Dá passagem, ó renomado Capitólio romano, dá passagem! Meu imperador excedeu tanto essa maravilha quanto o grande Deus excede um ídolo!".[9]

Por mais esplendorosa que fosse Santa Sofia, os problemas decorrentes do projeto e da construção apressada (em parte, efeitos do esforço por superioridade) começaram a aparecer quase de imediato. Robert Ousterhout descreve em detalhes as maneiras pelas quais o peso sem precedentes da construção exacerbou os defeitos estruturais. Além disso, a pressa da construção significou que partes foram edificadas sobre argamassa que ainda não havia secado completamente, criando uma situação de "fluxo plástico" que provocou deformações permanentes.[10] Foram feitas tentativas de corrigir esses problemas à medida que a construção avançava, mas, por fim, um terremoto em 557 levou ao desabamento da cúpula.[11] Juliana havia falecido em 527 e não podia ser humilhada pela grande igreja, nem podia experimentar prazer com a desgraça alheia quando a cúpula desabou. O edifício passou por diversos reparos desde então, mas continua a ser, em grande medida, uma estrutura vinculada

[8] Schibille, *Hagia Sophia*, p. 124-128. Devo essa referência a Felicity Harley-McGowan. Veja também Ousterhout, *Eastern Medieval Architecture*, p. 206.
[9] Paul the Silentiary, "Description of Hagia Sophia", in: Bell, *Three Political Voices*, p. 197.
[10] Ousterhout, *Eastern Medieval Architecture*, p. 203, 207-208.
[11] Ibid., p. 210.

àquela que foi reconstruída, projetada pelo filho de um dos arquitetos originais e reconsagrada em 562 por Justiniano, que, supostamente, havia aprendido sua lição.[12]

Excelência e superação buscadas ao mesmo tempo; magnificência e fracasso alcançados ao mesmo tempo; extorsão e exploração acompanhadas de grande habilidade artística e dedicação; gratidão a Deus expressa concomitantemente com rivalidade insolente, quase fanática. Esses são alguns problemas do esforço de Justiniano por superioridade.

Os problemas crescem quando consideramos o caráter do Deus para o qual Justiniano, Juliana e Salomão construíram seus templos. A ideia de Davi e de Salomão de que a grandeza da "casa" de Deus deve refletir a grandeza de Deus parece plausível até que nos lembramos de que Deus é *incomparavelmente maior* (i.e., ocupa uma categoria inteiramente distinta de grandeza) que os deuses. Uma vez que Deus é o Criador de todas as coisas, nem mesmo "o céu dos céus" seria capaz de contê-lo, como o próprio Salomão afirmou (2Cr 2.6). É difícil ignorar a refutação pronunciada por Deus por meio do profeta Natã quando Davi sugeriu, inicialmente, construir um templo para o Senhor. Deus não pediu esse templo. Deus aquiesceu a ele, como aquiesceu à monarquia (2Sm 7.1-16).

Quanto à competição de Juliana e Justiniano entre si e com Salomão, era contrária a toda pedra de arremate e toda pedra angular de sua fé, mesmo que a beleza dos edifícios que eles criaram apontasse para a glória da esperança escatológica cristã.[13] Um elemento fundamental da fé cristã é a convicção de que o Deus de Israel, o Senhor do universo, veio habitar primeiro no ventre de uma humilde mulher de Nazaré e, depois, mais demoradamente, na criança à qual ela deu à luz. O corpo daquele "judeu marginal" que não tinha onde descansar a cabeça foi o mais exaltado templo de Deus (Jo 2.21). O mais supremo se tornou como os mais humildes. A humildade

[12] Quando o sultão Mehmet II conquistou Constantinopla quase novecentos anos depois, em 1453, transformou-a em uma mesquita, o que, com uma breve interrupção, ela continua a ser até hoje. Como igreja, ela colocava em dúvida a grandeza do islamismo. Em 1616, o sultão Ahmed I construiu a esplendorosa Mesquita Azul do outro lado de Santa Sofia para superá-la. (Quanto à validade legal de manter Santa Sofia como mesquita, veja "The Hagia Sofia Case".)

[13] Ainda é válido perguntar como o esplendor de Santa Sofia pode harmonizar com a teologia da cruz apresentada por Paulo, bem como sua resistência à "superioridade de palavras ou de sabedoria" durante nossa peregrinação rumo à glória futura. Veja cap. 4.

do amor é um aspecto central da glória de Deus que confrontou a humanidade. Temos aqui, portanto, a incongruência irreconciliável da rivalidade entre Juliana e Justiniano: seu esforço para alcançar superioridade se expressou na construção de templos para honrar o Deus cuja humildade fundamental eles estavam, com isso, deixando de honrar.

***

Como a popularidade dos esportes indica, hoje o esforço por superioridade é amplamente difundido, talvez de modo especial nos Estados Unidos. A cultura de competições atléticas em parte reflete e em parte incentiva o esforço mais geral por superioridade na política, economia, educação, artes e até na vida cotidiana.[14] O presidente Obama expressou bem, e com aprovação, os efeitos culturais dos esportes. De acordo com ele, o que atrai as pessoas para os esportes é o fato de constituírem "um dos poucos lugares de verdadeira meritocracia. Não há muita enrolação. Em última análise, quem está vencendo, quem está perdendo, quem está tendo bom desempenho e quem não está são coisas que ficam bem claras".[15] Esforçar-se por superioridade regulada por meritocracia é o ideal com o qual as pessoas se identificam, tanto nos esportes quanto na maioria dos outros âmbitos da vida.

O esforço por superioridade não é limitado apenas aos grandes e proeminentes, gente da realeza como Salomão, Juliana e Justiniano, nem àqueles que se imaginam parte dessa classe. Também não é algo que acontece apenas em determinados âmbitos claramente delineados da vida sujeitos a regras estáveis, como nos esportes ou no mercado de trabalho. O esforço por superioridade está, literalmente, em toda parte. Eu saio do terminal B para ir ao terminal C no aeroporto de O'Hare, em Chicago e, em vez de usar as escadas e esteiras rolantes, caminho com minha pequena mala e uma sacola de livros, desço sessenta degraus, percorro todo o túnel da passagem subterrânea junto à esteira rolante e subo sessenta degraus. Com isso, sinto-me um pouco superior a toda a gente que não faz exercício físico e que queima combustíveis fósseis em lugar de calorias. (Obviamente, é loucura pensar dessa forma, pois não sei nada sobre os hábitos de exercício das outras pessoas, sua atitude em relação a combustíveis fósseis e, muito menos, o estado de sua saúde ou

[14] Veja Frías, "Games as Windows and Remedies".

[15] Citado em Sandel, *Tyranny of Merit*, p. 71.

a presença de limitações físicas que as levam a preferir as esteiras e escadas rolantes. Ademais, quão ambientalmente virtuosa é minha recusa de gastar combustíveis fósseis, tendo em conta que acabei de aterrissar e estou correndo para pegar o próximo voo?!) Ou quando chegamos em casa em nosso carro perfeitamente funcional (por exemplo, um Honda usado) e sentimos que ele perde valor quando vemos um Audi novinho em folha estacionado na frente da casa do vizinho. Então, olhamos para outro vizinho e vemos que o carro dele é muito mais velho e menos econômico que o nosso, e nos sentimos ligeiramente melhor; pelo menos nosso carro é melhor que o dele, o que nos torna superiores a ele.

Comparamos nossa virtude e nossa riqueza, nossas roupas e nossa beleza física, nosso sucesso como acadêmicos ou nosso poder como influenciadores, nosso tônus muscular e o número de curtidas em redes sociais, nossa variedade de amigos e nossa terra de origem, ou, caso sejamos superbilionários, a sofisticação e o alcance de nossos foguetes. E, em tudo isso, com frequência nos colocamos em uma só escala de valor, na esperança de obter a passageira euforia de descobrir que estamos acima de nossos concorrentes, não necessariamente de todos eles, mas pelo menos de alguns mais relevantes. Caso nos percebamos abaixo deles, sentimos o agudo desconforto da inferioridade; a inveja se instala em nossa alma e nos esforçamos para alcançar os outros e ultrapassá-los, ou temos esperança de que alguém tornará os critérios menos rigorosos para que também possamos tirar nota dez na prova. E, como é o caso com frequência cada vez maior, os demônios obstinados da depressão vêm ocupar nossa alma, prole tóxica de nosso sentimento de inadequação. Talvez você imagine que nossos problemas e nossos esforços chegarão ao fim se alcançarmos um estado de igualdade com outros. Isso não acontecerá. Todo estado de igualdade obtido por meio de competição é instável. E, portanto, nossos esforços para alcançar outros e ultrapassá-los, e o sofrimento que sobrevém quando não conseguimos, persistem.

A esta altura, você deve ter percebido que ao usar a expressão "esforço por superioridade" estou me referindo a nossos esforços para ser melhores *que outros*, e não apenas ser melhores. No final deste capítulo, tratarei em mais detalhes dessa definição e falarei das diferenças entre o esforço por superioridade e o esforço por excelência, entre nos aprimorar em algo e nos aprimorar como pessoas, entre o valor moral e o valor monetário do esforço por superioridade (veja seção 5). Primeiro, contudo, preciso falar mais sobre (1) o que está em jogo ao convivermos tão amigavelmente com o esforço por superioridade e até celebrá-lo (seção 2); (2) quão prevalente e implacável se tornou esse esforço, especialmente na modernidade recente (seções 2 e 3); e (3) quão profundamente ele afeta nossa vida em vários âmbitos (seção 4).

2

Embora nademos em águas contaminadas pelo esforço por popularidade, muitas vezes somos como os dois jovens peixes da hoje famosa parábola que David Foster Wallace contou em seu discurso de formatura em 2005 sobre a vida compassiva. Quando um peixe mais velho passa pelos dois mais jovens, nadando na direção contrária, ele acena para os dois e diz: "Bom dia, meninos. Como está a água?". Os dois peixes mais jovens nadam um pouco mais e, por fim, um olha para o outro e pergunta: "Que diacho é água?".[16] Os peixes mais jovens não percebem e, portanto, não se preocupam com o que os envolve de todos os lados. Por que precisamos estar conscientes e, possivelmente, nos preocupar com o esforço por superioridade dentro do qual todos nós nadamos?

***

Há uma desavença muito antiga, hoje parcialmente esquecida, que procura definir se o esforço por superioridade é um elemento vivificador, um agente tóxico ou, talvez, um pouco de cada. No início do poema didático *Os trabalhos e os dias*, o poeta grego Hesíodo, que viveu por volta de 700 a.C., louva a benévola Éris, deusa do esforço por superioridade. Ele sabe muito bem que também há uma malévola Éris, deusa do tipo de rivalidade que gera "guerras e discórdias perversas". Essa Éris malévola é "um ser cruel" e condenável. A benévola Éris, porém, tem uma disposição bem diferente. Depois de observar que foi Zeus quem colocou a benévola Éris nas raízes da terra e entre os seres humanos, Hesíodo escreve:

> Ela impele até o homem inapto a trabalhar; e, se alguém desprovido de bens vê alguém rico, também se apressa em semear e plantar e colocar sua casa em ordem; vizinho compete com vizinho por prosperidade. Essa Éris

[16] Wallace, *This Is Water*, p. 3-4.

> faz bem para os homens. Até mesmo oleiros guardam rancor de oleiros, carpinteiros de carpinteiros; mendigos invejam mendigos e menestréis invejam menestréis.[17]

O esforço por superioridade e a inveja que o impele contribuem não apenas para o desenvolvimento de indivíduos. De acordo com Hesíodo, o progresso em ofícios, artes e ciências está firmado neles. Zeus havia sabiamente colocada a benévola Éris nas raízes da terra; dela crescem muitas coisas boas.

Elementos importantes da tradição bíblica contrastam nitidamente com o louvor de Hesíodo ao esforço por superioridade. Qohelet, autor antigo identificado com frequência como o rei Salomão, concorda com Hesíodo que "toda fadiga e toda habilidade no trabalho provêm da inveja do ser humano contra o seu próximo" (Ec 4.4). Contudo, no mundo de Qohelet ele vê que "os mais rápidos nem sempre ganham a corrida, que os mais fortes nem sempre vencem a batalha, que os sábios nem sempre têm pão, que os prudentes nem sempre têm riqueza, que os inteligentes nem sempre são honrados, mas que tudo depende do tempo e do acaso" (9.11). Ele mostra não apenas que pessoas com aptidão e poder superiores por vezes perdem, mas também que, até mesmo quando vencem, suas vitórias são pírricas. Apesar de todo o seu empenho, no fim das contas, ficam de mãos vazias. A combinação de aptidão e trabalho árduo em tarefas que nascem do esforço por superioridade "é vaidade e correr atrás do vento", por mais impressionantes que sejam os resultados (4.4).

Nos textos antigos da tradição ocidental, temos essas duas perspectivas contrastantes do esforço por superioridade. Uma tradição o considera fonte de progresso pessoal e cultural. A outra o vê como um meio enganosamente atraente pelo qual glória falsa, vazia e prejudicial é entronizada entre os seres humanos.

***

Mais de dois milênios depois, no *Discurso sobre as origens e fundamentos da desigualdade entre os homens*, conhecido simplesmente como *Segundo discurso*, Jean-Jacques Rousseau une as duas tradições em um casamento tenso. Fica claro que ele prefere um cônjuge a outro, embora a

[17] Citado em Nietzsche, "Homer's Contest", in: *On the Genealogy of Morality*, p. 189-190.

forma como Rousseau avalia a corrupção e os avanços culturais resultantes do esforço por superioridade seja tema de controvérsia acadêmica.[18] Seu interesse nesse assunto nasce de uma preocupação em preservar a liberdade humana "em um mundo em que as pessoas dependem cada vez mais umas das outras para suprir suas necessidades".[19] É provável que Rousseau seja o crítico moderno mais relevante e mais influente sobre o esforço por superioridade.

Ele é conhecido por fazer distinção entre dois tipos de amor que uma pessoa tem por si mesma: *amour de soi-même* e *amour propre*. O primeiro é fácil de traduzir: "amor por si mesmo". Rousseau o descreve como "um sentimento natural que torna todo animal propenso a cuidar de sua própria preservação e que, guiado no ser humano pela razão e modificado pela compaixão, produz humanidade e virtude". O segundo tipo de amor, *amour propre*, é impossível de traduzir e, portanto, geralmente não é traduzido. Rousseau usa essa expressão para se referir, em linhas gerais, ao desejo de preeminência. Ele o descreve como "um sentimento apenas relativo, artificial e gerado na sociedade".[20] *Amour propre* é "relativo" porque surge em contextos sociais quando as pessoas se comparam umas com as outras. É "artificial" porque produz contenda. Quanto a sua geração na sociedade, eis como Rousseau a descreve. No ponto do desenvolvimento da humanidade em que o contato entre seres humanos se expandiu e os vínculos entre eles se estreitaram,

> todos começaram a olhar para todos os outros e desejar que olhassem para eles, e a estima pública adquiriu valor. Quem cantava ou dançava melhor, o mais belo, o mais forte, o mais habilidoso ou o mais eloquente se tornou o mais estimado, e esse foi o primeiro passo, de uma só vez, para a desigualdade e para o vício. Dessas preferências iniciais surgiram, por um lado, vaidade e desprezo e, por outro, vergonha e inveja; e o fermento

[18] Para a perspectiva mais tradicional, que enfatiza os perigos do *amour propre*, veja Charvet, *Social Problem in the Philosophy of Jean-Jacques Rousseau*. Para a perspectiva revisionista, que enfatiza sua possível manifestação construtiva, veja Neuhouser, *Rousseau's Theodicy of Self-Love*.

[19] Bertram, "Jean-Jacques Rousseau".

[20] Rousseau, "Discourse on the Origin and the Foundation of Inequality among Men or Second Discourse", p. 224.

causado por esses novos lêvedos produziu, com o tempo, combinações fatais para a felicidade e a inocência.[21]

Uma vez formada a ideia de estima, a ideia de ser observado e tido como superior ou inferior em termos comparativos, todos almejaram evitar desprezo e ser tidos em alta estima; em última instância, seu anseio era ser "tidos em mais alta consideração". No parecer de Rousseau, essa aspiração foi "o primeiro passo, de uma só vez, para a desigualdade e para o vício".[22]

Quando a estima se tornou valiosa, "todos reivindicaram o direito a ela, e deixou de ser possível privar alguém dela com impunidade". Em muitos casos, o desprezo das pessoas se tornou mais difícil de suportar do que ferimentos físicos. E disso surgiu o desejo por terrível e sanguinária vingança. Para refrear esse desejo, porém, da mesma fonte nasceram "os primeiros deveres da civilidade".[23] O esforço por superioridade é fonte tanto de vícios quanto de virtudes. Posteriormente, Rousseau escreve em sua história da humanidade que devemos a esse esforço "tanto o que há de melhor quanto o que há de pior entre os homens, tanto nossas virtudes e vícios e nossas Ciências quanto nossos erros, tanto nossos Conquistadores quanto nossos Filósofos".[24] Ao ler essa frase com "tanto [...] quanto", talvez sejamos tentados a concluir que, na mente de Rousseau, efeitos negativos e positivos são aproximadamente contrabalançados. Contudo, esse pode ser um equívoco. A mesma frase conclui: "Uma profusão de coisas ruins e *um pequeno número de coisas boas*".[25]

[21] Ibid., p. 170.

[22] Sob a influência de Rousseau, mas com uma antropologia mais sofisticada, em que se faz distinção entre predisposição humana e propensão humana para o mal, Immanuel Kant identifica a origem da inveja (e do esforço por superioridade decorrente dela) na presença de outros seres humanos, não como exemplos negativos que fazem outros se desviar do caminho certo, mas simplesmente por sua presença. De acordo com Kant, as necessidades humanas "são limitadas, e seu estado mental ao supri-las é moderado e tranquilo". E, no entanto, a presença de outros introduz um elemento de insatisfação. "Ele é pobre (ou se considera pobre) apenas na medida que fica ansioso porque outros seres humanos o considerarão pobre e o desprezarão por isso." Kant, *Religion within the Boundaries of Mere Reason*, p. 105.

[23] Rousseau, *Second Discourse*, p. 170.

[24] Ibid. p. 189.

[25] Ibid. (grifo do autor).

Embora o objetivo do *Segundo discurso* seja identificar a origem e os fundamentos da desigualdade humana, essa última frase bem no final do livro indica que a preocupação mais profunda de Rousseau é com as condições sociais de sua época. Em termos modernos (nesse caso, em meados do século 18), a "atividade petulante de nosso *amour propre*"[26] acentua seus efeitos negativos. Escraviza seres humanos.[27] Obriga-os a labutar na prisão da necessidade irresistível de ficar à altura do olhar avaliador de outros. Leva a trabalho inútil e interminável para se equiparar a outros ou superá-los e obter estima social. A pessoa que se esforça por superioridade está "sempre fora de si mesma; é capaz de viver apenas em função da opinião de outros e, por assim dizer, deriva a percepção de sua própria existência exclusivamente da avaliação deles". Pior ainda,

> tudo [está] sendo reduzido a aparências, tudo se torna artificial e encenado; honra, amizade, virtude e, com frequência, até vícios em que, por fim, se descobre o segredo da vanglória; em resumo, estamos sempre perguntando a outros o que somos sem ter coragem de perguntar a nós mesmos, em meio a tanta filosofia, humanidade, cortesia e máximas sublimes, não temos nada além de um exterior enganoso e frívolo, honra sem virtude, razão sem sabedoria e prazer sem felicidade.[28]

Esse é o Qohelet versão 2.0! O esforço por superioridade não é mera vaidade. É corrida atrás do vento que cria uma cultura de vacuidade perniciosa. Não importa que progresso cultural, material e mesmo intelectual o esforço por superioridade produza, esses ganhos não valem o esvaziamento da vida humana que ele causa. Rousseau exagera: *toda* "honra, amizade, virtude" são apenas artificialidade e encenação, diz ele. E, no entanto, ao ler essa passagem, temos a sensação de que ele está *nos* descrevendo; está retratando, por exemplo, nossa vida nas redes sociais.

3

A crítica breve, porém mordaz, de Rousseau do esforço por superioridade parece mais relevante hoje do que quando ele a escreveu quase três

[26] Ibid., p. 171.
[27] Meier, "Rousseaus Diskurs über den Ursprung", lxv, lxxi nota 72.
[28] Rousseau, *Second Discourse*, p. 192-193.

séculos atrás. Nas sociedades modernas, a pressão da comparação e competição e o anseio por ser pelo menos um pouco melhor que os outros se intensificaram. No *Segundo discurso* de Rousseau, como no pensamento de Adam Smith[29] e de Thomas Hobbes, que antecedeu ambos em mais de um século,[30] o esforço por superioridade aparece como ímpeto inerente às pessoas como seres sociais. Hoje, esse ímpeto foi "aprimorado" e se transformou em potente combustível psíquico que ajuda a motivar quase todos os âmbitos de nossa vida, um ingrediente essencial de propulsão daquilo que Harmut Rosa chamou de sistemática "lógica do aumento" característica da vida social na modernidade.[31]

Na transição das sociedades pré-modernas para as sociedades modernas, a natureza do esforço por superioridade se transformou. Considere, por exemplo, como o caráter dos desejos humanos de modo mais geral mudou. Como boa fonte de entendimento do desejo nas sociedades pré-modernas podemos voltar a Qohelet. Ele compara o ser humano ao mar e escreve: "Todos os rios correm para o mar, e o mar não se enche; ao lugar para onde correm os rios, para lá eles voltam a correr [...] os olhos não se fartam de ver, nem os ouvidos se enchem de ouvir" (Ec 1.7-8). No parecer de Qohelet, não faz parte da natureza humana parar em algum ponto da progressão de bens e prazeres e encontrar satisfação permanente.[32] Embora sejamos finitos, nossos desejos parecem quase infinitos, sempre além do limiar de nosso alcance. Não obstante a natureza insaciável do desejo, os anseios concretos, por exemplo, pelos bens materiais que os seres humanos buscavam em tempos pré-modernos, permaneciam relativamente limitados. E, o que é mais importante, em grande medida esses desejos antecediam os bens para os quais eram voltados. Uma pessoa tem uma necessidade; há um objeto que a suprirá; o desejo é o mediador entre a pessoa e esse objeto.

[29] Smith, *Theory of Moral Aentiments*, p. 57-58.

[30] Ao contrário de outros animais, os seres humanos "não têm nenhum outro objetivo, nenhuma outra coroa, senão serem preeminentes". Hobbes, *Elements of Law*, p. 36, 47.

[31] Rosa, *Resonance*, p. 1. Na página inicial de *Resonance*, ele resume seu argumento em *Social Acceleration* da seguinte maneira: a "formação social da modernidade", em economia, política, ciências, artes, "não pode estabilizar a si mesma senão de forma dinâmica [...] Deve se expandir continuamente, crescendo e inovando, aumentando a produção e o consumo, bem como as opções e oportunidades de conexão".

[32] Platão também considerava os desejos humanos (especificamente o desejo humano de enriquecer) "insaciáveis". Plato, *Republic*, p. 555, in: *Plato: Complete Works*, p. 1166.

Desejos modernos não funcionam exatamente dessa maneira. John Kenneth Galbraith, em seu clássico *A sociedade afluente*, observa que uma economia moderna de mercado se dedica menos a atender a necessidades existentes ao produzir bens que as supram e mais a "criar os desejos que os bens supostamente satisfazem"; ela "preenche o vazio que ela própria criou".[33] Uma economia moderna *gera* desejos, *nossos* desejos, para que possa satisfazê-los. Insinua-se nas frestas de nosso coração e deseja em nosso nome e dentro de nós. Qualquer um que tenha sido seduzido pelo algoritmo a passar mais tempo on-line do que pretendia experimentou uma força diferente de si como se fosse seu próprio desejo.

No decorrer da modernidade, a natureza do esforço por superioridade passou por mudanças semelhantes às da natureza do desejo. Vivemos em sociedades em que competir com os outros é um uma condição objetiva da vida na educação, economia, política, artes, ciências e mais, como mostrarei logo adiante. Muitos de nós nos tornamos empreendedores de nossa própria identidade, cuja sobrevivência e desenvolvimento dependem de nossa capacidade de vencer os concorrentes. Se fracassarmos, talvez definhemos; em casos extremos, talvez até morramos. Estamos sob pressão para nos esforçar por superioridade acima de nossos concorrentes. Na grande maioria das vezes, não há padrões objetivos de excelência. Aquilo que é considerado excelente não passa de um alvo móvel, como nos esportes, definido pela competição em si; você é excelente quando está quase no mesmo nível que certos indivíduos relevantes ou quando é ligeiramente superior a eles. Nessas condições, integramos o esforço por superioridade em nosso sistema de valores e em nossa percepção de identidade.

Esforçar-nos para ser melhores que outros se torna parte essencial não apenas de nossos valores, mas de nossa identidade e, portanto, de nossos desejos. Quando superamos outros, enchemo-nos de orgulho, mas ele vem acompanhado de ansiedade, pois todo sucesso é temporário e pode ser mantido apenas pelos mesmos meio pelos quais foi alcançado. Quando outros nos superam, sentimo-nos inadequados, inferiorizados, incertos não apenas de nossa capacidade de desempenhar uma tarefa, mas também de nossa adequação como seres humanos. Não é de surpreender que a depressão tenha se tornado um transtorno psicológico típico nos

[33] Galbraith, *Affluent Society*, p. 155, 153.

últimos cinquenta anos. Como Alain Ehrenberg propõe em *The Weariness of the Self* [A exaustão do eu], a depressão é "um mal de inadequação" que aflige aqueles que têm dolorosa consciência de que não obtiveram êxito em ser melhor que outros.[34]

4

Esse mal de inadequação é sentido de forma aguda em diversas áreas de nossa vida.[35] Ilustrarei esse fato ao lançar um breve olhar sobre três âmbitos contemporâneos em que o esforço por superioridade tem efeitos deletérios e que podem levar à depressão: redes sociais, ensino e política. Tenho a impressão de que muitos de nós nos identificaremos com essas descrições de como a busca amplamente difundida por superioridade nos tornou piores.

***

Os efeitos negativos das redes sociais sobre a saúde mental são extensamente documentados. Em maio de 2023, o departamento de saúde pública dos Estados Unidos publicou uma advertência em que destacou vários de seus riscos, especialmente para adolescentes.[36] Esses riscos são complexos e multifacetados e abrangem desde exposição a diversos tipos de conteúdos nocivos até questões associadas ao tempo de uso e interrupção de outras atividades diárias. Um risco importante consiste na forma como as redes sociais intensificam as comparações. Embora seres humanos sempre façam comparações sociais de vários tipos, as redes sociais agravam consideravelmente essa dinâmica. Motivam comparações em quase todas as áreas imagináveis (aparência física, talento musical, perspicácia, erudição, popularidade, riqueza, aptidões matemáticas, capacidade de comer um grande número de ovos em uma sentada...); apresentam outras pessoas de formas extremamente seletivas e maquiadas, medidas diretamente por meio de "curtidas" e comentários; e tudo isso está nas pontas de nossos dedos, em uma constante inundação, recompensando-nos por nosso

[34] Ehrenberg, *Weariness of the Self*. Como Byung-Chul Han destacou, Ehrenberg desconsidera causas sistêmicas de depressão, pressões econômicas para ser melhor que outros e causas de fragmentação social que nos deixam desprovidos de recursos para lidar com a depressão. Han, *Burnout Society*, p. 9-11.

[35] Essa seção foi esboçada por Taylor Craig.

[36] US Surgeon's General Advisory, *Social Media and Youth Mental Health*.

engajamento crescente com o conteúdo. Essas comparações nos deixam, inevitavelmente, descontentes com nós mesmos e fazem com que nos esforcemos para obter superioridade ou nos desesperemos diante de nossa incapacidade de fazê-lo.

Em referência específica a meninas adolescentes, o departamento de saúde observa que as comparações motivadas pelas redes sociais "são ligadas a insatisfação com o corpo, transtornos alimentares e sintomas de depressão".[37] No entanto, efeitos semelhantes podem se aplicar a cada um de nós. Teólogos, por exemplo, deparam com imagens dos escritórios e das estantes de seus colegas (apenas os ambientes considerados bonitos e repletos o suficiente para ser compartilhados publicamente, é claro) e talvez se sintam inferiores ou encontrem nova motivação para se esforçar por superioridade. Pode acontecer, ainda, de se sentirem frustrados diante de uma lista de realizações de outras figuras em sua área de atuação: um livro recém-lançado que esteja vendendo bem, o convite para falar em um congresso, uma nova e brilhante ideia a ser publicada em uma revista acadêmica. A linha entre se manter atualizado sobre sua área e se comparar e competir intensamente é, muitas vezes, bastante tênue. As redes sociais, porém, expandem nossa capacidade de nos comparar com outros e nosso desejo de lutar por superioridade de uma forma possível apenas na modernidade e com consequências devastadoras para nossa sensação de segurança, para a saúde mental, para as atividades às quais dedicamos nosso tempo e até para nossa percepção de identidade.

***

As redes sociais talvez pareçam um exemplo fácil demais. Contudo, o esforço por superioridade se infiltrou até mesmo em atividades fundamentalmente valiosas, como a educação, e as contaminou. Muitos comentaristas têm observado o rápido declínio no índice de admissões das faculdades e universidades mais prestigiosas dos Estados Unidos. Isso se deve tanto ao aumento de candidatos quanto à elevação dos padrões para ser aceito nessas instituições; o resultado, porém, é o mesmo: a competição aumenta à medida que mais alunos concorrem pela superioridade proporcionada pelo ensino de elite. Como no caso das redes sociais, uma das principais vítimas dessa competição é a saúde mental de alunos cada vez mais jovens

[37] Ibid., p. 8.

dos quais se exige que construam sua vida em torno da tentativa de ingressar em determinada instituição de ensino. Muitos estudos mostram que "jovens que crescem no contexto de escolas que valorizam ao extremo o alto desempenho [...] têm maior probabilidade estatística do que amostras normativas de apresentar sérios transtornos em diversas áreas, como o uso de drogas e alcoolismo e interiorização e exteriorização de problemas".[38] Apesar das boas condições materiais de vida típicas dessas crianças, a competição na qual são envolvidas tem efeitos prejudiciais sobre a saúde mental. Os autores de um artigo de revisão apontam claramente para aquilo que, a seu ver, é a causa desses males: "A ênfase amplamente difundida na cultura norte-americana contemporânea da maximização do *status* pessoal e como essa ênfase pode ameaçar o bem-estar de indivíduos e de comunidades".[39]

Esse esforço por superioridade não é prejudicial apenas para seus participantes. Como mostraram os escândalos recentes de uso de meios desonestos para ingressar em universidades, ele degenera o bem pelo qual as pessoas competem. Na introdução da obra *A tirania do mérito*, Michael Sandel relata de que maneira William Sanger usava de meios ilícitos (como suborno para preparadores de provas e técnicos esportivos) para ajudar a garantir vagas em universidades para os filhos de seus clientes abastados.[40] Evidentemente, algo não muito diferente ocorre com frequência quando filhos de grandes mantenedores e de ex-alunos recebem tratamento preferencial. De modo mais geral, a matrícula em escolas concorridas é altamente relacionada à renda, e "mais de dois terços dos alunos das famosas universidades da Ivy League vêm dos 20% mais ricos do país; em Princeton e Yale, mais alunos vêm do 1% mais rico do que de todos os 60% dos mais pobres do país".[41] Sandel observa que esse emaranhamento de questões de mérito e *status* representa uma mudança de propósito do ensino superior. À medida que a aceitação em universidades de elite se torna, cada vez mais, uma questão puramente de *status* e de garantia contra a volatilidade econômica, o foco é removido da educação como um fim em si. Os alunos buscam não apenas realização acadêmica, mas também vitória; ou, talvez, os alunos dessas universidades de elite

[38] Luthar e Kumar, "Youth in High-Achieving Schools", p. 441.
[39] Ibid., p. 441.
[40] Sandel, *Tyranny of Merit*, p. 7.
[41] Ibid., p. 10-11.

sintam liberdade de estudar sobre aquilo que verdadeiramente lhes interessa porque já venceram a competição por uma vaga nessas instituições e já têm emprego garantido ao se formarem, não importa que cursos escolham! Qualquer que seja o caso, uma vez que o ensino superior se torna objeto do esforço por superioridade, começa a perder sua responsabilidade original, e o prestígio se torna seu propósito tático. O esforço para alcançar superioridade mesmo em valores e realizações excelentes de per si pode corroer essa excelência.

***

A política também está sendo moldada pelas exigências do esforço por superioridade. Ao sermos inundados por um ciclo interminável de informações, a política é assimilada pelas exigências da economia da atenção. Embora sempre diga respeito a poder e influência, a política de hoje gira em torno de pura competição. O exercício de domínio tomou o lugar do bem comum como objetivo do governo. Uma das muitas vítimas dessa mentalidade é o papel da verdade no discurso público: líderes são motivados a dizer o que imaginam que os manterá no poder. Em 2018, a organização de pesquisa RAND publicou um relatório sobre "A deterioração da verdade", que fez parte da lista de leitura de férias do ex-presidente Obama.[42] A deterioração da verdade é definida como "a redução de importância de fatos, dados e análise, bem como da confiança neles e respeito por eles" no "discurso político e civil";[43] essa deterioração é entremeada com o aumento da polarização e a erosão do discurso civil. As implicações disso para o comportamento dos líderes que elegemos não causam surpresa. Um estudo recente indica que a preferência por dizer a verdade entre políticos é inversamente proporcional à probabilidade de reeleição.[44] Quando superioridade na forma de popularidade e, portanto, de vitória eleitoral, se torna um bem em si, a tendência é que crie suas próprias regras, seus próprios benefícios internos e seus próprios padrões de valor e, como consequência, que obscureça a realidade.

[42] Veja o relatório em Kavanagh e Rich, *Truth Decay*. Para a cobertura na mídia, veja Jennifer Kavanagh e Michael D. Rich, "The 'Truth Decay' Research That Made Obama's Reading List", CNN, 21 de junho de 2018, <https://www.cnn.com/2018/06/19/opinions/truth-decay-opinion-rich-kavanagh/index.html>.

[43] Kavanagh e Rich, *Truth Decay*, p. iii.

[44] Janezic e Gallego, "Eliciting Preferences for Truth-Telling".

***

Meus breves comentários sobre redes sociais, ensino e política indicam que o esforço por superioridade é amplamente difundido e que adquiriu aspectos distintamente modernos e profundamente perniciosos. Também destacam alguns dos efeitos prejudiciais desse esforço que examinarei nas páginas a seguir. O esforço por superioridade em relação aos outros cria os sentimentos de inferioridade que ele se propõe resolver; é altamente contagioso em sistemas culturais e estruturas sociais; gera visões distorcidas e enganosas da realidade; e incentiva a busca por bens de valor inferior a fim de alcançar *status*, ao mesmo tempo que minimiza o valor da excelência.

5

Até aqui, falei um bocado sobre o esforço por superioridade, mas não mostrei em detalhes o que ele significa. A fim de explicar como uso essa expressão, tenho de fazer algumas distinções. (A discussão aqui é um pouco mais técnica, e se você tiver consciência clara de que o esforço por superioridade diz respeito a ser melhor que outra pessoa, e não apenas ser melhor como um fim em si, pode pular esta seção e ler o restante do livro. Talvez você queira voltar a estas páginas caso fique perplexo a respeito de questões como a relação entre o valor moral e o valor instrumental do esforço por superioridade ou entre o esforço por se aprimorar em algo e o esforço por ser uma pessoa melhor.)

***

Comparação versus *competição*. Comparação pode ser simplesmente a observação de semelhanças ou diferenças entre as coisas que estamos comparando. Ao voltar para casa, observo diferenças entre o Audi (digamos que seja um novo modelo elétrico) estacionado na frente da casa do meu vizinho e o Honda que estou dirigindo. Uma vez que tenho algum conhecimento desses dois tipos de carros, sei que o Audi é muito melhor na maioria dos aspectos. Ao avaliar os dois carros, comparo não apenas suas características, mas também seu valor relativo. "Meu vizinho tem um carro melhor que o meu" é uma declaração comparativa de valor, e não uma declaração competitiva. Uma vez que começo a desejar ter um carro que seja, no mínimo, tão bom quanto o de meu vizinho, ou mesmo reduzir a diferença de qualidade entre nossos carros, não estou mais apenas comparando. Passei da zona verde da comparação *potencialmente* para a zona vermelha da competição com meu vizinho, cujo carro se tornou minha medida. Agora, estou me esforçando para ter um carro mais próximo da suposta excelência do carro dele, se não igual ou melhor.

Por que, grande parte das vezes, não nos contentamos em simplesmente comparar e aprender com as comparações? Por que nos esforçamos para superar uns aos outros? Para os fins deste estudo, não preciso identificar uma explicação última para o esforço por superioridade. Talvez ele se deva a Adão e Eva, que, enganados por Satanás, aquele que se esforça de modo supremo por superioridade, desejaram ser como Deus e melhores um que o outro e deixaram para mim como herança esse mesmo desejo equivocado. É o que Milton, juntamente com boa parte da tradição cristã, pensava (veja cap. 3). Talvez eu tenha adquirido esse desejo na sociedade, como vimos que Jean-Jacques Rousseau imaginava. Se a humanidade tivesse permanecido em um estado natural, eu não estaria me esforçando por superioridade; contudo, uma vez que vivo em sociedade, passei a ter o desejo de ser melhor que outros, talvez até *o* melhor, de ser tido "na mais alta consideração".[45] Ou talvez esse desejo seja natural para mim em razão da antiquíssima luta por sobrevivência gravada no tecido de meu ser.[46] Talvez todos esses elementos exerçam influência. Qualquer que seja o motivo, muitas vezes não me atenho a comparar meu carro com o do vizinho. Anseio por um carro pelo menos tão bom quanto o dele e, se possível, melhor. Anseio superá-lo de alguma forma, se não com o carro que dirijo, quem sabe em algo que considero ainda mais importante. Essa é minha tendência a menos que eu me imponha alguma forma de disciplina espiritual.

***

Esforço por excelência versus *esforço por superioridade.* Esforçar-nos por excelência significa procurar tornar-nos melhores em algum sentido, aprimorar-nos ou, pelo menos, não piorar, especialmente à medida que

[45] Rousseau, *Second Discourse*, p. 170.

[46] Para uma discussão sobre possíveis bases evolutivas do esforço por superioridade, veja, e.g., Chapais, "Competence and the Evolutionary Origins of Status"; Cheng, Tracy e Henrich, "Pride, Personality, and the Evolutionary Foundations".

envelhecemos;[47] esse é o esforço para ser *melhor que eu mesmo*. O esforço por superioridade, em contrapartida, é a busca por *ser melhor que outra pessoa*, isto é, melhor que meu irmão, vizinho ou colega na escola, até melhor que todos os seres humanos. Quero ser o maior de todos os tempos. Tanto quanto entendo, esses são dois esforços fundamentalmente distintos.

O esforço por excelência é medido por um padrão objetivo do qual procuro me aproximar e, talvez, exceder, ou por um objetivo que estabeleci para mim mesmo. O padrão em si pode ser de grande valor (doar metade de minha renda mensal ou proporcionar acesso a água limpa para aqueles que não o têm), trivial (como o desejo de deixar as unhas das mãos crescerem até alcançarem cinco centímetros) ou prejudicial (o desejo de acumular um grande arsenal nuclear). Se existe alguma competição no esforço por excelência, essa competição é comigo mesmo. Tenho interesse apenas secundário nas realizações de outros. Ao ver o novo Audi elétrico do vizinho, por exemplo, talvez eu me lembre de que assumi o compromisso de mudar de um motor a combustão para um tipo de carro mais sustentável e ecológico e volte a me esforçar para alcançar esse alvo.

De modo contrastante, o esforço por superioridade é, em essência, competitivo (falarei mais sobre isso abaixo). Além disso, o esforço por superioridade não é inerentemente atrelado a aprimoramento, seja de tipo valioso, trivial ou prejudicial. Posso me tornar melhor que alguém pelo simples fato de essa pessoa ter se tornado pior ou ao levantar obstáculos para o desempenho de meu concorrente. É possível até todos se tornarem piores e eu me tornar melhor que eles. O esforço por superioridade envolve, com frequência, o esforço por aprimoramento pessoal, mas não precisa dele e pode ser desfavorável a ele. Portanto, o esforço por superioridade é categoricamente distinto do esforço por excelência.[48]

[47] Devo a ideia de que o esforço por excelência pode assumir a forma de esforço para não piorar a Ryan McAnnaly-Linz.

[48] O esforço por superioridade desempenha um papel essencial na psicologia de Alfred Adler. No entanto, ele usa a expressão "esforço por superioridade" para designar o que eu chamo de esforço por excelência. Para ele, é o impulso fundamental do comportamento humano, uma forma de a pessoa concretizar seu próprio "ideal de eu": "O esforço por superioridade nunca cessa. Na verdade, constitui a mente, a psique do indivíduo. Como observamos, a vida consiste em alcançar um alvo ou uma forma, e é o esforço por superioridade que coloca em movimento a busca por essa forma" (Adler, *Best of Alfred Adler*, p. 334). Embora o esforço por superioridade, como Adler o entende, possa se expressar em comportamentos competitivos, para ele (ao contrário do que eu penso), não é em

A fim de tornar clara a diferença entre o esforço por superioridade e o esforço por excelência, pode ser útil eliminar duas formas de fazer distinção entre os dois. Primeiro, a distinção não consiste no fato de que o esforço por superioridade envolve *comparação*, enquanto o esforço por excelência não o faz. Em muitos casos, o esforço por excelência também envolve comparação. No esporte ou na arte, não há padrões objetivos de excelência. Os padrões de excelência mudam à medida que o caráter de determinada prática se desenvolve. Ouço um excelente violinista (como David Oistrakh) ou observo um excelente jogador de basquete (como LeBron James) e procuro imitá-lo a fim de que eu possa aprender a tocar ou jogar tão bem quanto ele e, talvez algum dia, até melhor. Minhas comparações e meu esforço podem ter dois objetivos distintos (embora, com frequência, se mesclem). Meu objetivo principal talvez seja *tocar ou jogar bem*; nesse caso, compararei meu desempenho com o deles a fim de aprender e me aprimorar. Minhas comparações são colocadas a serviço da excelência; Oistrakh e James exemplificam alvos que talvez eu possa alcançar e superar e, portanto, levam a uma busca arrazoada.[49] Outra possibilidade é que meu objetivo seja *tocar ou jogar melhor do que eles*; nesse caso, comparo meu desempenho com o deles a fim de aprender e, se for bem-sucedido, mostrar que sou melhor do que eles (o que, nos dois casos mencionados, significa praticamente ser o maior de todos os tempos). Minhas comparações agora são colocadas a serviço do esforço por superioridade.

Segundo, a distinção entre esforço por superioridade e esforço por excelência não consiste no fato de que o esforço por superioridade envolve *competição*, enquanto o esforço por excelência não o faz. Pense em dois pares de atletas de elite que competiram um com o outro ao longo de sua carreira, conforme a interpretação de Francisco Javier López Frías, filósofo do esporte. Na rivalidade entre Lionel Messi e Cristiano Ronaldo, cada um dos jogadores se esforçou para alcançar desempenho superior ao de seu

essência um esforço "para ser melhor que" alguém. Quando envolve competição, como na vida do segundo filho da família, ele a descreve como esforço por superioridade "a todo vapor" (p. 164). Para ele, esforçar-se para obter superioridade é uma questão de superar a percepção de carência, aprimorar sua suposta condição de vida, aproximar-se um pouco mais do ideal de eu em vez de superar outra pessoa (ao contrário de minha perspectiva). Diante disso, é tão "universal" quanto o sentimento de inferioridade é universal (p. 325). Uso essa expressão em um sentido mais restrito do que Adler.

[49] Ao me esforçar para obter excelência, pode acontecer de, no fim das contas, eu ser o melhor. No âmbito dos negócios, veja Warren Buffett, in: Walter, "Case against Competing". Nos esportes, veja Hawkins, "Pussilanimity, Superiority and Remedies".

rival e, com isso, quebrou recordes e acumulou títulos em busca de superioridade comprovável e pública. De modo contrastante, na rivalidade entre Larry Bird e Magic Johnson, o enfoque era admiração e respeito mútuos; os dois jogadores se referiam a seus embates como catalisadores de autoaprimoramento e não como oportunidades de alcançar e demonstrar superioridade.[50] Embora o esforço por superioridade sempre envolva competição, é possível ter relacionamentos competitivos sem que qualquer uma das partes se esforce para obter superioridade.[51]

Uma forma simples de distinguir entre esforço por superioridade e esforço por excelência é dizer que cada um desses esforços tem um *objeto de desejo* diferente.[52] Ao me esforçar para obter superioridade, meu objetivo é estar acima de uma pessoa, a determinada distância dela. Ao me esforçar para obter excelência, meu objetivo é alcançar algo bom, não obstante onde eu esteja em comparação com outros. Em alguns casos, pode ser difícil traçar uma linha divisória entre superioridade e excelência, e é possível se esforçar para alcançar ambas ao mesmo tempo. É possível se esforçar para obter excelência ao se esforçar para obter superioridade (talvez como na rivalidade entre Larry Bird e Magic Johnson) e é possível se esforçar para obter superioridade ao se esforçar para obter excelência. Com frequência, porém, a distinção entre os dois esforços é clara, como propus e como mostrarei por meio de argumentos.

***

Ser melhor em algo versus *ser melhor como pessoa*. Uma forma de descrever a estrutura geral do esforço por superioridade é usar uma fórmula triádica: "*A* se esforça para ser superior a *B* em *C*". *A* representa a pessoa que se esforça para obter superioridade, *B* representa aqueles aos quais ela deseja ser superior e *C* o quesito em que ela procura ser superior.[53] Há muitos *Cs* em que buscamos superioridade, a maioria deles é algum tipo de desempenho ou de recurso: quanto tempo conseguimos prender o fôlego,

[50] Essas frases são uma versão editada de um comentário sobre uma versão anterior do texto por Frías, "Games as Windows and Remedies".

[51] Para exemplos dos Jogos Olímpicos de 2024, veja Brad Stulberg, "What the Olympics Can Teach Us about Excellence", *New York Times*, 11 de agosto de 2024, <https://www.nytimes.com/2024/08/09/opinion/paris-olympics-gold-excellence.html>.

[52] Devo essa formulação a Taylor Craig.

[53] Essa formulação vem, com uma ligeira alteração, de Soulen, artigo sem título, p. 1.

quão bem somos capazes de jogar xadrez ou quão virtuosos somos; quão magnífico é nosso deus, quão polpudo é nosso portfólio de investimentos ou quão lindos são nossos dedos dos pés. A categoria *C* praticamente não tem limites. Quanto mais importante nós, como cultura ou grupo, consideramos *C*, mais importante será para aqueles que fazem parte da cultura ser superiores a outros no quesito *C* caso adotem o esforço por superioridade como valor.

Com frequência, porém, a superioridade de *A* em relação a *B* no quesito *C* é entendida como sinal da superioridade geral de *A* em relação a *B*, ou seja, *A* é considerado melhor do que *B*, um espécime superior de humanidade. O inverso, obviamente, é que *B* é um ser humano pior, um espécime inferior de humanidade. Quando o esforço por superioridade diz respeito à *pessoa* em lugar de sua "obra", chegamos a um importante divisor de águas antropológico. Será que todos nós temos o mesmo valor como seres humanos, independentemente de nosso desempenho ou de nossas posses? Ou nosso valor como seres humanos depende de nossa condição relativa quanto a nosso desempenho ou a nossa posse de qualidades ou coisas?

Stephen Darwall faz distinção entre dois tipos de respeito.[54] O primeiro é o respeito decorrente de avaliação, que demonstramos por outros com base em seu desempenho ou em suas posses. Uma vez que o desempenho e as posses de indivíduos diferem entre si, o respeito decorrente de avaliação que temos por eles também difere. O outro tipo de respeito é decorrente de reconhecimento, que demonstramos por seres humanos *como* seres humanos (ou, por exemplo, por alguém em determinado cargo em razão de seu cargo). Todos os seres humanos são igualmente humanos; todos têm igual valor como seres humanos e, portanto, o respeito decorrente de reconhecimento que devemos a todos é igual.

Darwall desenvolve suas ideias a partir de Immanuel Kant, segundo o qual nosso valor é fundamentado na "dignidade" humana igual que temos em comum, distinta de "valor" fundamentado em desempenho ou em posses. Se imaginarmos que os seres humanos só têm valor, e não dignidade, é provável que nos esforcemos para obter superioridade, pois a superioridade aumenta nosso valor como seres humanos. De modo contrastante, se imaginarmos que os seres humanos têm dignidade que exige igual respeito decorrente de reconhecimento, ao buscar nosso "valor" ou ter por outros

[54] Stephen I. Darwall, "Two Kinds of Respect", *Ethics* 88, nº 1 (1977), p. 36-49.

respeito decorrente de avaliação, teremos de permanecer vigilantes para não deixar que desempenho melhor ou mais posses comprometam a qualidade do respeito decorrente de reconhecimento.

Com frequência, *A* se esforça para ser melhor que *B* no quesito *C* porque *A* deseja ser reconhecido como uma *pessoa* melhor que *B*. Na verdade, especialmente nos ambientes sociais de hoje, desempenho superior e mais posses costumam ser entendidos como valor superior dos seres humanos a quem eles são associados. O efeito, e por vezes o objetivo pretendido, de alcançar superioridade em desempenho ou em posses é conferir valor inferior àqueles acima dos quais estamos. Temos, então, não apenas desempenho e posses superiores ou inferiores, mas seres humanos superiores ou inferiores.

O peso dessa inferioridade recai principalmente sobre os "pobres", os desamparados e tidos como fracassados. Aqueles que se esforçam para obter superioridade têm a tendência de desconsiderar, explorar ou desprezar abertamente os pobres, pois ajudá-los não seria tanto uma questão de "perturbar o estado sereno de sua felicidade",[55] mas seria uma interrupção em seus esforços e lhes causaria atraso. Como Jesus diz, aqueles que se esforçam para obter os melhores lugares na casa de adoração e os lugares de honra nos banquetes são, com frequência, os mesmos que devoram as casas das viúvas (Mc 12.38-40). O que Adela Cortina chama de aporofobia, aversão aos pobres,[56] é especialmente pronunciado entre aqueles cuja percepção de identidade depende de serem superiores a outros seres humanos.

***

Ser superior versus *ser considerado superior*.[57] Embora sejam duas coisas relacionadas de modo próximo, podemos fazer distinção entre desejar ser melhor que alguém e desejar que outros reconheçam que você é melhor que alguém. Outra maneira de expressar essa ideia é dizer que posso sentir uma medida de satisfação de *me considerar* superior a outros, mas, não raro, sinto mais satisfação ou um tipo diferente de satisfação quando *outros* me consideram melhor. Uma coisa é comparar meu carro com o do vizinho em minha mente; seria bem pior ouvir dois vizinhos conversarem

[55] Smith, *Theory of Moral Sentiments*, p. 58.
[56] Veja Cortina, *Aporophobia*.
[57] Essa seção foi esboçada por Taylor Craig.

sobre os pobres coitados que não têm Audis ou Teslas! Em contrapartida, talvez eu deseje ser melhor violinista ou jogador de basquete que meu rival e talvez, em certo sentido, para mim seja suficiente saber que sou melhor que ele. Sem dúvida, porém, prefiro que meu rival (bem como um teatro ou um ginásio lotado) também reconheça esse fato. Como vimos anteriormente, Rousseau desenvolveu essa argumentação muito tempo atrás.

Se o desejo de superioridade é quase sempre um desejo de ser considerado superior, por que essa distinção é importante? Como veremos nos capítulos seguintes, em ambientes em que a superioridade se torna um valor central, por vezes o fato de alguém ser considerado superior pelos demais (o *reconhecimento* de sua superioridade) pode se desassociar e começar a atuar de forma independente de suas qualidades e de suas aptidões, livre das coisas que permitem que alguém verdadeiramente *seja superior*, isto é, o quesito *C* da seção anterior. Podemos dizer que prestígio ou posição no âmbito público se torna, então, um bem em si mesmo. É possível se esforçar para obter *status* superior sem ser, efetivamente, melhor em qualquer coisa. Em contrapartida, é possível ser superior sem ter o desejo de ser reconhecido como tal. Superioridade e reconhecimento de superioridade são, portanto, duas coisas diferentes. Essa diferença explica o fenômeno do simples *status*, superior ou inferior, e ajudará a esclarecer vários exemplos a seguir.

***

Valor moral versus *valor instrumental no esforço por superioridade*. Entre 2008 e 2020, pode se dizer que Lionel Messi foi o melhor jogador do esporte mais popular do mundo. Suponhamos que ele tenha alcançado essa distinção ao se esforçar para obter superioridade em competição com vários concorrentes, como Cristiano Ronaldo, seu rival de carreira. Caso a carreira de Messi tenha sido impelida pelo esforço por superioridade, esse esforço o ajudou a desenvolver algo próximo da perfeição em um conjunto de habilidades físicas complexas, algo de valor em si mesmo, comparável de modo informal com o virtuosismo de um violinista. Seu esforço por superioridade o impeliu à fama, provavelmente inigualável no auge de sua glória. Diz-se que ele recebeu mais de um bilhão de dólares. O esforço por superioridade foi de grande valor instrumental para ele. Meu interesse neste livro é menos no valor instrumental do esforço por superioridade e mais em seu valor moral, o bem ou mal moral que o esforço por superioridade produz para quem realiza esse esforço e para aqueles que são impactados por ele.

6

Talvez alguém se pergunte por que escolho focalizar o esforço por superioridade em lugar de algum vício clássico, como orgulho ou inveja, que pode ser considerado motivador desse tipo de esforço.[58] Ou talvez devamos falar sobre como cultivar a virtude da humildade em vez de apresentar a nova terminologia de esforço por superioridade. Talvez. Creio, porém, que há bons motivos pelos quais vale a pena tratar do esforço por superioridade de per si. Entre outras coisas, considero o esforço por superioridade um elemento recorrente da ação humana, e não simplesmente o conjunto de vícios aos quais ele é associado ou de virtudes que podemos cultivar para lhe fazer frente. É em sua condição de comportamento contagioso, intensificado pela lógica moderna do aumento, que esse tipo de esforço se tornou tão ubíquo nas culturas modernas.

Segundo, várias coisas podem motivar alguém a se esforçar para obter superioridade, entre elas orgulho e inveja. Mas também é possível se esforçar para obter superioridade em razão de sentimentos de insegurança ou de inferioridade. Ou, talvez, a pessoa simplesmente queira acreditar que o esforço por superioridade é o único caminho a seguir, que esforçar-se para ser melhor do que os outros e possivelmente chegar a ser o maior de todos os tempos é o sentido da vida. Se o esforço por superioridade diz respeito a um objeto específico de desejo, como defini anteriormente, então meu interesse aqui é explorar se esse objeto é verdadeiramente desejável. Essa ideia é relacionada a questões de virtudes e vícios específicos, mas não pode ser reduzida a essas questões.

Terceiro, uma vez que o esforço por superioridade é um comportamento, e não apenas uma atitude, prestar atenção nele pode ajudar a nos encaminhar para um autoexame. Dificilmente nos identificaremos como indivíduos orgulhosos ou invejosos, ou, se o fizermos, talvez nos conformemos com essas características, como se fossem um elemento relativamente estável de nossa disposição. Contudo, a comparação e o esforço são

[58] Essa seção foi esboçada por Taylor Craig.

elementos presentes em todos os aspectos da vida moderna e, portanto, ao falar de esforço por superioridade temos oportunidade de refletir sobre atividades e comportamentos específicos (ainda que cheguemos à conclusão de que são apropriados). Aliás, como mostrarei nos próximos capítulos, é possível argumentar contra o esforço por superioridade e, ao mesmo tempo, mostrar nossa superioridade intelectual ou moral por meio desses argumentos! Logo, é intenção de nossa empreitada levantar perguntas que possam nos ajudar a pensar mais criteriosamente sobre nossos valores morais, e, nesses casos, muitas vezes é proveitoso usar linguagem nova para estimular o pensamento.

7

Em nossos dias, a crítica do esforço por superioridade é articulada de modo débil, quase inaudível. Preciso de aliados para apresentar minha argumentação. Para isso, faço um esboço dos problemas do esforço por superioridade ao investigar três pensadores cristãos de diferentes períodos: um filósofo (Søren Kierkegaard), um poeta (John Milton) e um teólogo (Paulo), bem como, mais sucintamente, o ensino e o exemplo de Jesus e o relato de Abraão e do povo de Israel. Em cada investigação, aspectos parcialmente distintos desse problema do esforço por superioridade também se tornam evidentes e uma alternativa distinta, ainda que com sobreposições parciais, ganha forma. No entanto, todos os meus interlocutores, cada um à sua maneira e, por vezes, de modo conflitante com os outros, questiona o esforço por superioridade. Todos apoiam a tese central deste livro: o esforço por superioridade é negativo, quer nos esforcemos para ser superiores em algo bom de per si (como escrever magníficos poemas), quer em algo profundamente mal (como derrubar o Altíssimo).

O que liga as três primeiras figuras não é apenas sua crítica do esforço por superioridade, mas a influência exercida sobre elas por um poema ou hino antigo a Cristo, o chamado Carmen Christi. O apóstolo Paulo o compôs ou o incorporou a sua exortação aos membros da igreja de Filipos para que se relacionassem entre si como se os outros fossem superiores a eles e para que buscassem, primeiramente, não os próprios interesses, mas os interesses dos outros (Fp 2.3-4). A injunção do versículo 5, "Tenham entre vocês o mesmo modo de pensar de Cristo Jesus", serve de introdução para o Carmen Christi, que diz:

> Mesmo existindo na forma de Deus,
>   não considerou o ser igual a Deus
>   algo que deveria ser retido a qualquer custo.
> Pelo contrário, ele se esvaziou,
>   assumindo a forma de servo,
>   tornando-se semelhante aos seres humanos.
> E, reconhecido em figura humana,
>   ele se humilhou,
> tornando-se obediente até a morte,
>   e morte de cruz.
> Por isso também Deus o exaltou sobremaneira
>   e lhe deu o nome que está acima de todo nome,
> para que ao nome de Jesus
>   se dobre todo joelho,
> nos céus, na terra e debaixo da terra,
>   e toda língua confesse
> que Jesus Cristo é Senhor,
>   para glória de Deus Pai.
>
> Filipenses 2.6-11

Esse hino a Cristo estrutura dois grandes poemas de Milton, *Paraíso perdido* e *Paraíso recuperado*, e é a chave para sua crítica da ambição de Satanás e para seu relato da vitória do Filho sobre Satanás.[59] Kierkegaard elabora sua crítica ao esforço por superioridade, o que ele chama de "mentalidade irrequieta de comparação",[60] principalmente com base no ensino de Cristo. No entanto, o Carmen Christi é a lente através da qual ele entende a vinda

[59] Vários comentaristas entenderam o ciclo de *Paraíso perdido* e *Paraíso recuperado* como um contraste fundamental entre a humildade do Filho e o orgulho de Satanás. *Paraíso perdido* 3.303-322 é uma referência contínua e direta ao Carmen Christi de Filipenses 2. Esse é um texto fundamental para a estrutura de todo o poema, pois apresenta o plano de redenção acordado entre o Pai e o Filho. Além disso, a humildade de Cristo na encarnação é prefigurada por sua humildade ao ser contado entre os anjos como seu rei (5.843) e, portanto, é um movimento de humildade divina que desencadeia a arrogante rebelião de Satanás. Veja Barnaby, "Form of a Servant"; Labriola, "'Thy Humiliation Shall Exalt'"; Hunter, "Milton on the Exaltation of the Son"; e Johnston, "Milton on the Doctrine of the Atonement". Sou grato a Filippo Falcone, que me encaminhou para várias dessas referências e acrescentou sua opinião de que 3.303-322 é "absolutamente central para *Paraíso perdido* e sua estrutura" (correspondência pessoal, 27 de novembro de 2023).

[60] Kierkegaard, *Upbuilding Discourses*, p. 169.

em carne humana do Mestre divino, o Deus que "não é zeloso de si mesmo, mas deseja, em amor, ser igual aos mais humildes de todos", como ele diz em *Fragmentos filosóficos*.[61] Uma vez que Kierkegaard e Milton lançam mão de Paulo e do Carmen Christi, por que não comecei o livro com Paulo, em vez de encerrar com sua crítica ao esforço por superioridade e sua alternativa? No início do projeto, cheguei à conclusão de que Paulo é não apenas mais original, mas também mais abrangente e convincente ao tratar desse assunto do que os outros dois, ou do que qualquer outro pensador que eu conheço, mais abrangente do que qualquer coisa que encontramos nos ensinamentos de Jesus ou na Bíblia hebraica. Ainda assim, a última palavra é de Jesus e do chamado para o povo de Israel.

Uma limitação deste livro é a gama restrita de interlocutores: quase todos são figuras centrais do cristianismo ocidental, todos são homens e nasceram antes do início do século 20. Essa característica se deve, em grande medida, às contingências de minha biografia física e intelectual; ela reduz a abrangência e, para alguns, a persuasiva (mas espero que não reduza a veracidade) de minha investigação. Contudo, essa limitação também é um convite para que outros tratem desse tema com diferentes interlocutores e contestem, confirmem ou refinem o que ofereço aqui. Meu objetivo central é reacender um diálogo vigoroso e rigoroso a respeito daquilo que considero um dos assuntos mais importantes e mais negligenciados acerca da vida nas culturas contemporâneas da modernidade.

[61] Kierkegaard, *Philosophical Fragments*, p. 42.

2

A preocupação da comparação (Kierkegaard)

A abordagem mais memorável de Søren Kierkegaard ao motivo pelo qual o esforço por superioridade é um problema é apresentado na forma de parábola. Ele conta essa parábola ao tratar do ensino de Jesus sobre a preocupação no Sermão do Monte. Jesus diz à multidão reunida em uma campina a céu aberto: "Por isso, digo a vocês: não se preocupem com a sua vida, quanto ao que irão comer ou beber; nem com o corpo, quanto ao que irão vestir" (Mt 6.25). "Por isso" é ligado à ordem do versículo anterior, em que Jesus ensina: "Ninguém pode servir a dois senhores; porque ou irá odiar um e amar o outro, ou irá se dedicar a um e desprezar o outro. Vocês não podem servir a Deus e às riquezas" (Mt 6.24). A preocupação é sintoma de que a pessoa está servindo ao deus falso Mamom, isto é, à riqueza, ou a algum outro deus falso, como poder, ou como distinção, que abrange riqueza e poder. Para mostrar aos ouvintes por que não devem se preocupar, Jesus os convida a considerar as aves do céu e os lírios dos campos. Deus alimenta as aves e veste os lírios sem a ajuda da preocupação deles.

A maior parte dos ouvintes de Jesus tinha uma vida precária, vivida um dia de cada vez. A petição do Pai Nosso, "dê-nos hoje pão *para este dia*", reflete essa realidade. Não tinham certeza se as necessidades mais básicas de alimento e abrigo seriam supridas no dia seguinte. Kierkegaard expande o ensino de Jesus a fim de abranger aqueles cujas necessidades para a sobrevivência *estão* supridas e se concentra na preocupação com *distinções* na forma como as necessidades são supridas. Kierkegaard escreveu quando a economia de Copenhagen estava finalmente se recuperando, décadas depois que os ingleses tinham destruído a cidade quase inteiramente em 1807, e portanto ele tinha forte consciência da precariedade da vida. Ele próprio, contudo, vivia de riqueza herdada. Como a maioria dos leitores deste livro (mas ao contrário de muitos no mundo de hoje), ele não precisava se preocupar com as necessidades básicas. Para ele, o ensino de Jesus acerca da preocupação dizia respeito, em sua maior parte, àquilo que *pensamos* que devemos comer e vestir a fim de não nos enxergarmos como pessoas inferiores a nosso próximo ou a fim de que nossa sensação de superioridade não seja prejudicada. É isso que ele chama de "preocupação da comparação".[1] Para ele, as necessidades humanas, até mesmo as mais básicas como alimento e vestimentas, não são apenas ecos psíquicos das ameaças à nossa precária corporeidade humana. São sintonizadas, em grande medida, com nossas expectativas sociais. Kierkegaard coloca de lado o problema da precariedade (sem desconsiderá-lo inteiramente, mas sem tratar dele) e explora a preocupação gerada pelo esforço por superioridade.

A fim de ilustrar seu ponto central, em *Discursos edificantes em vários espíritos* (1847), Kierkegaard conta uma parábola sobre um lírio do campo. Eis uma versão bastante resumida. Um lírio muito satisfeito cresce no meio de outras flores junto a um riacho. Para quem tem olhos para ver, o lírio está vestido mais gloriosamente que Salomão, o rei mais glamoroso a governar uma nação. Um dia, um passarinho vem visitar o lírio, faz amizade com ele e fala dos lírios esplêndidos e gloriosos que ele viu crescendo em outro lugar que ele havia sobrevoado. O passarinho é maroto, diz Kierkegaard. Em vez de se deleitar com a beleza do lírio, exibe seu conhecimento superior obtido graças a sua capacidade de se deslocar livremente. Pior que isso, "o passarinho geralmente terminava sua história com o comentário, humilhante para o lírio, de que, comparado com aquele tipo de glória, o lírio não era nada; era tão insignificante que colocava em dúvida se tinha o direito de ser conhecido como lírio". O pequeno lírio se sente inferior não apenas aos lírios esplêndidos, mas também ao passarinho capaz de voar. Naturalmente, começa a se preocupar; "o dia todo, concentra sua atenção em si mesmo e em suas circunstâncias de vida". A preocupação produz um anseio consumidor de se tornar "como um lírio esplêndido na companhia de todos os outros, ou talvez até um lírio Coroa Imperial, invejado por todos os outros".[2]

Não é difícil adivinhar como a história termina. A fim de satisfazer o anseio do lírio, o passarinho concorda em bicar a terra ao seu redor, desarraigá-lo cuidadosamente e carregá-lo até o lugar em que, na companhia dos lírios esplêndidos, ele poderá realizar o sonho de ser motivo

[1] Kierkegaard, *Upbuilding Discourses*, p. 169.
[2] Ibid., p. 167, 168, 169.

de inveja para todos. No caminho para a terra da glória desejada, o lírio preocupado murcha e morre. A fuga da inferioridade por meio do esforço por superioridade o faz perecer.

1

Comparações e esforço por superioridade pressupõem diversidade. Kierkegaard tem consciência aguçada das diferenças entre os seres humanos e as celebra. Um objetivo importante de toda a sua filosofia é resgatar indivíduos singulares dos efeitos niveladores da "multidão" e, de modo mais amplo, do *Zeitgeist*, de ser tragados pela totalidade (como na filosofia de seu grande adversário, Georg W. F. Hegel) ou por um impessoal processo histórico mundial (como na teoria social de Karl Marx).[3] Cada ser humano é distinto e dissimilar de todos os outros.

> Jamais viveu na cristandade ou no paganismo uma pessoa que não se vestisse ou se cobrisse da dessemelhança da vida terrena. Assim como é impossível o cristão viver sem o corpo, também é impossível ele viver sem a dessemelhança da vida terrena que pertence a todos os seres humanos especialmente por nascimento, posição, circunstâncias, educação etc.; nenhum de nós é humanidade pura.[4]

A "dessemelhança" de Kierkegaard é mais ampla que nossa "diversidade". Abarca mais categorias como classe, raça, gênero e etnia e se refere a qualquer coisa que separe seres humanos uns dos outros, como o contraste entre amigo e inimigo, parente e desconhecido, erudito e inculto, eminente e humilde, e assim por diante. Para Kierkegaard, cada pessoa é igualmente e inalteravelmente tão humana quanto qualquer outra e cada uma o é de suas maneiras específicas; ademais, cada uma é, de modo necessário, mas parcialmente alterável, vestida "da dessemelhança da vida terrena". O cristianismo não tem interesse nenhum em remover as diferenças dos seres humanos. Seu objetivo não é, de maneira nenhuma, criar uma humanidade pura genérica, mas, sim, "apenas tornar os seres humanos puros" com todas as suas diferenças.[5]

[3] Veja Löwith, *Von Hegel zu Nietzsche*, p. 125-130.
[4] Kierkegaard, *Works of Love*, p. 70.
[5] Ibid.

Embora seja impossível encontrarmos a humanidade em sua forma pura, da perspectiva de Kierkegaard as diferenças entre os seres humanos não definem sua humanidade. Se o fizessem, seria criada a possibilidade de considerar alguns seres humanos, aqueles cujas diferenças não são impressionantes, menos humanos que outros, ou mesmo não humanos. Esse é o erro que o lírio comete quando, sob a influência do passarinho, começa a se considerar tão insignificante que não tem mais o direito de ser conhecido como lírio.[6] Kierkegaard acredita que essa desumanização é um perigo no paganismo, que, a seu ver, não tem recursos para (ou talvez não tenha interesse em) asseverar a igual humanidade e fraternidade de todos os seres humanos.[7] De acordo com ele, no cristianismo, a humanidade comum a todos é mais central do que as diferenças. Afinal, a mensagem do evangelho é dirigida a cada um de nós como mero ser humano, alguém que Deus criou e que Jesus redimiu.[8] Os seres humanos se desviam catastroficamente do caminho certo quando colocam no centro de sua vida "dessemelhanças temporais dos que estão no mundo" em lugar de Deus e quando, consequentemente, esquecem que todo ser humano, sem exceção, deve ser honrado e amado. Embora cada um deva ser amado "individualmente", ninguém deve ser amado "excepcionalmente".[9]

O posicionamento de Kierkegaard quanto ao esforço por superioridade é atrelado a sua ênfase sobre a primazia do amor ao próximo (amor incondicional, mas individualizado, por qualquer pessoa em virtude de sua humanidade) acima do amor erótico e do amor da amizade. Esses outros dois amores são preferenciais e dependem de características específicas do objeto de amor. Kierkegaard afirma que isso os torna formas de amor-próprio.[10]

[6] Veja Kierkegaard, *Upbuilding Discourses*, p. 167, 169.

[7] Para um defensor contemporâneo de um posicionamento próximo daquele que Kierkegaard rejeita, veja Benoist, *On Being a Pagan*.

[8] Kierkegaard, *Upbuilding Discourses*, p. 69.

[9] Kierkegaard, *Works of Love*, p. 67.

[10] Veja principalmente *As obras do amor*. Kierkegaard concluiu *As obras do amor* em setembro de 1847. *Discursos edificantes*, em que ele usa lírios e pássaros para tratar da preocupação da comparação, foi escrito seis meses antes (março de 1847), e *Discursos cristãos*, em que ele trata da preocupação da condição humilde e da preocupação da condição eminente, foi escrito sete meses depois de *As obras do amor* (abril de 1848). Os três livros foram publicados com seu nome, indicando que ele se identificava plenamente com seu conteúdo.

Enquanto o lírio estava sozinho, estava seguro. Quando o passarinho maroto fez o lírio se imaginar na companhia de outros, entrou em uma zona de perigo. Ao contrário dos lírios, os seres humanos são intrinsecamente sociais, e muito daquilo que há de melhor na humanidade nasce de nossa sociabilidade. Contudo, a companhia de seres humanos distintos e diversos também é uma grande fonte de tentação, um ponto central para Rousseau, como mostrei no capítulo 1.[11] "Na associação diária com pessoas, na multifária diversidade e em suas variegadas ligações, esquecemo-nos [...] do que significa ser humano; esquecemo-nos por causa da diversidade entre indivíduos."[12] Comparações e, especificamente, como explicarei em breve, sua inquietação, geram essa amnésia. Um pequeno lírio se compara com outros, esquece sua glória intrínseca, procura evitar a angústia da inferioridade percebida, esforça-se para obter superioridade... e murcha.

***

Como observei no capítulo 1, muitas pessoas nas sociedades modernas acreditam que o esforço por superioridade é simplesmente algo que os seres humanos fazem. Esse esforço é necessário para a sobrevivência e é a chave para o progresso humano. Friedrich Nietzsche, crítico acerbo da modernidade, afirma que o esforço por superioridade (*certo tipo* de superioridade, em seu parecer) não apenas promove excelência, mas também provê um substituto muito melhor para a moralidade abnegada, seja ela religiosa ou filosófica. De modo contrastante, Kierkegaard afirma que o esforço por superioridade solapa nossa humanidade. Há o risco de que, no processo de nos compararmos com outros, apeguemo-nos a nossas diferenças e distinções e, ao mesmo tempo, imaginemos que nossas qualidades e realizações podem ser comparadas de forma direta. Em meio a tudo isso, pode acontecer de esquecermos nossa humanidade em comum. Essa forma de existir no mundo é o que Kierkegaard chama de "mentalidade irrequieta da comparação". Quem sucumbiu a essa mentalidade "chega, por fim, a um ponto tão distante que, em razão da diversidade, esquece que é um ser humano e, em desespero, considera-se diferente

[11] Ao contrário de Rousseau, Kierkegaard não oferece aqui uma explicação genética para o esforço por superioridade. Ele analisa o esforço por superioridade como um modo predominante de pecado contra Deus e contra o próximo.
[12] Kierkegaard, *Upbuilding Discourses*, p. 165.

das outras pessoas a ponto de se ver até mesmo como alguém distinto daquilo que significa ser humano".[13] A origem do problema não está nas diferenças nem na sociabilidade em si, mas em uma atitude específica do indivíduo em relação a elas.

Comecemos com a análise de Kierkegaard da comparação em geral antes de tratar da questão do que torna a comparação irrequieta. Quando não há ninguém com quem se comparar, nem na vida real nem na imaginação, as comparações são, obviamente, impossíveis. Para Kierkegaard, quando há outros ao redor, as comparações são inevitáveis. As comparações estão implícitas ao conversar com outros; ao simplesmente *olhar* para outros, temos a tendência de fazer comparações. Kierkegaard comenta sobre os consoladores de Jó que se sentaram em silêncio por sete dias com seu amigo terrivelmente aflito: "Nenhum indivíduo pode estar presente, ainda que em silêncio, de uma forma que sua presença não traga comparações".[14]

Ao se sentarem juntos em silêncio, tanto Jó quanto seus consoladores fazem comparações. Comparam seu estado atual de aflição com seu estado anterior de grande prosperidade, profunda piedade e elevada reputação. Também comparam a condição dele com a condição de seus amigos. Ele era "o maior de todos os do Oriente" (Jó 1.3), e eles o admiravam, talvez relutantemente e com certa inveja. Agora, a grandeza de Jó havia se desintegrado, e eles estavam em situação muito superior à dele. Jó estava sentado em cinzas, despojado de tudo, exceto sua vida atormentada, e a sorte deles havia permanecido inalterada. Essas são comparações simples, mas podemos perceber quão facilmente elas podem se tornar "irrequietas", usando o termo de Kierkegaard, e se transformar em asserções competitivas de superioridade ou inferioridade. As sementes do esforço por superioridade já estão presentes nas comparações. Mostrarei uma dinâmica semelhante no relato de Milton da queda humana em Gênesis: Eva começa com uma comparação inocente e, enganada por um "passarinho maroto" chamado Satanás, acaba por se esforçar para ser a melhor de toda a criação (veja cap. 3, abaixo).

A lacuna entre melhor e pior permite que comparações se tornem *irrequietas* e competitivas. O objetivo explícito da competição é, muitas vezes, nada mais que igualdade, ou seja, elevação que remova de um estado de

[13] Ibid., p. 169.
[14] Ibid., p. 161.

inferioridade. Mas, uma vez que cada ser humano é singular, é impossível eliminar aquilo que Kierkegaard chama de "dessemelhanças temporais dos que estão no mundo",[15] e a estrita igualdade não pode ser alcançada. Como seres no espaço e no tempo, todas as pessoas são distintas umas das outras e, dentro da estrutura deste mundo, sem recorrer a Deus, aquele que criou e ama as criaturas, não há medida de acordo com a qual possam ser consideradas iguais.[16] E mesmo que a igualdade pudesse ser alcançada, jamais permaneceria estável e garantida. Portanto, mesmo ao desejar não estar em situação pior que os outros, cada um tem a tendência de desejar estar em situação ligeiramente melhor que os outros. Cada um, enganado pela "sorridente vaidade", ao se comparar com os outros, deseja "ser o governante", "ser um prodígio".[17]

Enquanto os amigos de Jó estão sentados com ele e o observam, honrando seu sofrimento em silêncio, não imaginam apenas que sua situação é melhor que a de Jó. Acreditam que a lei da colheita (colhemos o que semeamos) é a ordem moral do universo e concluem que prosperam porque são justos, enquanto Jó sofre porque pecou. Consideram que não apenas estão em situação melhor que Jó, mas que são moralmente superiores a ele. Quando se dirigem a Jó depois de suas primeiras palavras desesperadas, em que ele amaldiçoa o dia de seu nascimento, exibem sua superioridade disfarçada de conselho amigável. Ao fazê-lo, dão testemunho acidentalmente de como o pensamento meritocrático é inadequado e até desumano (algo que Paulo também enfatiza, como mostrarei nos caps. 4 e 5).

Essa é a mentalidade irrequieta da comparação, quer se manifeste em forma meritocrática ou não meritocrática. Posteriormente em *Discursos edificantes*, Kierkegaard a descreve como "anseio por distinção por meio de comparação".[18] O anseio por superioridade pode ser modesto, levando-nos a desejar "ter pelo menos um ser humano para governarmos"[19] (aqui, "governar" tem o sentido amplo de "ser melhor que" alguém). Mas o anseio por superioridade também pode ser arrogante e vaidoso, até mesmo narcisista; nesse caso, desejamos "governar" todos, ser considerados supremos, os maiores de todos os tempos.

[15] Kierkegaard, *Works of Love*, p. 69.
[16] Veja Löwith, *Von Hegel zu Nietzsche*, p. 175.
[17] Kierkegaard, *Upbuilding Discourses*, p. 189.
[18] Ibid., p. 171.
[19] Ibid., p. 189.

2

Poderíamos imaginar que fazer comparações irrequietas decorrentes do esforço por superioridade é simplesmente a condição do ser humano adulto em contraste com a criança inocente. Kierkegaard discorda. As comparações irrequietas prejudicam a alma, quer a pessoa esteja gemendo sob a sensação de inferioridade ou se refestelando em superioridade. A certa altura, Kierkegaard descreve o esforço por superioridade como "um dos tipos de contaminação que mais corrompe".[20] Por quê?

Primeiro, temos a *aflição da preocupação*, como mostrei anteriormente. Quer estejamos em uma posição baixa ou elevada na escala de distinções comparativas, nós nos preocupamos. Se estamos em uma posição baixa, preocupamo-nos em como nos elevar ao nível de nosso próximo e acima dele. Se estamos em uma posição elevada, preocupamo-nos com a possibilidade de outros nos ultrapassarem. Não importa onde estejamos na escala, quase sempre há pessoas acima e abaixo de nós e, portanto, preocupamo-nos em ambas as direções. Quando nos consideramos melhores que outros, tornamo-nos arrogantes em razão de nossa superioridade e desprezamos aqueles que são piores; quando nos consideramos piores que outros, invejamos e gememos sob o peso de nossa inferioridade. Qualquer que seja o caso, vivemos cheios de preocupação.

Segundo, as comparações irrequietas (ao contrário das que apenas observam diferenças) tendem a *apagar o caráter individual de cada pessoa*; são inerentemente falsas. Quando fazemos comparações, colocamo-nos no lugar de outra pessoa ou colocamos outra pessoa em nosso lugar.[21] Comparações irrequietas e competitivas medem cada pessoa de acordo com seu sucesso em adquirir certas coisas consideradas valiosas — habilidade intelectual, retidão moral, riqueza, beleza e assim por diante — e a categorizam em uma escala que vai de inferior a superior, de pior a melhor. No espaço social que as comparações criam, sucesso ou fracasso de acordo com essas escalas se torna a característica definidora de cada pessoa. O fato de que as pessoas podem ser belas de diferentes maneiras (de acordo com outros critérios de beleza) ou de que podem ter outros tipos de inteligência é desconsiderado. Também temos a tendência de

[20] Ibid., p. 179.
[21] Ibid., p. 165.

desconsiderar outros elementos que constituem seu caráter. Escalas achatam o que há de singular e o transformam em algo comum.

Terceiro, Kierkegaard observa que avaliar uma pessoa por meio de uma escala comum para determinar sua posição *solapa seu senso de identidade*: "Nesse contato com outros [i.e., outros seres humanos], é como se ela precisasse, a cada momento, aguardar até outros lhe dizerem o que ela é agora, neste momento".[22] A pessoa é dispersada em incontáveis imagens instáveis, cada uma adquirida por meio de comparação com determinado indivíduo em determinado momento. Está sempre esperando para saber quem ela é, pois, a cada momento, uma nova identidade adquirida em novas comparações substitui a anterior.

Quarto, comparações irrequietas *desvalorizam a glória incomparável* daquilo que Kierkegaard chama de *mera humanidade*. No Sermão do Monte, Jesus afirma que nem mesmo Salomão em toda a sua glória se vestia tão belamente quanto um simples lírio do campo. No raciocínio de Kierkegaard, se um lírio é mais glorioso que o esplendor régio de Salomão, o mesmo princípio deve se aplicar ainda mais a qualquer ser humano. Toda a glória de Salomão como rei "não é nada em comparação com o que cada indivíduo é pelo simples fato de ser humano; portanto, a fim de ser a coisa supremamente gloriosa que ele é e ter consciência desse fato, Salomão precisa se despojar de toda a sua glória e ser apenas um ser humano!".[23] Nossa humanidade é uma riqueza muito maior que quaisquer distinções entre nós, uma realidade para a qual Milton aponta ao escrever sobre a "majestade desnuda" de Adão e Eva no Paraíso (*Paraíso perdido* 4.290; veja cap. 3). Esse é o cerne da argumentação de Kierkegaard contra o esforço por superioridade. A fim de entender o que ele busca, tenho de fazer uma breve incursão por sua antropologia.

***

Uma vez que nós, seres humanos, temos autoconsciência, somos capazes de "sair" de nós mesmos e nos relacionar com nós mesmos. De acordo com Kierkegaard, o eu é esse relacionamento entre nós e nós mesmos. No entanto, os seres humanos nunca estão sozinhos, nunca são autônomos e independentes. Sempre preciso do outro; relaciono-me comigo mesmo

[22] Kierkegaard, *Christian Discourses*, p. 40.
[23] Kierkegaard, *Upbuilding Discourses*, p. 165.

ao me relacionar com o outro. Nas páginas iniciais de *A doença para a morte*, escrito logo depois dos textos sobre comparações irrequietas que examinei anteriormente, Kierkegaard define o eu como "um relacionamento em que o eu se relaciona consigo mesmo e, ao fazê-lo, *relaciona-se com o outro*".[24] Até aqui, observei dois relacionamentos: do eu consigo mesmo e do eu com o outro. No entanto, conforme Kierkegaard, esse eu que se relaciona consigo mesmo e com o outro não pode existir sem um terceiro relacionamento: o relacionamento constitutivo (criativo) de Deus com o eu. O eu é estabelecido pelo Deus infinito e eterno e o eu vive e age em todas as coisas, consciente ou inconscientemente, em relação a Deus, *diante de* Deus, o mesmo "poder que o estabeleceu".[25]

Uma vez que o eu é um relacionamento, abre-se a possibilidade de distorções. No parecer de Kierkegaard, podemos trair nossa humanidade pela forma como nos relacionamos com nós mesmos e com os outros. É a essa ideia que remete o título de seu livro: *A doença para a morte*. Ele não está se referindo à morte física, mas à morte espiritual, morte do verdadeiro eu. Sua outra designação para essa morte é "desespero", não como um estado emocional, como costumamos pensar nele, mas como a falsidade do eu, o estado de traição de nós mesmos, que "não apenas é a pior desgraça e miséria", mas é a "ruína" do eu.[26]

Para entender por que essa doença é tão terrível, precisamos saber o que é saúde. Ao descrever saúde genuína, Kierkegaard diz: "A fórmula que descreve o estado do eu quando o desespero está completamente erradicado é esta: ao se relacionar consigo mesmo e ao desejar ser ele mesmo, o eu repousa de forma transparente no poder que o estabeleceu".[27] Nessa citação, "o poder que o estabeleceu" é Deus. Repousar de forma transparente significa estar unidos a nós mesmos em relacionamento com o outro, da forma que estamos unidos a nós mesmos quando ficamos absortos ao ouvir uma música ou quando nos concentramos totalmente ao trabalhar em algo que amamos. Kierkegaard afirma que somos saudáveis quando desejamos ser nós mesmos ao estarmos unidos a nós mesmos em relacionamento com o Deus no qual temos nosso ser e diante do qual vivemos.

[24] Kierkegaard, *Sickness unto Death*, p. 13-14 (grifo do autor).
[25] Ibid., p. 14.
[26] Ibid., p. 15.
[27] Ibid., p. 14.

Existem duas formas principais de desespero. Uma é "não desejar ser você mesmo". É dessa maneira que costumamos entender o desespero. A outra forma de desespero é surpreendente e é essencial para nossa investigação do esforço por superioridade. Esse desespero consiste em "desejar ser você mesmo", mas fazê-lo *principalmente ao se relacionar com outros que não são Deus*. É nesse ponto que entram em cena as distinções terrenas e as comparações irrequietas.

***

Quando me relaciono comigo mesmo principalmente ao me relacionar com os outros no espaço social definido por distinções hierarquizadas e pelo esforço por superioridade, quando procuro me estabelecer por meio de riqueza, poder, educação, pertencimento étnico e afins, e quando o faço de maneira competitiva, ao me esforçar para ser tão bom quanto os outros ou melhor que eles, encontro-me em um estado de desespero. Não sou mais transparente, não repouso mais na união comigo mesmo. Estou dividido entre autodepreciação e esforço por glória e superioridade. O esforço competitivo que dá forma a meus relacionamentos com os outros contamina e desestabiliza meu relacionamento comigo mesmo. A imagem de mim mesmo que crio à semelhança de outros seres humanos, como o pequeno e belo lírio se imaginando como um lírio Coroa Imperial, oclui minha humanidade singular e gloriosa. Quando procuro me criar à imagem dos melhores espécimes terrenos, eles tomam o lugar de Deus e eu me arruíno. Eu "morro" ao ser levado pelo passarinho maroto para longe da pessoa que Deus definiu que eu fosse, levado para aquilo que eu, em comparações irrequietas com outros, almejei equivocadamente ser. Claro que a união comigo mesmo e com Deus não é um estado passivo, mas, sim, um relacionamento dinâmico. É resultado de receber a mim mesmo ativamente, como alguém que já foi definido por Deus, como uma pessoa distinta em relacionamento consigo mesma e com os outros em uma jornada pelo tempo.

Todo ser humano, cada um a sua própria maneira, tem a mesma glória, e essa glória é incomparavelmente maior do que a glória de qualquer distinção que se obtenha por esforço próprio. Como um montanhista no topo de um alto monte contempla as nuvens que se movimentam e mudam de forma abaixo dele, todo indivíduo, simplesmente ao ser humano, se encontra no pico mais alto e observa toda a diversidade da humanidade sem inveja nem orgulho.[28] Kierkegaard dá a entender que o esforço por superioridade transforma um ser glorioso em uma nuvem insubstancial. Em *Discursos cristãos*, ele articula essa ideia da seguinte forma: no mais recôndito de seu ser, essa pessoa que se esforça para ser superior está praticamente morta; é apenas sua eminência, e não seu verdadeiro eu, que caminha entre nós, apenas o invólucro de um verdadeiro ser humano, um fantasma insubstancial.[29] Quando o eu se esforça para obter superioridade, ele se perde. Comete traição contra sua humanidade comum e sua particularidade singular.

Com que objetivo os seres humanos tomam sobre si fardos aflitivos de preocupação e caem em um estado de alienação de si mesmos? O objetivo é a superioridade, ou, usando o termo de Kierkegaard, a "eminência". No entanto, a eminência é uma ficção. As propriedades pelas quais nos esforçamos (p. ex., músculos tonificados, prosa de boa qualidade, memória aguçada e assim por diante) não precisam ser fictícias (embora algumas claramente sejam, como ter a barba mais longa do mundo) e talvez sejam até verdadeiramente desejáveis. Contudo, para Kierkegaard, a sensação de superioridade sobre outros ("eminência") em razão dessa propriedade é fictícia.

Digamos que uma pessoa se esforce para obter determinado tipo de beleza, como fez o pequeno lírio preocupado, ou a garotinha negra chamada Pecola no romance de Toni Morrison *O olho mais azul*. Graças ao desprezo do olhar racializado e ao glamour do estrelismo branco, Pecola queria, desesperadamente, ter olhos azuis, pois imaginava que eram o auge da beleza. É verdade que lírios Coroa Imperial podem ser lindos, como também podem ser os olhos azuis. No entanto, considerar essa forma específica de beleza a norma dominante ou universal é transformá-la em uma ficção desumanizadora. Pessoas que anseiam por distinção com respeito a esses ideais de beleza perdem, na maioria das vezes, a batalha por eminência e também acabam perdendo a si mesmas e até morrendo em busca de coisas falsas, como aconteceu com o lírio preocupado e com Pecola, que tinha aversão a si mesma em virtude de sua raça.[30]

[28] Kierkegaard, *Works of Love*, p. 71. Veja também Kierkegaard, *Upbuilding Discourses*, p. 171: "A existência humana não está abaixo das diversidades, mas acima delas, pois a glória essencial entre todos os seres humanos [...] é sua igualdade em graça".

[29] Kierkegaard, *Christian Discourses*, p. 58.

[30] Morrison, *Bluest Eye*. A expressão "aversão a si mesma em virtude de sua raça" é de Morrison; ela a emprega para Pecola em um prefácio de 1993 do livro, mais de vinte anos depois de seu lançamento (p. xi).

O destino dos vencedores é melhor, mas, da perspectiva de Kierkegaard, não muito. Ao descrever um homem que "deseja ardentemente a eminência" expressa em títulos, ele escreve:

> Ele próprio se tornou o que era cobiçado: um título considerado ser humano. Dentro [desse ser humano] há o mais absoluto vazio e futilidade — aliás, não há nada. No entanto, a aparência está presente, a aparência vã, caracterizada pela eminência mundana que inspira a deferência de quem a vê, enquanto ele exibe toda essa eminência de modo um tanto semelhante às almofadas que exibem suas medalhas no funeral.[31]

Como mostrarei no capítulo 4, o apóstolo Paulo também mostra que a "fraqueza" e a "falta de honra" de alguns membros não passa de aparências, embora aparências de qualquer tipo sejam poderosas o suficiente para arruinar a comunidade e, portanto, os membros da comunidade devam abrir mão delas.

3

O que Kierkegaard propõe como alternativa para o vazio em que caímos ao nos esforçar por superioridade? Procurar eliminar "as dessemelhanças da vida terrena" das quais depende o esforço por superioridade não é uma opção. As dessemelhanças são não apenas valiosas, mas também impossíveis de eliminar. Nossa humanidade comum existe em tantos exemplares dessemelhantes quanto há seres humanos. A única forma de eliminar as dessemelhanças é eliminar os seres humanos.

Outra opção seria maximizar as semelhanças, embora cientes de que é impossível alcançar igualdade plena e estável. Essa empreitada, porém, também implicaria o considerável apagamento de particularidades. E, o que é mais importante, meras semelhanças não nos aproximam do destino que Kierkegaard imagina que devemos alcançar. O anseio por distinção por meio de comparação permaneceria, mesmo que a lacuna entre os eminentes e os humildes fosse grandemente reduzida. Como Georg Simmel observa, emoções sociais se ligam mais a diferenças relativas que a diferenças absolutas. Ele ilustra essa ideia com a parábola

[31] Kierkegaard, *Christian Discourses*, p. 58.

"Rosas". Imagine uma terra cheia de agricultores bem-sucedidos; alguns deles cultivam alimentos úteis e saudáveis, enquanto outros cultivam as rosas mais belas que se pode imaginar. É esperável que surjam tensões e inveja entre esses dois tipos de agricultores, pois os que cultivam rosas apenas por sua beleza talvez se considerem superiores, e os que cultivam alimentos talvez se rebelem contra eles. Contudo, mesmo que fosse estabelecido um regime constituído exclusivamente de agricultores que cultivam rosas, todos iguais quanto a seu nível de riqueza, em pouco tempo a mesma inveja, o mesmo orgulho e a mesma sensação de inferioridade e superioridade surgiriam em razão "das menores diferenças em cor e forma, perfume e charme com as quais a natureza resiste a todas as tentativas de impor uniformidade".[32]

***

De acordo com a proposta ousada e controversa de Kierkegaard, devemos abrir mão do anseio por distinção por meio de comparação e eliminar a preocupação quanto a sermos inferiores e o esforço para sermos superiores.[33] Embora cada pessoa faça parte de uma vasta rede de dessemelhanças, "toda essa [...] comparação de dessemelhanças não é, nem minimamente, de interesse para o cristão; essa inquietação e preocupação também não passam de mundanidade".[34]

Nossos mestres devem ser os lírios e os pássaros — não os pássaros marotos e sedutores, como o que arruinou o pequeno lírio, mas os pássaros bons que, como Jesus ensinou, não se preocupam e, ainda assim, são alimentados por Deus (Mt 6.26). Eis como Kierkegaard expressa essa ideia em *Discursos cristãos*: embora haja níveis de eminência entre um pardal e um pintassilgo, essa classificação não existe para eles. Cada um "é o que é" e está "contente consigo mesmo"; não se preocupa "se é 'um pássaro tão bom' quanto os outros. [...] Não pensa em nenhuma dessas coisas, pois se ocupa de sua alegria de ser".[35] Claro que seres humanos não são pássaros. Somos criaturas pensantes, conscientes das distinções entre

[32] Simmel, *Schriften zur Soziologie*, p. 171.
[33] Kierkegaard, *Christian Discourses*, p. 37-38.
[34] Kierkegaard, *Works of Love*, p. 71.
[35] Kierkegaard, *Christian Discourses*, p. 37-38.

os humildes e os eminentes. Ainda assim, o objetivo é sermos como um pardal e nos ocuparmos da alegria de sermos nós mesmos.

O objetivo também é sermos como um lírio que vive em "inocente satisfação consigo mesmo" sem "o menor vestígio de preocupação com sua condição humilde".[36] Ele é livre não apenas das apreensões de sua condição humilde, mas também de presunção por causa de sua beleza extraordinária. Em um uso anterior da metáfora do lírio, que Deus vestiu com trajes mais gloriosos que os de Salomão, Kierkegaard pergunta retoricamente:

> Não seria uma triste ilusão do lírio se ele olhasse para seus belos trajes e imaginasse que eles eram o motivo pelo qual Deus o amava? Em vez de permanecer inabalável no campo, brincando com o vento, despreocupado como o vento que sopra, acaso, sob a influência desse pensamento ele não definharia e murcharia, sem ousar levantar a cabeça?[37]

Se o lírio pensasse dessa forma, seria atormentado pela preocupação da eminência, pela ideia de que ele não é eminente se "não for *mais eminente* que outros".[38]

Mas como um ser humano pode viver sem se preocupar com sua condição humilde ou eminente? Poderíamos imaginar que um bom começo seria identificar como somos diferentes de todos os outros, ou seja, ao identificarmos conscientemente nossa particularidade e repousarmos nela com satisfação própria. Contudo, Kierkegaard afirma que esse procedimento simples e aparentemente óbvio é uma armadilha, pois envolve comparação e, portanto, provavelmente terminará em esforço por superioridade e em vazio espectral. A fim de que o ser humano obtenha alegria de ser e inocente satisfação em si mesmo, é necessário mudar o objeto de nossas autoavaliações. Ao focalizarmos nossa mera humanidade em lugar de nossas distinções podemos repousar "de forma transparente no poder que [nos] estabeleceu".[39] Precisamos reconhecer que vivemos "diante de Deus", *coram Deo*, com o Deus de amor como principal referência para nossa identidade.

[36] Ibid., p. 38.

[37] Kierkegaard, *Philosophical fragments*, p. 36-37.

[38] Quanto à preocupação da eminência, veja Kierkegaard, *Christian Discourses*, p. 48-59.

[39] Kierkegaard, *Sickness unto Death*, p. 14.

Para Kierkegaard, "humanidade" não é algo que uma pessoa alcança.[40] Se fosse, deixaria espaço para comparações; poderíamos ser mais humanos ou menos. Ademais, não teria como nos tirar da preocupação da comparação e nos conduzir à alegria de ser. Antes, a "humanidade" é concedida a cada um de nós simplesmente ao sermos criaturas humanas singulares. Quanto à conformidade a Cristo, o protótipo, ela se dá de forma gradativa, mas o sucesso nessa conformidade também não é uma realização do indivíduo, mesmo que implique uma espécie de esforço. O protótipo não é mero exemplo; ele é uma promessa confiável; "nenhuma outra promessa é tão confiável", assevera Kierkegaard, pois "o protótipo é, na verdade, o cumprimento".[41] O crescimento ímpar de cada pessoa à semelhança do protótipo também é, portanto, uma dádiva. Usando o vocabulário de Paulo, do qual tratarei no capítulo 4, a verdadeira identidade de cada pessoa é a identidade constituída pelo fato de que Cristo vive nela. Ao viver diante de Deus, não acumulo crédito nem mérito e, portanto, não posso, justificadamente, me considerar superior ou inferior a ninguém.[42] Quanto a qualquer outra característica específica de um ser humano específico (suas qualidades estéticas, aptidões intelectuais, riqueza ou poder social), seu valor reside inteiramente na extensão que essas características são modos de viver à semelhança do protótipo.

Há somente uma eminência genuína, uma glória terrena verdadeira: viver *coram Deo* em resposta ao chamado de Deus e descansar de forma transparente em Deus. Kierkegaard escreve que cada um é eminente dessa maneira "sem ser mais elevado que qualquer outro"[43] e sem precisar se preocupar com o quão elevado ou humilde ele é conforme os padrões do mundo. Cada um vivencia a alegria de seu próprio ser, não obstante sua condição em relação a outros. Isso se aplica a qualquer ser humano, até

[40] Em Lippitt e Evans, "Søren Kierkegaard", os autores observam que, para Kierkegaard, o eu não é "um tipo de substância metafísica, mas, sim, mais semelhante a uma realização, um objetivo para procurarmos alcançar" (seção 2). A negação é correta, mas a asserção de que a vida é uma realização é enganosa, ainda que seja qualificada por "mais semelhante a". Creio que isso obscurece o que é o mais importante para Kierkegaard: Deus é o poder que estabelece o eu a fim de que a realização do eu consista, acima de tudo, em "repousar de forma transparente" na realidade de ter sido estabelecido e agir em liberdade a partir desse estado de repouso.

[41] Kierkegaard, *Christian Discourses*, p. 42.

[42] Veja Roberts, *Recovering Christian Character*, p. 308

[43] Kierkegaard, *Christian Discourses*, p. 50.

mesmo aos mais eminentes. A fim de ser verdadeiramente eminente, o mais eminente dos reis, por exemplo, tem de viver "acima da diferença de eminência". Ao adotar essa eminência, o rei será exatamente igual a seu súdito mais humilde que também veio a viver "acima da diferença da condição humilde".[44] Quaisquer formas de prestígio que sejam consideradas motivo de eminência pelos padrões do mundo serão, na verdade, inferiores, nada além de nuvens, talvez belas cada uma à sua maneira vista do topo do monte da gloriosa "mera" humanidade. No alto desse mais elevado monte, os meros seres humanos são cercados de seus mestres, os pássaros do céu e as flores do campo e todas as outras criaturas, cada uma delas formada e amada igualmente por Deus.

4

Kierkegaard faz um contraste entre a satisfação própria da eminência diante de Deus e o paradoxal enfraquecimento próprio causado pelo esforço por superioridade. Contudo, "satisfação própria" é uma expressão ambígua. Ele faz distinção entre satisfação própria "inocente" e "arrogante" e entre o que podemos chamar de satisfação própria "aspirante" e "indiferente".

Kierkegaard usa a expressão "inocente satisfação própria" quase como um sinônimo de "alegria de ser". Seu exemplo é um pássaro na companhia de outros pássaros, cuja "alegria vive livremente na alternância de vozes" com outros pássaros. Embora cada um se agrade de cantar em coro com os outros, "não canta para agradar os outros". Não precisa da aprovação deles e, muito menos, de uma sensação de superioridade em relação a eles a fim de ficar "satisfeito consigo mesmo".[45] Essa imagem contrasta com o tipo de satisfação própria arraigada em comparações arrogantes. No Evangelho de Lucas, Jesus conta uma parábola sobre aqueles "que confiavam em si mesmos, por se considerarem justos, e desprezavam os outros" (Lc 18.9). Na parábola, um fariseu é o antítipo desses pássaros. Ele precisa se considerar superior a outros a fim de ficar satisfeito consigo mesmo. Kierkegaard observa que, quando o fariseu agradece a Deus porque ele não é "como os demais homens, roubadores, injustos e adúlteros, nem

[44] Kierkegaard, *Works of Love*, p. 72.
[45] Kierkegaard, *Christian Discourses*, p. 37.

ainda como este publicano" (18.11), ele "arrogantemente encontra satisfação própria ao ver o publicano" e ao "medir a distância" que o separa dele e de outros como ele.[46] Quando o fariseu celebra sua superioridade diante de Deus, sua satisfação própria se revela como desprezo arrogante.[47]

A designação predileta de Kierkegaard para "inocente satisfação própria" e para a "alegria de ser" é "contentamento".[48] Estar contente de modo geral significa estar satisfeito consigo mesmo como se é, sem interesse em aprimoramento de si mesmo ou de sua condição. Como os pardais ou os lírios, pessoas contentes simplesmente são quem elas são. Mas não é exatamente isso que Kierkegaard quer dizer quando fala de contentamento. Uma vez que o crescimento em conformidade com o protótipo (Cristo) é central para seu projeto, o tipo de contentamento que ele tem em mente também precisa ser compatível com o aprimoramento do eu que está satisfeito consigo mesmo. Precisa ser um tipo *aspirante* de contentamento próprio, e não indiferente. Como ele expressa em um trecho não publicado de *A doença para a morte*, "seria verdadeiramente blasfemo elogiar o ideal e não se esforçar para alcançá-lo".[49]

As considerações de Kierkegaard sobre admiração ilustram bem como ele combina satisfação própria e autoaprimoramento. Ele incentiva a admiração, embora implique comparar-se com outro, reconhecer a superioridade dele (em determinado âmbito) e se esforçar para ser como ele. Há uma diferença, porém, entre comparações irrequietas e seu esforço por superioridade e comparações cheias de admiração combinadas com contentamento consigo mesmo.

Há duas maneiras de admirar outra pessoa: uma deles envolve aflitiva autodepreciação e a outra alegre prazer em si mesmo. Em uma passagem extraída da discussão de Kierkegaard sobre força e fraqueza em *Discursos cristãos*, ele descreve o que significa admirar sem sentir a dor da percepção da própria inferioridade.

[46] Kierkegaard, *Without Authority*, p. 130, 129.

[47] Da perspectiva de Kierkegaard, até mesmo o publicano, caso houvesse se comparado com o fariseu e se considerado inferior, também teria se medido incorretamente; teria realizado o mesmo tipo de cálculo moral entre pessoas dessemelhantes e se julgado um fracasso. No entanto, o publicano está *diante de Deus* com sua culpa, e não diante do fariseu, e por fim, exatamente por esse motivo, ele é justificado.

[48] Kierkegaard, *Upbuilding Discourses*, p. 159-82.

[49] Kierkegaard, *Sickness unto Death*, suplemento, p. 158.

> A admiração [...] pode ser vista por dois ângulos. [...] O primeiro ângulo é um sentimento de fraqueza quando aquele que admira se relaciona, em admiração, com a superioridade. Mas a admiração é um relacionamento feliz com a superioridade e, portanto, é um sentimento bem-aventurado; em verdadeira unanimidade consigo mesmo, talvez seja mais bem-aventurado admirar do que ser admirado. O fato de que o primeiro sentimento gerado pela admiração é a dor pode ser observado nisto: se alguém percebe superioridade, mas a reconhece apenas relutantemente, e não alegremente, está longe de ser feliz; pelo contrário, está extremamente infeliz e na mais aflitiva dor. Contudo, assim que ele cede à superioridade que admirou de modo fundamental, mas sem alegria, e cede com admiração, a alegria desse exercício é vitoriosa dentro dele. Quanto mais rendido ele é, mais unânime consigo mesmo em admiração, mais próximo ele chega de se tornar quase superior à superioridade. Em sua admiração ele é liberto de modo indescritivelmente feliz de toda pressão de superioridade, ele não sucumbe à superioridade, mas é vitorioso na admiração.[50]

Se admiro uma pessoa corajosa de uma forma que imagino que eu jamais possa ser, e se o faço com dolorosa sensação de inferioridade, admiro-a da forma errada. Aliás, Kierkegaard acredita que, na verdade, não a estou admirando, pois a genuína admiração é um "sentimento bem-aventurado", uma "feliz relação com a superioridade". Ainda assim, essa feliz relação não é um maravilhamento distante, uma admiração passiva. Não devemos ser simples observadores; devemos ser imitadores. Kierkegaard explica a diferença: "Um imitador *é* ou se esforça *para ser* aquilo que ele admira, enquanto um admirador se mantém pessoalmente separado; consciente ou inconscientemente, não percebe que aquilo que é admirado pede algo dele, não é e nem ao menos se esforça para ser o que ele admira".[51] Quando genuinamente admiro alguém cuja coragem é superior à minha, declaro que essa coragem é admirável, alegro-me de vê-la manifestar-se no mundo e desejo tê-la *à minha própria maneira*. Não invejo o outro; não me sinto rebaixado em sua presença nem me esforço para obter superioridade em relação a ele. Esforço-me para ter coragem como a dele, não para alcançá-lo ou superá-lo, mas para me tornar uma versão melhor de mim mesmo ao me tornar semelhante a ele. Ao admirá-lo, sou unânime comigo mesmo.

[50] Kierkegaard, *Christian Discourses*, p. 130-131.
[51] Kierkegaard, *Practice in Christianity*, p. 241.

Em um sentido importante, Kierkegaard observa que essa bem-aventurada admiração pode ser "superior" à superioridade daquele a quem admiramos; em certo sentido, é parecida com a maior eminência de ser humano do que de ser rei. Venci a tentação de me esforçar para obter superioridade e estou no alto do monte da glória de minha forma específica de mera humanidade, desafiando-me diligentemente para alcançar plenitude, tudo isso ao mesmo tempo que observo com admiração e alegria aqueles que são superiores a mim. Essa é a "inocente satisfação própria" no processo de crescimento rumo à plenitude. Contrasta nitidamente com a "arrogante satisfação própria", cujo anverso é a relação desventurada com a superioridade.

***

O esforço para encarnar as qualidades que admiramos (supremamente exemplificadas em Cristo como protótipo) é apenas uma das categorias do trabalho realizado pelo ser humano devidamente satisfeito consigo mesmo e desejoso de ser ele mesmo. Para Kierkegaard, o trabalho de modo mais geral é uma perfeição humana. "Ao trabalharem, os seres humanos se assemelham a Deus, que também trabalha"; se fazem seu trabalho com excelência, efetivamente "trabalham com Deus".[52] Aqueles que superaram a "infelicidade das comparações mundanas" e que sabem o que são verdadeira honra e perfeição também sabem "como é glorioso trabalhar",[53] assim como é glorioso ser humano. O propósito do trabalho não é satisfazer o anseio por distinção por meio de comparação, mas imitar o protótipo a fim de servir a outros e, com isso, viver mais plenamente no caráter distintivamente humano que nasce do fato de que fomos estabelecidos por Deus em nossa humanidade. O esforço para obter coisas como um emprego em que possamos exercitar nossa vocação é um esforço que podemos e devemos fazer. Kierkegaard nos exortaria, porém, a não nos apegarmos demais a cargos ou a quaisquer elementos distintivos do momento. A "mera humanidade" de nossa vida concreta e sua "transparência" para Deus são mais importantes do que uma forma específica de nosso caráter distintivo.[54]

[52] Kierkegaard, *Upbuilding Discourses*, p. 199.

[53] Ibid., p. 200.

[54] Tanto quanto consigo identificar, Kierkegaard nunca tratou da possibilidade de haver formas de distinção que não se pode e não se deve deixar que pendam frouxamente, pois nos definem de modo visceral.

5

Apresentei Kierkegaard de uma forma que o faz parecer desinteressado na relevância moral das diferenças em condições de vida entre os humildes e os eminentes. Seu foco recai sobre a *preocupação* da pobreza, a *preocupação* da fartura e a *preocupação* das comparações, e não sobre as *condições* de pobreza, as *condições* de fartura e as *condições* que tornam difícil evitarmos fazer comparações irrequietas. Distinções em condições não parecem contar em seu pensamento sobre o esforço por superioridade. Nos relacionamentos do mundo (*coram mundo*), os humildes e os eminentes estão em condição igualmente humilde quando se trata da única eminência que conta, a saber, viver nossa vida aqui na terra uns com os outros em alegre e diligente contentamento diante de Deus (*coram Deo*).

Kierkegaard chega a afirmar que os pobres e fracos têm uma vantagem sobre os ricos e poderosos simplesmente em razão de sua pobreza e fraqueza. Uma vez que não estão cercados de riqueza e poder que os levem a se gloriar em sua distinção, nem são amparados por essa riqueza e esse poder, os pobres conseguem reconhecer mais facilmente a futilidade da eminência terrena. Kierkegaard pensa, de modo não inteiramente plausível, que os pobres também terão mais facilidade de deixar de se esforçar para obter eminência terrena e, portanto, terão maior probabilidade de empreender a jornada rumo à verdadeira eminência. Essa vantagem dos humildes não é, em si mesma, de ordem moral; é a vantagem de ser isentos de certas tentações intensas. Em contrapartida, a pessoa eminente em sentido terreno está, nesse caso, em situação de desvantagem. No entanto, aqueles que são eminentes em sentido terreno não têm desculpas, pois eles podem sair dessa condição ao "se tornar, literalmente, pobres, desprezados, humildes";[55] podem se remover das circunstâncias de tentação. Ainda assim, em ambos os casos o elemento decisivo não consiste nas circunstâncias exteriores, mas na atitude interior, "um sentimento de sua própria condição humilde" não obstante sua condição no mundo.[56] E o sentimento de eminência humana genuína da qual todos os seres humanos participam.

[55] Kierkegaard, *Christian Discourses*, p. 55.

[56] Ibid., p. 54. Na seção de *Christian Discourses* da qual estou extraindo as citações, Kierkegaard procura responder a uma pergunta enigmática, a saber, por que, como

(A ideia de que os humildes têm uma vantagem moral sobre os eminentes quando se trata de sua capacidade de resistir à tentação de se esforçar por superioridade tem *alguma* plausibilidade em sociedades estáticas pré-modernas, em que a lacuna entre ricos e pobres era considerada [quase] impossível de ser transposta, pois a mobilidade era estruturalmente limitada. É menos plausível em sociedades modernas dinâmicas, especialmente naquelas em que as histórias de ascensão da pobreza à riqueza fazem parte da ideologia social. Nessas sociedades, o esforço por superioridade em competição com outros é, com frequência, uma condição para a sobrevivência dos mais humildes. Nesse caso, levar a sério o problema do esforço por superioridade talvez exija tipos de políticas sociais que não exijam competição feroz entre os pobres.)

***

Sentir a própria condição humilde é algo essencial para Kierkegaard, como também o é *agir* no mundo à luz de nosso relacionamento com Deus e de nossa humanidade em comum. Quais são as consequências de nossa condição humilde em comum diante de Deus sobre o relacionamento dos eminentes com os humildes (no sentido terreno)? Kierkegaard não explora esse assunto de modo detalhado, mas o pouco que ele observa é importante.

No Evangelho de Lucas, Jesus diz ao anfitrião que o convidou para sua casa:

> Quando você der um jantar ou uma ceia, não convide os seus amigos, nem os seus irmãos, nem os seus parentes, nem os vizinhos ricos; para não acontecer que eles retribuam o convite e você seja recompensado. Pelo contrário, ao dar um banquete, convide os pobres, os aleijados, os coxos e os cegos, e você será bem-aventurado, pelo fato de não terem eles com que recompensá-lo. A sua recompensa você receberá na ressurreição dos justos.
>
> Lucas 14.12-14

os Evangelhos afirmam uniformemente, *não* "é tão fácil e tão difícil os de condição humilde se tornarem cristãos quanto os eminentes"? Afinal, a condição humilde que é exigida de ambos "não é exterior, mas interior, uma percepção de sua própria condição inferior que os eminentes podem ter tanto quanto os de condição inferior". Kierkegaard, *Christian Discourses*, p. 54.

A pergunta óbvia que ocupa o centro dessa instrução é: Por que convidar os pobres? Jesus responde: "Pelo fato de não terem eles com que recompensá-lo" (Lc 14.14). O convite para os pobres é um ato de amor e não uma negociação secreta, não obstante a "retribuição" na ressurreição dos justos. Em *As obras do amor*, Kierkegaard investiga a pergunta menos óbvia da história: Por que Jesus chama uma refeição para os parentes e amigos ricos de "jantar" ou "ceia", mas chama a refeição para os menos favorecidos de "banquete"? Será que "refeição beneficente" não seria uma designação mais apropriada? Talvez pareça que uma refeição para os de condição humilde não pode ser um banquete, mesmo que os alimentos sejam "requintados e caros" e mesmo que sejam servidos "dez tipos de vinho".[57] Sem amigos e convidados seletos, como pode ser um banquete? Ainda assim, Jesus insiste em alterar a prática cultural e sua designação: "Convidar os pobres, isso sim é oferecer um banquete". Kierkegaard prossegue: "A igualdade cristã e seu uso de linguagem são tão escrupulosos que exigem não apenas que se alimente os pobres, mas que se chame essa refeição de banquete".[58] Mas por quê?

Tendo em conta as dessemelhanças entre os eminentes e os de condição humilde, essa *preferência* pelos de condição humilde (a opção preferencial pelos pobres!) é o significado de amar o próximo não obstante sua condição humilde ou sua eminência: "Cada um individualmente, mas nenhum excepcionalmente".[59] Sem a mínima consideração pelos efeitos desse ato em nossa própria situação social, devemos elevar os de condição humilde à igualdade com os eminentes; não devemos tratar "os pobres e humildes apenas como pobres e humildes".[60]

***

De acordo com Kierkegaard, não obstante esses banquetes para os pobres, as dessemelhanças, que incluem discrepâncias em riqueza, poder e situação social, devem permanecer. Um motivo para isso é sua perspectiva estática da sociedade: uma vez que a providência de Deus distribui dessemelhanças, cada um deve aceitar as suas e permanecer em seu "devido

[57] Kierkegaard, *Works of Love*, p. 81-82.

[58] Ibid., p. 82.

[59] Ibid., p. 67.

[60] Ibid., p. 84.

lugar".[61] Outro motivo é sua convicção de que qualquer iniciativa humana para dispersar "os que, no coração, alimentavam pensamentos soberbos", e derrubar "dos seus tronos os poderosos e [exaltar] os humildes" (Lc 1.51-52) envolve luta, reforça divisões e torna impossível ver o que é mais importante: a glória interior igual de cada pessoa. De acordo com Kierkegaard, o cristianismo

> não quis militar para abolir dessemelhanças, nem a dessemelhança da distinção nem a da condição humilde; também não quis realizar de forma terrena uma conciliação terrena entre as dessemelhanças; antes, deseja que as dessemelhanças pendam frouxamente do indivíduo, tão frouxamente quanto a capa que o rei lança fora a fim de mostrar quem ele é, tão frouxamente quanto a veste esfarrapada em que um ser sobrenatural se disfarçou.[62]

Kierkegaard recomenda que, em vez de abolir as dessemelhanças sociais, resistamos ao anseio por distinção por meio de comparação, que reforça as dessemelhanças; devemos procurar nos afastar da preocupação com as dessemelhanças e desenvolver a capacidade de enxergar através delas e ver o que é de suprema importância: a glória da "mera" humanidade de cada um, a glória igual dos mais humildes e dos mais eminentes.

Podemos concordar com Kierkegaard que é impossível vencer o anseio por superioridade por meio de uma mudança das condições do mundo. As distinções às quais as comparações irrequietas podem se atrelar são impossíveis de eliminar, como a parábola "Rosas" de Simmel mostra. Parece-me, porém, que Kierkegaard não faria objeções à luta, por exemplo, contra a predominância cultural do ideal de olhos azuis que custa a vida de Pecola. Astuto psicólogo social, Kierkegaard seria o primeiro a afirmar que as culturas podem ser marcadas por vícios específicos que dão forma a padrões sociais concretos.[63] Embora Kierkegaard talvez tivesse a tendência de enfatizar que a mudança nas condições sociais não torna as pessoas

[61] Ibid., p. 83-85.

[62] Ibid., p. 88. Fica evidente que as dessemelhanças de peculiaridades individuais, da essência individual, não podem pender frouxamente do indivíduo. De acordo com Kierkegaard, porém, dessemelhanças sociais podem e devem.

[63] Quanto à ideia de que a crítica social de Kierkegaard muitas vezes não é devidamente valorizada, veja Plekon, "Moral Accounting".

intrinsicamente mais virtuosas, isso não o impediu de articular os vícios que, a seu ver, eram determinantes em sua cultura.

Podemos, portanto, amar cada ser humano de forma sacrificial sem amar ninguém de forma excepcional e, ao mesmo tempo, protestar contra o predomínio cultural de certos ideais e contra o esforço por superioridade associado a eles. Se, como Kierkegaard, pudermos pedir aos eminentes que deixem suas dessemelhanças penderem frouxamente, seguindo essa lógica também seremos capazes de trabalhar para que aconteçam mudanças culturais. Podemos, coletivamente, parar de atribuir valor a certas dessemelhanças sociais. Acaso essa abordagem não seria de grande ajuda na prática do próprio conselho de Kierkegaard para deixar que as dessemelhanças pendam sobre nós frouxamente?

De certa forma, foi o que o próprio Kierkegaard fez em sua crítica ao esforço por superioridade. De acordo com seu argumento, esse esforço apaga características singulares de cada pessoa, reduz nossa humanidade em comum e faz nossa vida girar em torno de ficções perniciosas. Se aplicássemos a obrigação de oferecer banquetes aos pobres, em lugar de nossos amigos e dos eminentes, ao problema dos "olhos azuis", acaso amar cada pessoa igualmente e ninguém excepcionalmente não nos incentivaria a refletir sobre como mudar estruturas que conferem prestígio excepcional a algumas formas de beleza? De modo mais amplo, se aceitarmos a crítica de Kierkegaard do esforço por superioridade, o que nos impede de trabalhar contra estruturas que incentivam esse esforço?

3

A aspiração de Satanás (Milton)

Em *Paraíso perdido* e *Paraíso recuperado*, de John Milton, o esforço por superioridade, isto é, esforçar-se para superar um concorrente, ocupa o cerne da condição humana. O esforço humano por superioridade em relação a outros seres humanos é apresentado, porém, no contexto cósmico mais amplo do esforço de Satanás, o mais exaltado de todos os seres angelicais, para obter proeminência em relação ao único Deus. Tendo em conta a guerra no céu desencadeada pelo esforço de Satanás, é tentador descrever esse embate como uma competição por superioridade entre Satanás e Deus, um embate do qual os seres humanos são as vítimas desafortunadas. No entanto, essa ideia é apenas parcialmente correta, ou seja, é correta somente no que se refere a Satanás. Milton faz distinção clara entre Criador e criaturas terrenas e angelicais. Deus permanece intocado pelo esforço por superioridade, embora resista a Satanás (ou melhor, *exatamente ao resistir* a Satanás). Em um sentido importante, Deus luta não para impedir que Satanás tome o trono divino (o que seria, por definição, impossível), mas para proteger as criaturas feitas à imagem daquele que não se esforça para obter superioridade. Ele as protege para que não lancem umas às outras no abismo em seu esforço para se elevar acima umas das outras. Em *Paraíso recuperado*, o Deus encarnado obtém vitória sobre Satanás ao se *recusar* a pôr em prática o plano de se tornar o maior de todos.

Não conheço nenhum autor que explore a psicologia moral do esforço por superioridade de modo mais perceptivo que Milton em *Paraíso perdido* e *Paraíso recuperado*. Enquanto eu lia esses textos, observei que Milton não explica por que Satanás se esforça para ser superior a Deus, nem por que Eva, depois de ser tentada eficazmente por Satanás, se esforça para ser superior a Adão. Na cena em *Paraíso perdido* que remonta ao ponto mais distante na história do relacionamento de Satanás com Deus, vemos Satanás atormentado por um sentimento de inferioridade a Deus e, ao mesmo tempo, abatido e cheio de anseio fervoroso por ser maior, o que, nesse caso, significa ser absolutamente o maior de todos. Milton explora em detalhes como esse esforço influencia e degenera a percepção do indivíduo de si mesmo e de seus ambientes sociais e naturais. Nessa exploração, Milton também traz a lume possíveis maneiras de resistir ao esforço por superioridade e abre uma janela para uma vida além da dor da inferioridade e do esforço por superioridade. O que ele não faz é dar motivos para a rebelião de Satanás. Seguirei o exemplo dele e não investigarei o *porquê*.

***

Milton era um igualitarista fervoroso. Em um de seus primeiros panfletos, "O mandato de reis e magistrados" (1648), ele escreve que nenhum ser humano que saiba alguma coisa "pode ser obtuso a ponto de negar que todos os homens, naturalmente, nasceram livres, feitos à imagem e semelhança de Deus e, por privilégio acima de todas as criaturas, nasceram para comandar e não para obedecer".[1] Todos os seres humanos nasceram iguais e livres, um dos importantes motivos pelos quais ele resiste fortemente ao esforço por superioridade. E, no entanto, ele não se opõe a toda hierarquia. Como C. S. Lewis observa em *Um prefácio para "Paraíso perdido"*, Milton na verdade tinha uma visão hierárquica do universo:

> Tudo, exceto Deus, tem algum superior natural; tudo, exceto a matéria informe, tem algum inferior natural. A bondade, felicidade e dignidade de cada ser consistem em obedecer a seu superior natural e governar seus inferiores naturais. Quando ele falha em qualquer uma das partes dessa tarefa dupla, o resultado é doença ou monstruosidade na ordem das coisas, até que o ser faltoso seja destruído ou corrigido.[2]

A perspectiva hierárquica da realidade e a asserção de que *todos* os seres humanos "nasceram para comandar" talvez pareça divergir de seu igualitarismo, mas não é o caso. Os seres humanos devem comandar não uns aos outros, mas aqueles que estão abaixo deles; devem governar, como

[1] Milton, "Tenure of Kings and Magistrates", p. 754.
[2] Lewis, *Preface to Paradise Lost*, p. 72.

Deus disse, "sobre os peixes do mar, sobre as aves dos céus e sobre todo animal que rasteja pela terra" (Gn 1.28).

Em meu próprio texto, traduzi a expressão "todos os homens", usada por Milton, por "todos os seres humanos", o que é correto, em certo sentido, da perspectiva de Milton: indica que todos os seres humanos, homens e mulheres, são distintos dos animais e superiores a eles. Em outro sentido, porém, Milton tem a intenção de que "todos os homens" seja entendido de modo mais limitado, isto é, como todos os seres humanos do sexo masculino. Ele acredita que, mesmo no paraíso, as mulheres são inferiores aos homens e, depois da queda, essa inferioridade se torna um relacionamento de sujeição. Como mostrarei adiante, a tensão entre a igualdade de Eva com Adão como ser humano e sua suposta inferioridade a ele como mulher desempenha um papel fundamental no relato de Milton da queda. Milton não tem nada contra o governo de Deus sobre todas as criaturas; nem contra os homens, depois da queda, governarem as mulheres; e mulheres e homens governarem os animais. Deus é o superior natural de Adão; Adão é o superior natural de Eva; Adão e Eva, juntos, são os superiores naturais dos animais. Milton era um igualitarista limitado. Era contra monarcas e bispos. Eles eram seres humanos que governavam outros seres humanos, ou melhor, homens que governavam outros homens.

A preocupação de Milton com o esforço por superioridade não diz respeito, portanto, ao *fato* da superioridade. A superioridade de alguns em relação a outros é simplesmente a realidade da ordem hierárquica da vida (e o fato de alguns serem superiores a outros *em algum sentido* é a realidade de *qualquer* ordem da vida). Milton é contra o *esforço* por superioridade, contra a ambição de usurpar e manter a posição de superioridade, quer de uma pessoa sobre seus iguais naturais, quer de um inferior sobre seus superiores naturais. Em *Paraíso perdido* (*PP*), há um exemplo importante de esforço por superioridade entre iguais: Ninrode, em Gênesis 10, é o governante tirano paradigmático que exerce domínio sobre iguais e que procura ganhar notoriedade, "quer boa fama, quer má fama" (*PP* 12.47). Milton faz alusão a Ninrode em seu magnífico poema, mas deixa anônimo esse indivíduo que buscou um nome grande e perpétuo.

Em *Paraíso perdido*, os dois indivíduos que mais se esforçam para obter superioridade são Satanás e Eva. Satanás, um anjo e, portanto, uma criatura, é inferior natural de Deus, mas se esforça ilicitamente para alcançar superioridade a Deus, seu superior natural. Eva é igual de Adão e, ao mesmo tempo, sua inferior, e Milton a descreve se esforçando, em última análise, não tanto para obter igualdade com Adão, mas para inverter a ordem de superioridade dos gêneros existente entre eles. De minha perspectiva, Milton está simplesmente errado ao atribuir superioridade aos homens e inferioridade às mulheres, mas seu relato do esforço de Eva, apresentado de modo tão plausível, não deixa de ser esclarecedor.

Esse esforço é característico dos relacionamentos humanos não apenas em sociedades hierárquicas, mas em todas as sociedades em que existem diferenças relativamente estáveis, diferenças de poder físico ou intelectual, de aptidões, de conhecimento, de riqueza e mais. Como mostrei no capítulo 1, essas diferenças são especialmente pronunciadas em sociedades em que a competição é o elemento estruturalmente definidor dos relacionamentos humanos. Se esse é o caso, a tensão entre igualdade e diferença e o esforço por superioridade resultante, central para o relato de Milton da queda, operam na maioria das sociedades que conhecemos.

Estudiosos de Milton observam a aspiração à superioridade em Satanás e em Eva, especialmente em Eva. No entanto, sua tendência é tratar essa aspiração como se fosse secundária nos personagens, uma espécie de excesso em sua busca por libertação, e não seu principal motivador. De modo contrastante, proponho que ela é central para Satanás e Eva e é o principal motivo para sua queda.

1

A primeira fala de Satanás em *Paraíso perdido* é em um diálogo com Belzebu, o segundo no comando abaixo dele. Juntamente como todo o seu exército, legiões de anjos, eles estão no inferno depois de terem sido expulsos do céu por rebelião "contra o trono e a monarquia de Deus" (*PP* 1.43). Agora, Satanás se recuperou do choque inicial da derrota e está começando a planejar o próximo passo. No início da conversa, ele explica por que declarou guerra contra Deus. De acordo com ele, foi por uma "percepção de mérito ofendido" (*PP* 1.98). Deus o oprimiu e lhe negou o que era seu por direito. Para Lewis, a percepção de injustiça na forma como Deus tratou Satanás, a arbitrariedade desse tratamento, é o principal motivo para a rebelião de Satanás.[3] A meu ver, a percepção de "mérito

[3] Ibid., p. 93. Veja também Cohen, "Injured Merit".

ofendido" é mais ocasião e desculpa para a rebelião do que o motivo original e principal para ela.

A fim de entender o que ofendeu a percepção de mérito de Satanás, precisamos ouvir a razão que o arcanjo Rafael dá a Adão para que ele e Eva se mantenham em guarda contra Satanás caído. Rafael informa o homem dos planos de Satanás para seduzir Adão e Eva a desobedecerem, para arruinar o novo mundo criado por Deus e atraí-lo para o reino de Satanás. Ao fazê-lo, Rafael fala do motivo para a malevolência de Satanás. Antes de o mundo ser criado, o Pai nomeou o Filho cabeça de todas as hostes angelicais; ele é seu Senhor (*PP* 5.604-15). Todo joelho devia se dobrar diante dele e reconhecer seu senhorio; a obediência a ele era obediência ao Pai. Todas as hostes angelicais pareceram contentes e cantaram e dançaram de alegria no monte santo de Deus. E Deus também se regozijou, não com a superioridade do Filho, mas com a alegria dos anjos (*PP* 5.641).

"Todos pareciam" satisfeitos, diz Rafael. Em sua admiração, pareciam estar em um bem-aventurado relacionamento com a superioridade, como diz Kierkegaard.[4] "Mas nem todos estavam" contentes, acrescenta Rafael (*PP* 5.617). Satanás, o "primeiro arcanjo, grande em poder, / em favor e em preeminência" (*PP* 5.660-61), na verdade estava extremamente insatisfeito. Orgulhoso de sua eminência, ele "se considerou prejudicado" (*PP* 5.665). Como Senhor das hostes celestiais, o Filho agora era, também, Senhor de Satanás. Ao nomear o Filho como Senhor, o Pai havia reduzido Satanás; ele o havia tornado inferior. Da forma como Satanás apresenta esse acontecimento a seus subordinados, foi um caso de nepotismo, tratamento preferencial dado a um parente próximo em detrimento de Satanás. Foi essa grave injustiça divina que levou Satanás a entrar em guerra contra o trono. Na verdade, porém, Satanás estava distorcendo a natureza do relacionamento entre Deus e Satanás e entre Deus e o Filho. Também essa distorção, e não a rebelião que ela procurou legitimar, foi o fruto envenenado do relacionamento "desventurado" de Satanás com a realidade da superioridade de Deus em relação a ele.

***

A injustiça da elevação do Filho pelo Pai depende dos respectivos lugares que o Filho e Satanás ocupam na grande cadeia de existência. Se o Filho é

[4] Kierkegaard, *Christian Discourses*, p. 130-31. Veja também o cap. 2 da presente obra.

uma criatura, o argumento de Satanás tem mérito. Satanás está, portanto, no mesmo nível que o Filho e, tendo em conta a proeminência de Satanás, a elevação do Filho é arbitrária. Contudo, se o Filho é co-Criador com o Pai, o argumento de Satanás não tem mérito. É exatamente isso que Milton mostra quando o arcanjo Abdiel procura dissuadir Satanás e as hostes angelicais de entrarem em guerra. Ele afirma que o Filho não é uma criatura, mas a Palavra por meio da qual o Pai fez todas as coisas, "até mesmo a ti, e todos os Espíritos do Céu" (*PP* 5.837).[5] Junto com o Pai, o Filho é o Criador divino; junto com todos os anjos, Satanás é uma criatura. O Filho, junto com o Pai, criou Satanás para ser o primeiro arcanjo e coroou de glória Satanás e todos os anjos (*PP* 5.836-38). Nenhum mérito de Satanás foi ofendido.[6] Ele não está se rebelando contra uma injustiça que sofreu, mas contra sua própria

[5] A cristologia de Milton é tema de certa controvérsia acadêmica. Boa parte da discussão gira em torno da obra *De Doctrina Christiana*, acusada com frequência de arianismo e, em geral, atribuída a Milton. Contudo, a autoria dessa obra também é bastante controversa (para análises recentes, veja Urban, "Revisiting the History of the *De Doctrina Christiana* Authorship Debate"; e Urban, "Increasing Distance between *De Doctrina Christiana* and Milton's Poetry"). Sem assumir um posicionamento definido quanto à autoria, compartilho da impressão de Urban de que a maneira mais produtiva de ler *Paraíso perdido* é não forçar o poema de antemão a ter a mesma cristologia que *De Doctrina Christiana*. Para os propósitos de minha argumentação, a consideração mais importante é que o Satanás de Milton, especialmente em seu solilóquio no quarto livro, não fundamenta seu argumento na criação temporal do Filho, fato que certamente seria relevante e até decisivo caso Satanás cresse nele. Logo, minha argumentação parte da premissa de que o Filho em *Paraíso perdido* é entendido como co-Criador com o Pai. (Esta nota de rodapé foi redigida por Taylor Craig.)

[6] Em "*Paradise Lost*: Books V—VI", Rogers considera verdadeiras as palavras de Satanás quando ele diz que o relato de Abdiel da criação dos anjos é "um ponto estranho e novo" (*PP* 5.805); logo, Rogers procura tornar plausível o relato por Satanás da autocriação dos anjos. Ele também entende que as palavras do Pai: "Hoje eu gerei quem eu declaro / Meu único filho e, neste santo monte / o Ungido que vós contemplais" (*PP* 5.603-4) são uma referência à *criação* do Filho e não a sua nomeação como governante na condição de vice-regente. Se Rogers estiver certo, a elevação do Filho pelo Pai é arbitrária, e Satanás tem razão de se queixar da injustiça de Deus. Poderíamos perguntar se, nesse caso, *Paraíso perdido* está sendo lido como se o arianismo cristológico de *De Doctrina Christiana* devesse ser sua chave interpretativa em vez de simplesmente ser lido em seus próprios termos. Como veremos em breve, no famoso solilóquio do quarto livro, Satanás reconhece que Deus o criou e lhe deu proeminência. Satanás tem interesse militar e político imediato em negar esse fato, bem como a criação dos anjos por Deus, em "esquecer" que ele recebeu existência e eminência de Deus (*PP* 4.54). Em seu solilóquio, no qual ele declara enfaticamente que é criatura de Deus, não é nada interessante para ele fazer *essa* afirmação. Aliás, seria melhor se ele pudesse negar que foi criado, pois a realidade de ser criatura e, portanto, inferior a Deus, é a fonte principal de seu tormento ali.

inferioridade ontológica. Não está lutando por justiça, mas por preeminência. É uma criatura se esforçando para ser superior ao Criador.

A fim de justificar a grande insurreição e motivar os anjos reunidos ao seu redor a participar dela, Satanás precisa refutar a asserção de Abdiel de que os anjos foram criados. Aqui, vemos como o esforço por superioridade muitas vezes exige uma ideologia justificadora que distorce a realidade.

> Não sabemos de um tempo em que não éramos como hoje;
> Não sabemos de ninguém antes de nós gerado e criado por si mesmo
> Por nosso próprio poder vivificador, quando o curso fatal [inevitável]
> Havia percorrido sua órbita completa, consumado foi nosso nascimento
> Neste Céu natal, do qual somos filhos etéreos. (*PP* 5.859-64)

Essa asserção é falsa, e Satanás sabe disso. Contudo, ele precisa mentir a fim de não perder soldados necessários para que ele vença sua guerra contra Deus. Há um átimo de verdade nessa mentira: na forma como Deus opera, a criação divina e a geração da terra não são alternativas exclusivas. Deus fez coisas vivas ao comandar que a terra as produzisse (*PP* 7.453-56). Satanás, porém, usa o poder gerador da própria criação para excluir a agência suprema de Deus na criação. Sua conclusão é, portanto, unilateral e falsa.[7] A fim de o esforço por superioridade se legitimar publicamente, ele cria sua própria verdade: no presente caso, uma asserção falsa de geração própria como pedra fundamental da ontologia angelical.

***

Na conversa com Belzebu e na interação com Abdiel, Satanás cita a injustiça da elevação do Filho como o motivo para a rebelião. Ao mesmo tempo que ele se queixa de seu mérito ofendido, porém, temos um vislumbre de que a elevação do Filho à posição de senhorio universal apenas exacerbou a insatisfação preexistente de Satanás. Depois que o Pai

[7] Para Rogers, a ideia de "autocriação" é o fundamento ontológico do igualitarismo. No entanto, assumir esse posicionamento seria ver as coisas da perspectiva de Satanás; a asserção de igualdade a Deus exige a ideia de autocriação. Ela não pode ser a base para igualdade entre entidades subsequentes. Para Milton, a criação por Deus é a base para o igualitarismo entre os seres humanos.

declara que, no céu, todo joelho se dobrará para o Filho, Satanás não apenas diz para os anjos reunidos em volta dele que esse tributo é uma "vil prostração", mas também acrescenta que a exigência de adoração "a um só já era demais, agora, porém, em dobro / como suportar a um e à sua imagem proclamada" (*PP* 5.782-84). A adoração somente ao Pai *já* era "demais". A elevação do Filho é um problema para Satanás, mas o que ele mais despreza é dobrar o joelho diante de Deus.

O famoso solilóquio de Satanás, sem distorções decorrentes das exigências retóricas de um público de seguidores ou opositores, revela a chave para suas motivações de modo bastante claro e destaca visceralmente o tormento da inferioridade e o desejo aparentemente irresistível de obter superioridade. Antes de embarcar em uma operação clandestina no jardim do Éden, Satanás derrotado e exilado se recorda com agonia "do que ele era, do que ele é e do que deve ser" (*PP* 4.25).[8] Ao contar a história de sua própria queda, ele detalha os motivos de sua rebelião contra Deus. O solilóquio em si ocorre depois da elevação do Filho e da subsequente guerra e derrota de Satanás, mas nele Satanás se lembra de experiências no céu que *antecedem* a elevação do Filho. Ao se dirigir ao sol que brilha intensamente em seu zênite, ele diz com um suspiro:

> Ó tu, que coroado de uma glória incomparável,
> Olhas de teu domínio solitário como o Deus
> Deste novo mundo; a cuja vista todas as estrelas
> Escondem sua cabeça humilhada; a ti me dirijo,
> Mas não com voz amigável, e pronuncio teu nome,
> Ó sol, para dizer-te como odeio teus raios,
> Que me trazem à lembrança o estado
> Do qual caí, e quão glorioso fui outrora, acima de tua esfera;
> Até que orgulho e pior ambição me precipitaram;
> Fiz guerra no Céu contra o incomparável Rei celestial.
> Ah! E por quê? Ele não merecia que eu lhe correspondesse assim,
> Ele que havia me criado o que eu era
> Naquela brilhante eminência, e com sua bondade
> Não repreendia ninguém, nem árduo era lhe servir. (*PP* 4.32-45)

[8] A primeira parte do solilóquio (*PP* 4.33-41) foi escrita "vários anos antes de o poema ser iniciado". Phillips, *Life of Milton*, p. 1034.

Em um momento de honestidade e pesar angustiados ("Ah! E por quê?"), Satanás explica o motivo pelo qual começou a guerra civil contra seu "incomparável Rei". Não ouvimos nada sobre mérito ofendido. Esse reconhecimento indica que ele inventou o "mérito ofendido", não apenas por motivos políticos e militares, mas também para aliviar a dor do ódio de si mesmo. A percepção de mérito ofendido permite que ele atribua sua posição inferior a injustiça sofrida e não a alguma deficiência de sua parte. O esforço frustrado por superioridade muitas vezes busca alívio na forma de autoengano agressivo em que o superior é apresentado como alguém moralmente deficiente, arrogante e opressor, como Nietzsche argumenta em *Genealogia da moral*.[9]

***

A guerra contra Deus era absurdamente injusta e, como Satanás sabia, inteiramente inútil. Por que, então, levá-la adiante? Eis a explicação de Satanás, sua motivação declarada de forma explícita: "Elevado tão alto / Desdenhei da sujeição e julguei que, ao subir um degrau/ Eu me tornaria o mais augusto" (*PP* 4.49-50). Só porque Satanás era tão preeminente (a mais preeminente de todas as criaturas de Deus, abaixo somente do Criador), não suportou ter alguém superior a ele, não apenas o Filho, mas, acima de tudo, o Pai. Quanto à probabilidade de sucesso, o desejo de "subir um degrau" era desatinado, mas ele não pôde resistir, pois esse desejo turvou seu juízo. Uma "esperança incontida" (*PP* 4.60) alimentou sua ambição,[10] e ele reconhece que essa ambição é pior que o orgulho (*PP* 4.40). Seu desejo era desentronizar Deus e se colocar no lugar dele, não para ser igual, mas para ser superior a Deus.[11] Por isso, depois de fracassar em sua tentativa de superar Deus, mas ter sucesso em dividir o império de Deus, ele ainda tem esperança de trazer a humanidade para seu lado e de reinar sobre "mais da metade" (*PP* 4.111-12).[12]

[9] Nietzsche, *On the Genealogy of Morality* 1.10.

[10] "Esperança incontida" é equivalente a estar "fascinado / Pelo pecado por exorbitantes desejos impuros" (*PP* 3.176-77).

[11] Ao se dirigir ao Filho, que fará oposição a Satanás, o Pai observa que Satanás não apenas quer "erigir seu trono / Igual ao nosso, por todo o espaçoso norte", mas também almeja conquistar "nosso lugar elevado, nosso santuário, nosso monte" (*PP* 5.725-32).

[12] Depois que Satanás entra na serpente e está prestes a começar o trabalho de tentação, ele reflete sobre a beleza da terra e observa que "quanto mais eu vejo / prazeres ao meu

O Satanás de Milton não é um guerreiro da liberdade em busca de justiça, embora goste de se apresentar dessa forma. É alguém que se rebelou contra sua própria condição de criatura e sua inferioridade a Deus. Ele reconhece esse fato com eloquência quando diz que "toda a bondade [de Deus]", a bondade de Deus como Criador de um ser esplendoroso como era Satanás, a bondade de Deus como Aquele que não repreendia ninguém e a quem não era árduo servir, "operou em mim o mal / e produziu apenas maldade" (*PP* 4.48-49).

Quando voltarmos a atenção para Eva, observaremos o desejo de superioridade em relação a outras criaturas, também com resultados destrutivos. O desejo de uma criatura de ser superior a outra é problemático, mas, em certo sentido, compreensível; teoricamente, é alcançável, mesmo que (em alguns casos) seja difícil de obter. Em contrapartida, o desejo de uma criatura de ser superior ao Criador é loucura. Esse termo talvez pareça forte demais. Contudo, a distância em eminência de ser entre criatura e Criador é "infinita" (veja *PP* 4.408-11), e a criatura deve ao Criador a continuidade da existência de seu próprio ser rebelde. Satanás reconhece essa dívida imensa quando está a sós com seus pensamentos: Deus criou "o que eu era naquela resplandecente preeminência" (*PP* 4.44). O objetivo de Satanás não era apenas insuperavelmente difícil, mas logicamente impossível. E, no entanto, escravo do esforço por superioridade, ele buscou esse objetivo.

2

Considere o efeito do esforço por superioridade na forma como Satanás experimenta a gratidão que as dádivas de existência e preeminência

redor, mais sinto / tormento em meu interior". Ele prossegue: "No Céu, meu estado seria muito pior" e declara: "Mas não procuro, nem aqui, nem no Céu / habitar a menos que seja como Soberano Supremo do Céu" (*PP* 9.119-25). Toda a infelicidade de Satanás nasce do fato de ele não ser supremo. Até mesmo na destruição da terra, ele procura superar Deus:

> Para mim será a glória exclusiva entre
> Os poderes infernais, de ter em um único dia arruinado
> O que o Todo-Poderoso formou em seis noites e dias,
> Continuou elaborando e, quem sabe desde quando
> Havia planejado (*PP* 9.135-39).

Ao destruir, ele é maior do que Deus ao criar.

devem produzir. Juntamente com louvor, a gratidão era a *única* coisa que Satanás devia a seu Criador.

> Que poderia haver de menos que lhe render louvores,
> A mais fácil retribuição, e lhe expressar gratidão,
> Como lhe eram devidos!
> E, no entanto, toda a sua bondade operou em mim o mal
> E produziu apenas maldade; elevado tão alto
> Desdenhei da sujeição e julguei que, ao subir um degrau
> Eu me tornaria o mais augusto e, em um momento, quitaria
> A dívida imensa de gratidão sem fim,
> Dívida tão pesada, sempre pagando, sempre devendo;
> Esquecendo-me daquilo que dele ainda recebia,
> Não compreendi que uma mente agradecida
> Ao ser devedora não deve, mas paga ainda assim,
> Ao mesmo tempo endividada e desobrigada. Que fardo há então?
> (*PP* 4.46-57)

Satanás deve gratidão a Deus por quem ele é, mas essa gratidão lhe é intolerável, pois sua inferioridade a Deus é insuportável. Ser grato a Deus pela dádiva da existência é reconhecer a superioridade de Deus. Ele precisa, portanto, negar essa dívida.

Quando Satanás articula em que consiste, efetivamente, a gratidão, vemos que ela não é, de maneira nenhuma, um peso. Gratidão é o alegre reconhecimento da dádiva recebida, e esse é o único pagamento necessário. A existência é uma verdadeira dádiva, e não um empréstimo clandestino cujo pagamento em gratidão e louvor sem fim tem por objetivo aumentar a riqueza de reputação do benfeitor divino. Satanás sabe que a gratidão a Deus *quita* a dívida ao simplesmente reconhecê-la,[13] sabe que a pessoa agradecida é, ao mesmo tempo, "endividada e desobrigada". Contudo, ele não quer saber o que sabe, e continua a ver a gratidão como um peso. Esse peso, porém, não é a gratidão em si, mas o que ela implica: que ele não é o mais augusto, que ele não é Deus.[14]

[13] Sobre o reconhecimento da gratidão, veja Volf e McAnally-Linz, "Joyful Recognition".

[14] Podemos ver um exemplo análogo de saber e, ao mesmo tempo, não saber (precisar encarecidamente não saber) na relação de Satanás com o poder de Deus, embora, nesse caso, o interesse seja gerar esperança nas tropas derrotadas e manter esperança nele mesmo de

Como qualquer criatura, Satanás deve a Deus mais que gratidão, embora o reconhecimento grato da dádiva recebida seja a única coisa que Deus pede. Ao deixar de agradecer, Satanás ofende *o mérito de Deus*; recusa-se a dar a Deus até mesmo uma fração do que lhe é devido. A queixa de Satanás sobre seu próprio mérito ofendido é não apenas vazia, mas profundamente distorcida. Em uma passagem de *Paraíso recuperado* que ecoa o solilóquio de Satanás, é exatamente isso que Cristo diz, como mostrarei adiante.

***

O desejo insaciável de ser superior a Deus escraviza Satanás. Ele é incapaz de se libertar dele. É incapaz de se arrepender a fim de ser restaurado a sua posição original de preeminência entre os anjos, pois isso significaria reconhecer sua inferioridade a Deus. E, mesmo que ele se arrependesse e recuperasse "por um ato da graça" seu estado anterior, o arrependimento não seria duradouro. Quão logo, ele pergunta retoricamente, "a grandeza voltará a atrair seus pensamentos altivos, quão logo negará / O que a submissão fingida jurou" (*PP* 4.95-96). O esforço por superioridade, e não o desejo de conforto ou ausência de dor, é seu mais alto valor, sua obsessão. Ademais, caso o arrependimento ocorresse, ele lhe traria vergonha insuportável no meio de seus seguidores. Satanás os seduziu a crer, como ele próprio diz, "que eu poderia subjugar / O Onipotente" (*PP* 4.85-86).[15] Em

que eles "não deixarão de reascender / Autoelevados e de posse novamente de sua sede nativa", que eles perderam depois de serem expulsos do Céu. Ao falar de Deus, ele diz a suas tropas: "Mas aquele que reina, o Monarca do Céu, até então o único / Assentado em seu trono e sustentado por antiga reputação, / Consentimento ou costume, em seu estado régio / Avançou de todo, mas, ainda assim, sua força ocultou, / O que nos tentou a atacar, e nossa queda produziu" (*PP* 1.637-42). Na descrição apresentada por Satanás, a ausência de uma demonstração do poder de Deus no céu não é uma expressão do fato de que Deus valoriza o poder menos que o amor, mas um truque para fazer os habitantes desleais do céu saírem de seus esconderijos a fim de exilá-los de seu reino.

[15] No começo de *Paraíso perdido*, depois que Satanás e seu exército são expulsos do céu e lançados no inferno, Satanás se vangloria de que "abalou seu trono [de Deus]" e de que, diante do terror do braço de Satanás, Deus "duvidou de [temeu por] seu império" (*PP* 1.105-15). Alguns intérpretes propõem que, na verdade, Satanás está persuadido de que encheu Deus de terror e de que o poder de Deus é exagerado. Nesse caso, seu pensamento só pode ser resultado de ilusão própria. É difícil, porém, imaginar que Satanás, dentre todas as criaturas, não conhecesse a extensão do poder de Deus. Afinal, ele o chama de "Onipotente" (*PP* 4.86). É mais provável que ele esteja exagerando seu poder e minimizando o poder de Deus, pois essas palavras são dirigidas a seus subalternos imediatos e são uma tentativa de

seu esforço para obter superioridade, Satanás é incapaz de agir para seu próprio bem. Diante da escolha de ser o maior de todos ou de não existir, ele escolherá o nada, ou a aflição eterna.

O esforço de Satanás para obter superioridade é impelido por seu ódio de si mesmo por não ser o maior de todos, uma versão extrema de um sentimento que se manifesta em várias gradações.

> Ai de mim! Eles [seus subordinados] pouco sabem
> Quão caro pago por esta vã jactância
> E sob que tormentos interiores gemo;
> Enquanto eles me adoram no trono do Inferno,
> Com diadema e cetro muito engrandecido,
> Caio mais baixo ainda; supremo apenas
> Na miséria; tal é a alegria que a ambição encontra. (*PP* 4.86-92)

Sua ambição de se elevar acima de Deus e a declaração jactanciosa a seus seguidores de que ele é capaz de realizar esse feito definem todo o seu ser. Contudo, é uma ambição impossível e uma declaração vazia. Enquanto ele é celebrado em seu trono no inferno, está afundado em ódio de si mesmo. Essa miséria é a "alegria" do esforço inútil por superioridade. "Eu, miserável! Por que caminho fugirei / Da fúria infinita e do infinito desespero? / Por onde eu fuja, conduz ao Inferno; eu mesmo sou o Inferno" (*PP* 4.73-75). O anverso da aflição da inferioridade, o esforço para ser superior a Deus, *é* o inferno, quer se esteja no céu ou no inferno. Diante disso, para onde Satanás resolveu fugir?

> Toda a esperança assim excluída, observem,

justificar a rebelião que terminou em derrota inglória e motivá-los a continuar a lutar. Fazer qualquer coisa aquém seria reconhecer sua derrota e desistir de superar Deus. Isso explica sua vanglória pública ao declarar que pode subjugar Deus (*PP* 4.86-92). Ao contrário da opinião de Rogers, Satanás não oferece aqui nenhuma desmistificação do poder de Deus; ele procura embaçar a visão de seus subordinados para tentar salvar a própria reputação ao lhes contar o que ele sabe que são mentiras. Por isso ele afirma que Deus, "Assentado em seu trono e sustentado por antiga reputação, / Consentimento ou costume", os enganou e os levou a se rebelar. Deus os "tentou a atacar" ao esconder seu poder e, com isso, "nossa queda [dos rebeldes] produziu" (*PP* 1.639-43). Tudo isso é vanglória e ofuscamento contrários àquilo que ele próprio sabe a fim de salvar sua reputação arruinada. Afinal, ele é o governante do inferno, e seu governo depende da fé de seus subordinados em seu poder.

Em vez de nós, lançados fora, exilados, seu novo prazer:
A humanidade criada, e, para ela, este mundo.
Portanto, adeus esperança e, com a esperança, adeus temor,
Adeus remorso; todo o bem está perdido para mim;
Mal, sê tu meu bem; por ti, ao menos,
Terei o império dividido entre mim e o Rei do Céu;
Por ti, reinarei, talvez, sobre mais que metade,
Como saberão em breve o homem e este novo mundo. (*PP* 4.105-112)

Satanás permanece escravizado pelo mal do esforço por superioridade e, portanto, preso a todos os outros males que precisa cometer para dar continuidade à luta. Se não pode vencer Deus e se deve habitar no inferno, pelo menos tem esperança de arruinar o novo mundo de Deus e tornar seu novo reino maior que o reino de Deus. Ele será supremo em pelo menos um aspecto, qualquer aspecto, por qualquer meio possível. O esforço frustrado por superioridade pode se dedicar a reduzir o concorrente ao destruir as coisas em que o concorrente se deleita.

3

O esforço de Satanás para obter superioridade não tem limites: "Melhor reinar no Inferno" e procurar expandir seu domínio do que se sujeitar a Deus e "servir no Céu" (*PP* 1.260).[16]

Em *Paraíso perdido*, o esforço de Eva para obter superioridade é mais limitado. Ela não é tentada com a perspectiva de ser maior que Deus ou de governar um reino maior que o de Deus. Ela é tentada a competir por superioridade com Adão, seu companheiro. Como mostrarei, porém, até mesmo para ela, influenciada por Satanás, o horizonte para buscar superioridade a Adão é a imagem de si mesma como a mais excelente das criaturas, o que inclui os anjos; na verdade, é a perspectiva de se despojar da humanidade e se revestir de Deus (*PP* 9.713-14). (A formulação "despojar-se" da humanidade e "revestir-se" de Deus é um eco de Filipenses 2, em que se diz que Cristo fez exatamente o oposto: despojou-se da forma divina e se revestiu da forma de um servo humano. Adão e Eva, em sua queda, são antítipos de Cristo; veja

[16] Essa ideia não é evidente. Aquiles, por exemplo, preferia ser um servo pago na casa de um homem pobre do que rei dos reis entre os mortos. Veja Homero, *Odisseia*, 11.489-91.

cap. 4.) O esforço por superioridade só termina quando quem se esforça alcança a posição mais elevada, e só quando não há mais concorrentes.

Em *Paraíso perdido*, encontramos Adão e Eva quando Satanás, disfarçado de serpente, entra no jardim. "Cheio de desprazer", ele observa "todo o prazer" do paraíso (*PP* 4.286), o que ressalta o quanto o esforço por superioridade distorce até mesmo a percepção daquilo que é bom e alegre. Satanás vê novos seres viventes criados e, entre eles,

> Dois de forma muito mais nobre, ereta e elevada,
> Ereta como a dos deuses, vestidos com dignidade nativa,
> Em majestosa nudez, pareciam senhores de tudo
> E pareciam dignos de sê-lo, pois em seus olhares divinos
> Brilhava a imagem de seu glorioso Criador,
> Verdade, sabedoria, santidade severa e pura,
> Severa, mas colocada em verdadeira liberdade filial,
> Origem da verdadeira autoridade nos homens; embora ambos
> Não sejam iguais, como seus sexos não pareciam iguais;
> Ele era feito para a contemplação e para a coragem,
> E ela para a brandura e para a doce graça atraente.
> Ele para Deus somente; ela para Deus nele. (*PP* 4.288-99)

Satanás identifica duas características do relacionamento entre Adão e Eva. Essa não é apenas a perspectiva de Satanás, pois observadores não satânicos compartilham dela. No entanto, essas características são importantes para Satanás, pois ele as usará em sua tentação bem-sucedida.

Primeiro, Adão e Eva são *iguais como seres humanos*. Têm alguns atributos essenciais em comum que os distinguem de outros seres terrenos e, na visão de Milton, tornam-nos superiores a eles. Ambos são eretos, cheios de dignidade, majestosos senhores de tudo. Cada um é imagem de Deus e é livre, exceto por "uma restrição", uma "fácil instrução" que se aplica igualmente a ambos: "De todas as árvores / no Paraíso que produzem frutos deliciosos / E variados, de uma só Árvore não provar / a do Conhecimento", como Adão explica para Eva (*PP* 4.421-24; cf. 1.32).

Segundo, Adão e Eva *têm gêneros diferentes*.[17] Portanto, são distintos não apenas em aparência, mas, acima de tudo, na opinião de Milton, no

[17] Para uma leitura fundamental de como Milton trata de Eva, veja Gilbert, "Patriarchical Poetry and Women Readers".

propósito para o qual cada um foi criado e, portanto, em suas respectivas aptidões. Adão foi criado para contemplação e coragem, e Eva para brandura e graça atraente. Essa observação pode indicar que as diferenças são apenas isso: diferenças e não indicadores de desigualdade. Contudo, logo depois de ler sobre suas respectivas qualidades, encontramos as palavras que se tornaram uma das linhas mais infames de *Paraíso perdido*: "Ele para Deus somente, ela para Deus nele". A Eva de Milton é igual a Adão como ser humano, mas inferior a ele no relacionamento supremamente definidor com Deus; o relacionamento de Eva com Deus é mediado por Adão. Eva também é intelectualmente inferior a Adão: "Quanto à mente / E às faculdades interiores" (*PP* 8.541-42), a superioridade de Adão é visível, inscrita no aspecto de seu corpo: A "bela e larga fronte" e seu "olhar sublime [...] declaravam autoridade absoluta", enquanto a "delicada cintura" de Eva indica "submissão". Até mesmo a forma que arrumam o cabelo indica o domínio masculino e a sujeição feminina: "Seus cabelos [de Adão]" são "repartidos ao meio [...] masculamente", enquanto os cabelos de Eva são "como véu" (*PP* 4.300-308). Para Milton, essas características de cada um, embora sejam boas, são organizadas de forma hierárquica. Ele toma emprestado do apóstolo Paulo o relacionamento hierárquico entre homens e mulheres e suas simbolizações (1Co 11.2-16). No entanto, Milton não observa que, na imagem de Paulo da igreja como corpo de Cristo, em que não há mais "nem homem nem mulher" (Gl 3.28), cada membro é digno do mesmo cuidado e deve receber a mesma honra (veja cap. 4).

***

A *experiência* por Eva das diferenças entre ela é Adão é central para a história da tentação. Logo na primeira cena depois que Eva é criada por Deus, ela se inclina sobre uma lagoa e vê, em sua superfície, uma criatura que olha para ela "com afinidade e amor" (*PP* 4.465). Eva sente prazer inocente na beleza daquela criatura sem saber, ainda, que é ela mesma, algo muito distinto do reverente apego à própria imagem que vemos associado com frequência a Narciso, tão absorto que, por fim, fica paralisado.[18] A tentação de Satanás, porém, explora exatamente esse inocente prazer de Eva consigo mesma. Uma voz, não a de Satanás, explica para

[18] Milton segue de perto, contudo, a história de Narciso que, como Eva, a princípio não tem consciência de que está contemplando o reflexo de sua própria imagem. Veja

Eva que ela está vendo apenas uma imagem refletida de si mesma e a dirige a Adão, de quem ela é imagem viva (*PP* 4.471). Quando ela vê Adão, compara-o de imediato com a imagem que, agora, ela sabe que é dela. Descobre que ele é não apenas diferente dela, mas inferior: "Menos belo, / Menos delicadamente atraente, menos afavelmente brando, / Que a suave imagem nas águas", e ela lhe dá as costas, indiferente (*PP* 4.478-480).[19] Esse também é um julgamento comparativo de valor estético, mas continua a ser inocente, embora, da perspectiva de Milton, seja insuficientemente informado. Eva prefere sua aparência à de Adão.

Quando Eva começa a se afastar, Adão a chama de volta: "Volta, bela Eva" (*PP* 4.481), e lhe diz que ela foi criada a partir do lado dele; ela é sua "outra metade". A perspectiva de Eva muda. Uma vez que ela é livre, pode aceitar ou não as implicações de sua dependência por ter se originado de Adão; pode seguir caminho ou voltar. Ela se dirige a Adão e explica sua volta: "Com isso, tua mão gentil / Segurou a minha; cedi e, depois desse instante, vi / Como a beleza é ultrapassada pela graça máscula / E pela sabedoria que, como nada mais, é verdadeiramente bela" (*PP* 4.488-91). É importante observar que seu relacionamento como inferior para com um superior é marcado pela tensão entre sua atração e sua percepção. No entanto, Adão nem sempre é exatamente gentil, Satanás é astuto, e é difícil manter a tensão.

Em um nível, Eva aceita voluntariamente sua inferioridade. O leitor percebe, contudo, que é algo incômodo para ela. O melhor exemplo desse desconforto está na chamada cena de separação (*PP* 9.205-383). Adão resiste à

Kilgour, "'Thy Perfect Image Viewing'". Sobre Narciso, veja a descrição de Ovídio em *Metamorfoses*, 3:339-510.

[19] De modo correspondente ao comparativo com adjetivos antecedidos de "menos", que Eva usa para descrever Adão em relação a si mesma, temos no oitavo livro advérbios com "menos" que Adão usa para descrever Eva em relação a si mesmo:

Ao menos lhe foi concedido
Ornamento em excesso, em aparência exterior,
Intricado, mas interiormente menos exato.
Pois bem compreendo que no propósito supremo
Da natureza, ela é a inferior em mente
E nas faculdades interiores que mais se destacam,
E, quanto ao exterior, é menos semelhante
À imagem daquele que a ambos criou, e expressa menos
O caráter do domínio que nos foi dado
Sobre as outras criaturas. (*PP* 8.537-46)

sugestão de Eva de que trabalhem no jardim separadamente e insiste que ele precisa protegê-la do Tentador determinado a destruí-los. Ao mesmo tempo, Adão ressalta a inferioridade de Eva e reafirma sua própria superioridade:

Não abandones o lado fiel
Que te deu tua existência, que ainda te defende e te protege.
A esposa, quando o perigo ou a desonra está à espreita,
Permanece mais segura e com mais decoro junto a seu marido,
Que a guarda ou, com ela, suporta o pior. (*PP* 9.265-69)

No parecer de Eva, o argumento de Adão contra a ideia de trabalharem separadamente no jardim a "inferioriza". Ao que parece, ele não confia que ela terá forças para vencer sozinha a tentação caso depare com o astuto Tentador, pois sua fé não é sincera o suficiente, e ela não é sábia o suficiente para lhe resistir (*PP* 9.320). Ela se aborrece com o que, a seu ver, é uma sugestão desarrazoada de que eles "não são dotados, / Cada um deles, de uma defesa igual" (*PP* 9.324-325). Ela responde:

E o que são fidelidade, amor, virtude não testados
Sozinhos, sustentados sem auxílio exterior?
Não suspeitemos, pois, que nosso estado feliz
Tenha sido deixado tão imperfeito pelo sábio Criador,
A ponto de não estar seguro, separados ou juntos.
Frágil é nossa felicidade, se ela é assim,
O Éden não seria Éden tão exposto. (*PP* 9.335-341)

Eva afirma que não quer Adão sempre a vigiando com seu olhar protetor, tratando-a como se ela fosse uma criança; ela precisa ser livre e Adão precisa confiar que ela é capaz de resistir, sozinha, ao inimigo. A virtude não testada não é virtude; se Eva for fraca demais para suportar a provação, então o Éden não é Éden para ela. Adão não foi o único a ser criado à imagem de Deus; Eva também o foi. Adão talvez seja seu superior quanto a intelecto, mas é ideia de Satanás, e não deveria ser de Adão, que a mulher é "vulnerável a todos os ataques" (*PP* 9.481).

Eva, considerada intelectualmente inferior, vence a discussão com Adão, e Adão cede. Aliás, suspeitamos que Milton concorde com o raciocínio de Eva, tendo em conta as semelhanças dele com o argumento central de *Areopagítica* (1644), sua magistral defesa da liberdade religiosa.[20]

4

Eve é inteligente e virtuosa o suficiente para ser capaz de resistir à tentação. E, no entanto, ela cai. Satanás explora sua ambivalência em relação à superioridade de Adão, uma superioridade firmada na interpretação de Milton da tensa situação de Eva como igual e, ao mesmo tempo, inferior de Adão.

Depois de Satanás lisonjear Eva ao chamá-la de "soberana senhora" e "única maravilha" e de lhe dizer que ela é objeto de seu "olhar insaciável", ele prossegue:

> Mais bela semelhança de teu belo Criador,
> Todas as coisas vivas te admiram, todas as coisas são tuas
> Por dom, e todas adoram tua beleza celestial,
> Contemplada com entusiasmo, é mais considerada,
> Onde é universalmente admirada; mas, aqui,
> Neste ambiente silvestre, entre estes animais,
> Espectadores rudes, incapazes de discernir
> A metade do que em ti é belo, com exceção de um homem,
> Quem te vê? (E o que é um só?) Deverias ser vista,
> Deusa entre os deuses, adorada e servida
> Por anjos inumeráveis, teu séquito diário. (*PP* 9.532-48)

A partir da preferência inicial de Eva por sua própria aparência à de Adão, Satanás insinua que sua beleza superior não recebeu o devido reconhecimento. Ela é vista somente pelos animais, que não têm condições de valorizar qualquer beleza suficientemente, e por apenas mais um ser humano. Ela merece a adoração e o serviço de todas as hostes celestiais. Ela merece o lugar que o próprio Satanás imaginou que devesse ser dele. Eva sabe que Satanás a está lisonjeando e observa sua "valorização exagerada" (*PP* 9.615), mas, ao mesmo tempo, acredita nele em mais um caso de saber

[20] Veja *Areopagitica* in: Milton, *Complete Poems*, p. 733: "Se toda a ação boa ou má no homem de maturidade fosse mesquinhamente regulada, prescrita ou compelida, o que seria a virtude senão um nome, que louvor seria devido por fazer o bem, que agradecimento por ser sóbrio, justo ou continente?".

e não saber. Aqueles que se esforçam para obter superioridade muitas vezes mentem e bajulam caso esses sejam os meios necessários para alcançar a superioridade; aqueles que se imaginam inferiores, acreditam nas mentiras lisonjeiras em sua busca de alívio. O esforço de Eva por superioridade começa quando Satanás a ajuda a se imaginar como alguém superior.

Em seguida, Satanás trata da questão extremamente importante das aptidões intelectuais de Eva, o cerne de sua condição inferior. Adão e Satanás (quando este último não está dissimulando) parecem concordar que Eva é intelectualmente inferior a Adão.[21] Embora a Eva de Milton pareça concordar com a avaliação deles, não se sente à vontade com essa ideia. Seu incômodo cria para Satanás uma oportunidade estruturalmente inerente à natureza do relacionamento hierárquico entre Adão e Eva. A fim de que o sistema hierárquico funcione, não basta os superiores atuarem como devem (como Adão faz da perspectiva de Milton). Os inferiores também precisam aceitar sua condição inferior e consentir em permanecer em seu devido lugar, no caso de Eva, sob a direção de Adão, seu superior intelectual. Quando isso acontece, os inferiores podem ser devidamente integrados em um todo que funciona como foi projetado. Contudo, a Eva de Milton nunca aceita plenamente sua inferioridade.

Ao ouvir a eloquência de Satanás, ela se pergunta como um simples animal, como Satanás disfarçado lhe parece ser, adquiriu a capacidade de raciocinar e falar. Ele responde que o milagre aconteceu quando ele comeu do fruto de uma "vistosa árvore", a árvore do conhecimento do bem e do mal (*PP* 9.576). As mudanças começaram e

> Desde então para reflexões elevadas ou profundas
> Voltei meus pensamentos e, com entendimento vasto,
> Considerei todas as coisas visíveis no céu,
> Na terra ou entre eles, todas as coisas belas e boas;
> Mas tudo o que é belo e bom, vejo reunido em tua divina
> Semelhança e no brilho celestial de tua beleza.
> Não há beleza igual à tua, nem segunda.
> Ela me compeliu, ainda que importuna talvez, a vir

[21] Milton parece compartilhar com Agostinho (*Cidade de Deus*, 14.11), e com boa parte da tradição cristã até meados do século passado, o preconceito de que as mulheres são intelectualmente inferiores aos homens e de que sua inferioridade intelectual é resultado de sua natureza criada por Deus e imutável.

Contemplar-te e adorar-te, tu, que com justiça és declarada
A soberana das criaturas, dama universal. (*PP* 9.602-12)

O fruto da árvore aumentou as aptidões intelectuais de Satanás. Dotado da sabedoria da árvore, ele é capaz de entender o valor e o potencial de Eva melhor do que ela própria os compreende. Ele vê todo o bem de todo o universo unido nela. Ele insinua que, se Eva provar do fruto, ela não terá igual entre todas as criaturas, terrenas ou celestiais, não apenas em beleza, mas também em intelecto.

Como a serpente, Eva também entenderá o que Deus quis dizer quando ordenou que não comesse da árvore. Mesmo antes de comer do fruto, com a ajuda da serpente falante, Eva conclui que não há nenhum benefício em deixar de ter conhecimento do bem e, portanto, não há nenhum benefício em deixar de comer da árvore do conhecimento do bem… e do mal. Ela afirma que "o bem desconhecido, certamente não o temos, ou, se o temos / e continua desconhecido, é como se não o tivéssemos" (*PP* 9.756-57). No entanto, essa não podia ser a intenção de Deus; ele não manteria os seres humanos, propositadamente, "deficientes e ignorantes" (*PP* 9.704).

Uma vez que Eva comer do fruto até se saciar, o primeiro benefício que ela espera adquirir é "crescer em maturidade / Em ciência, como os deuses que conhecem todas as coisas" (*PP* 9.803-4). Entre as criaturas, seu conhecimento será supremo. Ela não será mais intelectualmente inferior a Adão, mas, em dois quesitos de extrema importância, será sua superior. Ela tem uma solução para aquilo que, agora, ela vê com clareza como um problema premente, mas que, antes de sua conversa com Satanás, tinha percebido apenas como simples desconforto.[22]

***

Eva come e se sente liberta de sua inferioridade a Adão. Mas liberta para quê? Para uma nova parceria com Adão como iguais, ou para uma nova posição em um relacionamento considerado inevitavelmente marcado

[22] Ela foi inocente quanto a esse desconforto, pois não agiu com base nele. Para Milton, sentir atração por algo que não se deve fazer, ser tentado a fazê-lo, não remove o estado de inocência. A fim de cometer pecado, é necessário realizar o ato proibido pelo qual se sentiu atração e, portanto, tentação. A esse respeito, veja Falcone, *Milton's Inward Liberty*.

por rivalidade?[23] A resposta é fornecida quando Eva reflete se deve contar a Adão que ela desobedeceu à ordem de Deus.

Mas de que maneira
Aparecerei a Adão? Revelarei a ele,
Minha transformação e deixarei que participe
De minha completa felicidade? Ou será melhor não o fazer
Mas guardar as vantagens do conhecimento em meu poder,
Sem um parceiro? A fim de acrescentar o que falta
Ao sexo feminino, para atrair ainda mais o amor de Adão,
E para me tornar mais igual a ele e, talvez,
Algo não indesejável, por vezes
Superior, pois quem é livre sendo inferior? (*PP* 9.816-25)

Eva foi inferior de Adão a vida inteira. Agora, desconsidera sua liberdade anterior de ceder a Adão e imagina que a inferioridade não é um estado de liberdade limitada, mas, sim, de escravidão. Agora, a seu ver, ser superior é ser verdadeiramente livre[24] e também é ser atraente, isto é, capaz de "atrair […] o amor" de outros para si. No entanto, como faz parte de sua própria experiência, o esforço por superioridade inferioriza outros e produz rivalidade e agressão, daí sua sutil ambivalência: manter o fruto longe de Adão a tornará não apenas "mais igual a ele", mas também, "talvez, algo não indesejável, por vezes superior".[25]

[23] "Secundidade" é o termo que Sandra Gilbert usa para o que descrevi como inferioridade. Gilbert observa corretamente que era contra isso que Eva estava se rebelando. Gilbert, "Patriarchal Poetry and Women Readers", p. 370. Minha pergunta é: Qual foi o objetivo positivo que norteou sua rebelião? Uma opção é igualdade e a outra, superioridade. A meu ver, porém, embora ela possivelmente tenha começado a rebelião em nome da igualdade, a astúcia de Satanás expandiu suas aspirações para superioridade.

[24] Veja Falcone, *Milton's Inward Liberty*, p. 141-42. Esse também parecia ser o posicionamento de Satanás, mas ao tratar das hostes celestiais rebeldes. Ele propõe que Tronos, Domínios, Principados, Virtudes e Potestades, embora não sejam seus iguais, são "livres, / Igualmente livres" (*PP* 5.791-92). No entanto, ele se concentra em sua própria superioridade e, para que seus ouvintes o declarem supremo, precisam crer naquilo que ele não crê, a saber, que liberdade e desigualdade são compatíveis.

[25] Com a ajuda de Satanás, ela imagina que se tornou não apenas superior a Adão, mas ao próprio Satanás que, antes de sua queda, era a mais proeminente das criaturas de Deus; ele a lisonjeia e diz: "com justiça, és declarada / A soberana das criaturas, dama universal" (*PP* 9.611-12). O Tentador a formou à sua própria imagem. Depois que Eva foge da "secundidade", de sua inferioridade a Adão, em sua imaginação ela alcançou o ápice da

No fim das contas, Eva decide contar a Adão. O motivo, porém, não é seu compromisso moral com a igualdade, mas insegurança acerca de sua nova condição superior e medo de cair em inferioridade ainda maior.

> Mas e se Deus viu,
> E se a morte se seguir? Então, deixarei de existir,
> E Adão, casado com outra Eva,
> Viverá em alegria com ela, eu extinta;
> Pensar nisso é morrer. Confirmada, resolvo:
> Adão partilhará comigo a felicidade e a desgraça.
> Eu o amo tão ternamente, que com ele todas as mortes
> Posso suportar, mas sem ele viver não é vida. (*PP* 9.826-33)

A deliberação termina com uma declaração de amor: "Eu o amo tão ternamente". No entanto, seu amor por Adão é repleto de consideração por si mesma, e nem mesmo esse amor deteriorado parece ser o principal motivo pelo qual ela resolve compartilhar com Adão o fruto envenenado. Ao considerar a possibilidade de que Deus talvez tenha visto e a castigue pela transgressão com extinção, ela se contenta com igualdade, mesmo que seja igualdade em morte, pois a morte lhe parece preferível a Adão continuar vivo, alegrando-se com outra Eva e sendo, no final, ainda mais superior. Ela arriscará matar o marido a fim de não voltar a um estado de inferioridade.[26]

5

Quando Milton trata dos resultados imediatos da queda, ele descreve a conturbação relacional que se segue quando Adão e Eva continuam a

superioridade entre as criaturas. Sua ambição é diferente da de Satanás apenas no sentido de que ela não procura superar Deus.

[26] C. S. Lewis vai longe demais quando afirma que, ao resolver deixar Adão comer do fruto, na verdade Eva decide cometer homicídio (Lewis, *Paradise Lost*, p. 121). Embora ela tema a possibilidade de morrer por ter desobedecido à única ordem de Deus, ela ainda espera que a árvore lhe dê o que a serpente disse que ela daria. Por isso Eva presta culto à árvore antes de voltar a Adão: "Mas primeiro uma humilde reverência feita, quanto ao poder / Que habita no interior, cuja presença foi infundida / Na planta, seiva sapiencial, derivada / Do néctar, bebida dos deuses" (*PP* 9.835-38). Ela teme a morte, mas aposta na exaltação, e quer que Adão aposte junto com ela, para o caso de sua aposta estar errada. Se ela não compartilhar do fruto e se Deus descobrir, ela morrerá, o que, da perspectiva dos vivos, é o estado máximo de inferioridade.

competir por superioridade em meio a sua culpa. Depois de uma noite fazendo amor apaixonadamente, mas sem felicidade (por que Milton menciona essa relação apaixonada apenas depois da queda?), os dois começam a entender as consequências de conhecer o bem e o mal, "o bem perdido, e o mal obtido" (*PP* 9.1072). Adão dá início, então, ao que se torna, previsivelmente, uma amarga recriminação mútua. Dirige-se a Eva:

> Se tivesses escutado minhas palavras
> E se tivesses ficado comigo, como te supliquei, quando,
> Nesta infeliz manhã, tiveste esse estranho desejo de vaguear,
> Que te veio não sei de onde, estaríamos ainda
> Felizes, e não como agora, despojados
> De todo o nosso bem, envergonhados, nus, miseráveis! (*PP* 9.1134-39)

Eva responde de forma negativa e se recusa a assumir sozinha a culpa por seu estado atual. Aliás, ela diz acerca de Adão: "Permitiste, aprovaste, despediste-me" (*PP* 9.1159) naquilo que ele agora descreve como seu "vaguear". Talvez tivesse partido de Eva a ideia de se afastar de Adão, mas depois de deliberação conjunta, ele havia concluído que Eva tinha razão. "Não devia eu nunca me separar de teu lado?", ela pergunta retoricamente. "Valeria mais ter crescido lá sempre, uma costela sem vida" (*PP* 9.1154-55).

Adão se enfurece e lhe diz que ela despreza o amor dele, que é ingrata e que ele escolheu a morte para estar com ela em vez de recusar o fruto e viver. Milton conclui o livro 9 com a observação: "Assim, em mútua acusação eles gastavam / Horas infrutíferas, mas nem um nem outro condenava a si mesmo. / E sua vã disputa parecia não ter fim" (*PP* 9.1187-89). Aqui, vemos o lado ignóbil do esforço por superioridade: cada um rebaixa o outro e afirma que o outro é pior.

O fim desse rebaixamento do outro na busca por elevação própria chega quando Eva quebra o ciclo de recriminações e reconhece o papel que ela desempenhou na queda. "Ambos pecamos", ela diz ao marido, "mas tu

> Contra Deus somente; eu, contra Deus e contra ti,
> E ao lugar de julgamento eu voltarei,
> Para lá importunar o Céu com meus clamores, a fim de que
> Toda a sentença seja removida de sobre tua cabeça

E recaia sobre mim, a causa única para ti de toda essa miséria,
Somente eu sou objeto justo da ira divina. (*PP* 10.931-36)

Eva expressa disposição de assumir a culpa e o castigo para que não recaiam sobre Adão. Ela deixa de rebaixá-lo e o eleva. Não o faz como forma de aquiescer a inferioridade, mas em prol da paz mútua que se perdeu com sua rivalidade em busca da melhor posição (*PP* 10.924-31). O coração de Adão se enternece por ela e, embora ele ainda a repreenda, expressa um sentimento parecido:

Se preces
Pudessem alterar os altos desígnios, eu me apressaria
Até esse lugar diante de ti, e me faria ouvir alto e claro,
Para que sobre minha cabeça caísse todo o castigo,
Tua fragilidade e teu sexo mais fraco perdoados,
A mim confiados e por mim expostos a perigo. (*PP* 10.953-58)

Ele ainda se mostra desejoso de declarar sua superioridade, mas, ao mesmo tempo, expressa disposição de assumir toda a culpa e, nesse âmbito, rebaixar-se a fim de elevá-la.

Esse é o final de suas tentativas de rechaçar a inferioridade e lutar pela superioridade no tocante ao erro colossal de comer do fruto proibido. Adão conclui a "disputa inútil" ao se juntar a Eva na confissão de pecado e em sua exortação à paz entre eles e inimizade contra Satanás. Ele articula essa ideia como virtude mais oposta ao vício de seu adversário:

Mas levanta-te, não contendamos mais, nem culpemos
Um ao outro, nós que já somos censurados por outro, mas esforcemo-
-nos
Em obras de amor, para tornamos mais leves
Os fardos um do outro em nossa parcela dessa desgraça. (*PP* 10.959-62)

Esforçar-se em amor, procurar levar os fardos um do outro, é o oposto de esforçar-se para obter superioridade. É esforçar-se para obter excelência. Usando a terminologia de Kierkegaard, é esforçar-se para agir como o protótipo, Cristo (veja cap. 2).

6

Os dois casos de esforço por superioridade que examinei neste capítulo parecem ser interações pessoais: Satanás, o inferior, ambiciona ser superior a Deus; Eva, igual, mas inferior, ambiciona ser superior a Adão. Mas não é exatamente isso. Primeiro, em ambas as situações há uma terceira parte, observadores diante dos quais ocorre o reconhecimento da superioridade ambicionada. No caso de Satanás, são todas as hostes celestiais. Sua ambição não consiste apenas em ser superior a Deus, mas em saber que os anjos o reconhecem como tal, o que, evidentemente, também aumenta sua superioridade em relação a eles. No caso de Eva, Satanás planta dentro dela o sonho de beleza e inteligência superiores reconhecidas não apenas por Adão, mas por todas as criaturas terrenas e celestiais. O tamanho do público aumenta o valor da superioridade e, portanto, o que está em jogo ao esforçar-se para obtê-la. Uma característica predominante do esforço por superioridade é que ele busca os olhares de admiração de outros; de acordo com Rousseau (como mostrei no cap. 1), essa é sua principal motivação.

Também há outro sentido em que o esforço por superioridade não é apenas uma questão de competição entre duas partes. O esforço de Eva para ser superior a Adão e aos olhos de todos os anjos não foi um acontecimento independente que ocorreu entre eles diante dos espectadores. Foi ligado ao esforço por superioridade de Satanás; ele estava se esforçando para vencer uma competição com Deus ao procurar formar Eva (e, em sua mente, por meio dela toda a humanidade) à sua própria imagem, ou seja, alguém ingrato e cheio de ódio de si mesmo. Uma vez que Eva também estava se esforçando para ser superior, tornou-se, sem saber, instrumento para o esforço por superioridade de Satanás. A própria Eva, posteriormente, tornou seu filho Caim um instrumento em seu esforço e, de certa maneira, reproduziu no esforço de Caim para ser superior a Abel sua necessidade de elevação própria. Aqueles que se esforçam para obter superioridade são usados como instrumentos e usam os outros como instrumentos. Quando o esforço por superioridade é um valor dominante, tudo se torna, potencialmente, combustível para a fogueira geral de ambição.

No entanto, talvez o contrário também seja verdade. Se os seres humanos se tornam instrumentos apanhados na teia diabólica de esforço por superioridade, também podem ser apanhados no movimento contrário de Cristo, um movimento de amor que procura servir a outros e elevá-los. É o que Milton mostra em *Paraíso recuperado*.

7

Qual é a alternativa de Milton para o esforço por superioridade? Dar a outros o que é devido? Embora não exista nenhum mandamento explícito em *Paraíso perdido* que diga: "Não ofenderás o mérito de ninguém!", Satanás e Eva declaram esse princípio indiretamente ao usá-lo como justificativa pessoal e pública para suas rebeliões. Contudo, esforçar-se para obter superioridade é compatível com dar a outros o que é devido caso mérito maior seja o valor que motive o esforço. Esse deve ser o âmago da meritocracia: aqueles que têm mérito superior governam; ocupam, por direito, o lugar no topo, onde são celebrados e considerados legitimamente superiores. E, no entanto, em *Paraíso perdido* o mérito não é o alicerce da ordem social. Satanás não trabalhou para alcançar o lugar de maior preeminência entre os anjos, competindo de modo justo e vencendo; qualquer que tenha sido sua contribuição para esse posto, *Deus* o criou para ser preeminente (*PP* 4.43-44). Paulo e Kierkegaard depois dele resistem fortemente ao mérito como base para a condição social (veja caps. 4 e 2, respectivamente).

Isso significa que o esforço por superioridade é problemático especialmente porque cada um deve permanecer, com gratidão, no lugar em que foi colocado pelo Todo-Poderoso? Talvez o primeiro mandamento no céu e na terra seja: "Não te rebelarás contra Deus!". Diante disso, será que o motivo pelo qual não devemos nos esforçar para obter superioridade é a insistência de Deus em ser superior a tudo e todos?

Em *Paraíso recuperado*, a continuação de *Paraíso perdido*, tornar a superioridade o bem principal é contrário a toda a ordem moral cristã. Deus não é o principal guardião de uma ordem em que o esforço por superioridade reina supremo; ele não é o "grande Proibidor", como Eva chama Deus por ocasião de sua queda (*PP* 9.815). Deus é o *modelo supremo* da alternativa, a ordem moral cristã. Em *Paraíso perdido*, a disputa entre o Filho e Satanás diz respeito a lealdade a Deus e se desdobra em uma batalha. Em *Paraíso recuperado (PR)*, que fala "de feitos / Mais que heroicos, ainda que realizados em segredo" (*PR* 1.15), a lealdade a Deus não é lealdade principalmente ao poder supremo, mas a uma visão moral da vida, uma visão fundamentalmente oposta ao esforço por superioridade. O livro todo trata da tentação de Cristo no deserto, de como Cristo desfez aquilo que Adão e Eva tinham feito. O Filho se esforça para vencer Satanás, o expoente original do esforço por superioridade, que passou a governar a terra ao seduzir o primeiro casal humano a se esforçar para obter superioridade. Na maneira como o Filho vence a tentação, porém, ele exibe uma visão moral que mostra como o esforço por superioridade é um vício tóxico e autodestrutivo e não apenas a transgressão de um limite definido por uma força externa, quer de forma justa, quer de forma arbitrária.

***

No final de *Paraíso perdido*, o Éden está destruído e Satanás governa a terra. Obcecado com o esforço para ser o maior de todos, Satanás conseguiu saquear o novo mundo de Deus e aumentar seu próprio reino. E, no entanto, Satanás percebe que seu governo está em perigo; a superioridade como criatura nunca é garantida, mas sempre tênue. Mesmo antes de Adão e Eva saírem do paraíso, quando Deus amaldiçoa a serpente, adverte Satanás de que o "grande Libertador" da humanidade, nascido da descendência de Eva, ferirá a cabeça dele (*PP* 10.180-81; 12.148). Em *Paraíso recuperado*, vemos Satanás pela primeira vez no batismo de Jesus. Ele ouve o Pai declarar que Jesus é o "Filho amado" e fica "quase atônito" (*PR* 1.35-36). Vem à lembrança a vitória anterior do Filho sobre Satanás, quando ele enviou "dez mil trovões" e expulsou os exércitos "atônitos" de Satanás para o "poço sem fundo" (*PP* 6.834-66).

Para perplexidade de Satanás, aquele que foi declarado Filho amado se parece exatamente com qualquer outro ser humano. Satanás se propõe tentar Jesus no deserto, em grande parte, para descobrir que *tipo* de filho de Deus ele é: um filho de Deus como qualquer ser humano e como todos os anjos (Satanás entre eles) ou, como Satanás teme, *o* Filho de Deus, aquele que se assenta à direita de Deus (*PR* 4.514-25). Qualquer que seja o caso, o objetivo de Satanás é que Jesus o reconheça como seu deus e, portanto, como seu superior. Essa seria uma vitória dupla. Em um nível, Jesus é humano e representante da humanidade; portanto, se Satanás conquistar uma vitória sobre ele, como conquistou sobre Adão e Eva, poderá mantê-lo e toda a humanidade como seus súditos. Se, contudo, Jesus é o Filho divino, Satanás, ao ser bem-sucedido, terá obrigado o Filho a reconhecê-lo como Deus, o que significa vencer a luta para ser superior a Deus, um objetivo que Satanás se esforça para alcançar desde o início.

Satanás fracassa em ambas as empreitadas. No fim da última tentação, diante da declaração de Jesus: "E também está escrito, / Não tentarás o Senhor, teu Deus", Satanás "tomado de espanto", cai do pináculo do templo (*PR* 4.562). Jesus revela que é incontestavelmente divino, e Satanás é derrotado. Jesus conquista essa segunda vitória não ao usar de poder bélico, mas ao agir em conformidade com um valor mais fundamental e mais divino do que força esmagadora.

8

A tentação para receber glória ocupa o centro do embate entre o Filho e Satanás no deserto. O que está em jogo não é apenas a posição relativa do Filho ou de Satanás, mas também os valores mais primordiais do universo de Deus, a condição para a verdadeira prosperidade das criaturas de Deus. Ter a mais alta glória era a principal motivação de Satanás no céu e continuou a ser sua motivação quando Deus lhe deu liberdade de perambular pela terra. Quando Jesus resiste à tentação, Satanás perde, pois tem desejo "insaciável por glória" (*PR* 3.147-48). Contudo, Satanás também vê a glória corretamente como um atributo de Deus; na face de Cristo "resplandecem vislumbres da glória de seu Pai" (*PR* 1.86-93). O que está em questão, portanto, não é se a glória é boa, mas o que é verdadeiramente glorioso.

As tentações giram em torno da questão da glória: Satanás tenta Jesus ao compará-lo com outros seres humanos que se esforçaram para ser os melhores, pois vê nele uma pessoa "feita e dedicada inteiramente à realização / Dos maiores feitos" (*PR* 2.206-8). Uma vez que Satanás associa a grandeza à superioridade, diz a Jesus que ele não pode ser grande, e muito menos o maior, em obscuridade. A superioridade exige reconhecimento.

> Aparentando ter vida privada, ou mais obscura
> No deserto indômito, por que privar
> Toda a terra do maravilhamento diante de teus atos,
> E privar a ti mesmo de fama e glória, a única recompensa
> Que alimenta a chama de sublimes empreitadas
> Dos espíritos mais elevados, mais purificados.
> Etéreos, que desprezam todos os prazeres,
> Todos os tesouros e todo lucro consideram escória,
> E dignidades e poderes, todos menos os mais sublimes? (*PR* 3.22-30)

Os exemplos notáveis apresentados por Satanás, com os quais ele convida Jesus a se comparar, são Alexandre, o Grande, que aos trinta anos havia criado o maior império do mundo antigo, e Júlio César, "a quem, agora, o mundo todo admira" e que "com o passar dos anos, mais resplandecente / Em glória, chorou porque havia passando tanto tempo / Inglório" (*PR* 3.39-42). Esse é o mesmo Júlio César que, quando jovem, ao passar por um vilarejo nos Alpes, se diz que observou: "Preferia ser o primeiro aqui a ser o segundo em Roma".[27] Satanás dá a entender que Jesus, então com trinta anos, estava atrasado em suas realizações em comparação com os grandes conquistadores e afirma que pode ajudar Jesus a ascender à mais elevada glória. Jesus será o maior em todo o mundo se prestar culto a Satanás e, com isso, reconhecer a superioridade de Satanás em relação a ele. Se Jesus fosse um ser humano interessado em alcançar glória ao governar o mundo, essa proposta talvez parecesse um bom negócio. Cada um receberia o que queria, exceto pelo fato de que, quando a superioridade é o valor mais elevado, aqueles que oferecem benevolência fingida podem removê-la a qualquer momento.

Jesus não se impressiona e, em sua resposta, define como a glória deve ser corretamente entendida. A glória humana é "apenas uma labareda de fama, / Louvor de outros", ele diz a Satanás (*PR* 3.47-48). A maioria das pessoas não conhece verdadeira glória; para elas, "ser deslouvado é grande louvor" (*PR* 3.51-56)! Quanto aos grandes conquistadores, aqueles que os consideram gloriosos estão redondamente enganados. A verdadeira glória é obtida sem "ambição, guerra ou violência, por feitos de paz e de grande sabedoria" (*PR* 3.90-91). Para o Jesus de Milton, os exemplos de glória verdadeira são Jó e Sócrates, e não Alexandre, o Grande, e Júlio César.

O Jesus de Milton encerra sua resposta dizendo (como faz Jesus em Jo 8.50) que ele não busca sua própria glória, mas a glória do Deus que o enviou. Jesus deixa implícito que não devermos buscar nossa própria glória, quer ela venha ou não daqueles que sabem o que é verdadeiramente glorioso; devemos buscar a glória de Deus e aceitar somente a glória que vem do louvor a Deus.

> Esta é a verdadeira glória e renome: quando Deus,
> Ao olhar para a Terra, identifica com aprovação

[27] Plutarch, "Caesar", seção 11.

O homem justo e torna seu nome conhecido em todo o Céu
A todos os seus Anjos que, com verdadeiro aplauso,
Anunciam seus louvores. Assim ele fez a Jó [...]
Famoso ele era no Céu; na Terra menos conhecido,
Onde glória é glória falsa, atribuída
A coisas não gloriosas, a homens indignos de fama. (*PR* 3.60-64,68-70)

Jesus busca a aprovação de Deus, e o faz não ao buscar sua própria glória, mas ao engrandecer a glória de Deus. Ele busca excelência, e não superioridade.

***

Uma vez que Jesus se dedica à glória de Deus, Satanás imagina ver uma oportunidade. Acaso Deus, de quem Jesus afirma ser Filho, não é aquele que busca mais glória que todos?

Não menosprezes a glória, muito menos
A que se assemelha a teu grande Pai. Ele busca glória,
E para a glória dele todas as coisas feitas, todas as coisas
Ordens e governos; não se contenta de ser glorificado,
No Céu por todos os seus anjos, e requer
Glória dos homens, de todos os homens, bons ou maus,
Sábios ou insensatos, sem diferença e sem isenção.
Acima de todo sacrifício, ou dom sagrado,
Glória ele requer, e glória ele recebe,
Variegada, de todas as nações, de judeus, gregos,
Ou bárbaros, sem abrir exceção;
De nós, seus inimigos declarados, glória ele exige. (*PR* 3.109-20)

Satanás afirma que a glória é o valor central de Deus. É o fim principal de Deus em tudo o que ele faz, e Deus insiste em receber glória de todos, indiscriminadamente, dos discernentes aos ignorantes, dos bons aos perversos, dos amigos aos inimigos implacáveis. De acordo com Satanás, o caráter e as ações de Deus contestam o desprezo de Jesus pela glória. Ela é o bem supremo, pois é o bem supremo de Deus. Ele se esforça não apenas para *ser* absolutamente superior, mas para *receber reconhecimento e ser celebrado* como tal. Acaso isso é errado? Deus pode estar equivocado?

Jesus refuta o argumento de Satanás com uma resposta que lembra o solilóquio de Satanás em *Paraíso perdido* a respeito de seu ódio de si mesmo e de sua incapacidade de ser grato (*PP* 4.32-113). Jesus explica por que e como Deus busca ser glorificado. Diz:

> Uma vez que sua Palavra produziu todas as coisas,
> Embora não principalmente para glória como seu maior fim,
> Mas para mostrar sua bondade e conceder
> Seu bem comunicável a toda alma
> Livremente; de quem ele poderia esperar
> Nada menos que glória e ação de graças, isto é, gratidão,
> A mais leve, fácil e pronta retribuição
> Daqueles que não têm nada mais com que retribuir,
> E, se não retribuíssem dessa forma, acaso não é provável
> Que expressassem desprezo, desonra e infâmia?
> Dura recompensa, inadequado retorno
> Para tanto bem e tanta beneficência! (*PR* 3.122-33)

Jesus diz a Satanás que é apropriado para Deus, e para ninguém mais, buscar todas as glórias, mas somente porque Deus não busca glória da forma que fazem as criaturas. Deus criou todas as coisas e confere a todas as coisas sua existência e suas capacidades. O argumento não consiste na ideia de que, pelo fato de Deus ter criado os seres humanos, Deus tem autoridade e poder para exigir que suas criaturas o glorifiquem. Antes, o argumento consiste na ideia de que os seres humanos devem algo a Deus pela dádiva da existência e, portanto, que Deus é recebedor, por direito, de glória.

Mas o que, exatamente, é a glória que Deus busca? Primeiro, e por definição, não pode ser algo de que Deus precisa. Satanás está errado em dizer que o "maior fim" de Deus ao criar, preservar e governar todas as coisas é sua própria glória. Se fosse o caso, Deus estaria buscando o aprimoramento de seu próprio bem em tudo o que ele faz. Contudo, o bem de Deus não pode ser aprimorado. O bem com o qual Deus se preocupa é o *bem das criaturas*. O principal objetivo de Deus é "mostrar sua bondade" e fazê-lo ao conceder "seu bem comunicável a toda alma". Essa asserção corresponde ao que Milton diz a respeito da glória de Deus em *Paraíso perdido*: de todas as coisas que constituem a glória de Deus, "amor infindável e graça imensurável" são as que mais resplandecem (*PP* 3.142).

Milton faz esse comentário no contexto da redenção, mas a criação, não menos que a redenção, é uma expressão da generosidade de Deus. Ele cria e doa livremente e *não precisa* de nada em troca. Como mostrarei, Paulo desenvolve o mesmo argumento e o emprega contra a vanglória, contra sentir-se e dizer-se superior a outros (cap. 4).

Segundo, o relacionamento entre Deus e suas criaturas é de tal ordem que as criaturas não têm, de si mesmas, nada com que retribuir a Deus, uma questão da qual tratarei no capítulo 4. A existência e o poder das criaturas durante todo o transcurso de sua vida são dádivas de Deus para elas. Oferecer a Deus um sacrifício ou uma oferta sagrada é lhe entregar algo que já lhe pertence. A única dádiva que Deus requer como retribuição é "glória e bênção", o que significa, como Milton acrescenta, nada mais que "ação de graças". A gratidão não é apenas a mais "fácil retribuição", como o próprio Satanás declarou em *Paraíso perdido* (4.47) e como Jesus ressalta aqui. Também é a única retribuição possível e a única que Deus pede.

Terceiro, a gratidão não eleva Deus à posição do "mais Exaltado"; também não gera, nem mantém, nem magnifica a superioridade de Deus. A gratidão apenas reconhece com prazer o bem recebido de Deus. De modo semelhante, a falta de gratidão não reduz Deus de nenhuma forma. No entanto, os ingratos deixam de dar a Deus o que lhe é devido. Também têm a tendência de guardar dentro de si desprezo por Deus que vem do desprezo por si mesmos como criaturas dependentes. No caso de Satanás, tudo o que Deus lhe concedeu generosa e benevolentemente, como Satanás diz em *Paraíso perdido*, "operou em mim o mal / e produziu apenas maldade" (*PP* 4.48-49).

Uma vez que Deus é a fonte do bem de todas as criaturas, é inapropriado as criaturas buscarem sua própria glória (embora, como mostrarei, no parecer de Milton, não é inapropriado receberem e terem glória!).

> Mas, porque o homem deve buscar glória se ele, de si mesmo,
> Nada tem e a ele nada pertence
> Senão condenação, ignomínia e vergonha?
> Ele, que tantos benefícios recebeu,
> Ingrato e falso se voltou traiçoeiramente contra Deus,
> Despojando-se, com isso, de todo o verdadeiro bem;
> E, no entanto, sacrílego, para si mesmo quer arrogar
> Aquilo que pertence somente a Deus. (*PR* 4.134-41)

As linhas no centro dessa citação trazem uma perspectiva sombria de todo ser humano decaído: traiçoeiro, ingrato e falso, despojado de todo verdadeiro bem e digno de condenação, ignomínia e vergonha. São palavras implausivelmente negativas para que venham da boca do Jesus que encontramos nos Evangelhos. E, no entanto, o que o Jesus de Milton deseja mostrar é válido mesmo que concordemos apenas com a asserção mais básica de nossa natureza como criaturas: pelo simples fato de criaturas serem criaturas, não podem arrogar nada para si. Como mostrarei e investigarei adiante, Paulo desenvolve esse mesmo argumento em 1Coríntios 4.7: "Pois quem é que faz com que você sobressaia? E o que é que você tem que não tenha recebido? E, se o recebeu, por que se gloria, como se não o tivesse recebido?". Aqueles a quem tudo é dado não devem se gloriar. Ao atribuírem glória a si mesmos por aquilo que receberam, não reconhecem suas qualidades como dádivas de Deus. A gratidão volta a atenção para o Doador de todas as boas dádivas; logo, a glória pertence a Deus. Buscá-la para nós mesmos é ofender Deus e arrogar o que pertence a ele.

Milton propõe que essa ideia de glória torna Jesus imune à tentação de Satanás. No entanto, talvez pareça chegar perto de validar a descrição de Deus por Satanás. Deus absorve em si toda a glória da criação a fim de declarar, jactanciosamente, que ele é o maior de todos; as criaturas servem apenas para mostrar a superioridade absoluta de Deus. No entanto, dizer que a glória pertence somente a Deus "por direito", pois ele é o Criador de todas as coisas, *não* é o mesmo que dizer que toda a glória é absorvida por Deus.

> E, no entanto, há em Deus tanta fartura, tanta graça,
> Que quem promover a glória dele, e não sua própria,
> Avançará, então, em direção à glória. (*PR* 4.142-44)

De acordo com o argumento central de Satanás, se Jesus deseja ser como seu Pai, precisa buscar sua própria glória, pois seu Pai anseia por glória e insiste em obtê-la de todos. Jesus responde que Deus não busca glória da forma que criaturas o fazem; ademais, quem dá glória a Deus recebe glória dele, a única glória que vale a pena ter.[28] Jesus diz a Satanás:

[28] Quanto a Jesus procurar glorificar aqueles que ele veio redimir, veja Milton, "On the Morning of Christ's Nativity", in: *Complete Poems*, p. 42-49.

> Esta é a verdadeira glória e renome: quando Deus,
> Ao olhar para a Terra, identifica com aprovação
> O homem justo e torna seu nome conhecido em todo o Céu
> A todos os seus anjos que, com verdadeiro aplauso,
> Anunciam seus louvores. Assim ele o fez a Jó
> Quando, para estender sua fama por todo o Céu e toda a Terra,
> Como tu, para tua vergonha podes muito bem te recordar,
> Ele te perguntou: "Viste meu servo Jó?".
> Famoso ele era no Céu; na Terra menos conhecido,
> Onde glória é glória falsa, atribuída
> A coisas não gloriosas, a homens indignos de fama. (*PR* 3.60-70)

O que importa não é fama ou renome, ser tema constante das conversas de outros (cf. *PR* 3.55). O que importa não é o lugar relativo que a pessoa ocupa, de suposta inferioridade ou superioridade a outros: quão grande é seu império, quanta riqueza tem, quão influente é sua contribuição intelectual em comparação com a de outros. O que importa é se ela tem uma vida caracterizada por bondade, se é justa (como Jó) ou veraz (como Sócrates) (veja *PR* 3.88-99). A única aprovação que vale a pena levar a sério é a aprovação de Deus, e o único aplauso, o dos anjos que não caíram. Essa glória pertence àqueles que corporificam e refletem a bondade de Deus.

A resposta de Jesus a Satanás tem como efeito a redefinição daquilo que é verdadeiramente glorioso. A genuína bondade *é* glória. Em gratidão, os seres humanos dão glória a Deus por sua imensa e voluntária generosidade; e Deus, ao observar com aprovação que alguém é justo, dá glória aos seres humanos generosos, justos e verazes. Existe superioridade ou inferioridade no tocante à bondade entre os seres humanos? Se existe, os superiores não são aqueles que recebem louvores por serem *melhores que* os inferiores. São aqueles que recebem louvores pela excelência de sua generosidade, e nenhum deles se gloria de sua bondade, louvando a si mesmo por ela. Aqui, Milton reflete Paulo.

***

Neste capítulo, desenvolvi a proposta de que, no centro dos dois grandes poemas de Milton há uma crítica incisiva ao esforço por superioridade. Em *Paraíso perdido*, o esforço por superioridade é a principal motivação de Satanás para se rebelar. Esse esforço se disfarça de suposta experiência de mérito ofendido; escreve uma história falsa de criação própria a fim de se tornar moralmente plausível. As tentativas de Satanás de enganar outros atingem o ápice quando ele engana a si mesmo e chega à conclusão insana de que pode, de algum modo, abalar o trono de Deus. Ele persiste em seu esforço e se apega ao autoengano e, com isso, perde sua capacidade de se alegrar em sua boa natureza original e na boa natureza do mundo e se priva da possibilidade de redenção.

Eva, à sua maneira, também cai porque anseia por superioridade, embora devamos reconhecer que, a fim de adquirir essa ambição perniciosa, ela teve de ser tentada por outro, enquanto Satanás foi, como Milton diz, "tentado por si mesmo" (*PP* 3.130). Em ambos os casos, uma ordem criada de inferioridade e superioridade também exerce influência; no caso de Eva, a mistura de hierarquia com justo direito a igualdade forma uma combinação volátil. Um esforço que, a princípio, era restrito, se torna ilimitado sob a influência do Tentador. Comparações irrequietas, usando a expressão de Kierkegaard, e ambição por superioridade tanto de Adão quanto de Eva acabam por envenenar o que poderia ter sido um relacionamento feliz; mesmo enquanto Adão e Eva buscam se reconciliar, tentam superar um ao outro. Até mesmo o amor pode trazer consigo o peso e a distorção do anseio por superioridade.

Também propus que, da perspectiva de *Paraíso recuperado*, essas figuras são antítipos de Jesus Cristo. Na tentação de Cristo por Satanás para buscar riqueza, domínio ou sabedoria e, em cada um deles, almejar a glória suprema, Cristo recusa a oferta de Satanás de ajudá-lo a se tornar superior e se mostrar superior para todos os concorrentes terrenos, pois esse objetivo é, em si mesmo, errado. No fim da última tentação, Jesus está sozinho no pináculo do templo, aonde Satanás o levou. "Tomado de espanto" (*PR* 4.562) pela resposta de Jesus a sua última tentação, Satanás cai, não tanto do templo, mas da altura que ele havia alcançado quando foi bem-sucedido na tentação de Adão e Eva, da mesma forma que ele havia despencado para dentro do "poço sem fundo" depois de sua insurreição no céu (*PP* 6.834-66). Jesus está no pináculo do mais alto lugar terreno em virtude de sua recusa em se esforçar para obter superioridade. Ele concretiza uma visão de um universo moral em que o bem supremo é a voluntária generosidade de Deus, que não precisa de nada em troca, e a voluntária gratidão das criaturas que recebem alegremente de Deus sua existência e a vivenciam no mundo — em resumo, o chamado e a resposta para amar em liberdade.

9

De acordo com uma famosa declaração de William Blake, o próprio Milton era do partido de Satanás.[29] Ele estava se referindo à forte afinidade que percebemos entre o autor de *Paraíso perdido* e o protagonista do poema. Embora Milton não fique, por fim, do lado do diabo, talvez o retrato que ele apresenta de Satanás seja, por vezes, tão solidário justamente porque Milton sentia de modo intenso a tentação de se esforçar para obter superioridade. O fato de que o criador de dois poemas tão magníficos, no centro dos quais vemos uma crítica ao esforço por superioridade, talvez não tenha conseguido triunfar sobre essa tentação é testemunho do poder desse esforço universalmente humano e, no entanto, profundamente equivocado.

O jovem Milton sentia fervorosa ambição de alcançar grandeza excepcional. Mark Pattison, biógrafo de Milton no século 19, menciona uma carta enviada por Milton em 1632 a um amigo em Cambridge em que ele escreveu: "Estou decidido e inteiramente determinado a realizar grandes coisas".[30] Em *Paraíso recuperado*, Milton usa essas mesmas palavras para retratar a atitude de Jesus (*PR* 2.207-8). No entanto, embora talvez seja ambicioso comparar sua missão à de Cristo, quem sabe essa declaração não passasse de anseio de imitar Cristo e se esforçar para obter excelência criativa, um tipo de esforço muito diferente do esforço por superioridade (veja cap. 1).

Ainda assim, a competitividade precoce e extrema de Milton pode ser descrita plausivelmente como esforço por superioridade. Um dos primeiros poemas de Milton em inglês, escrito quando ele tinha 21 anos e colocado no início de sua primeira coletânea de poemas dezesseis anos depois, tem como título "Na manhã do nascimento de Cristo".[31] No prelúdio do poema, ele observa que é "um presente para o Deus Menino [...] recebê-lo de braços abertos em sua nova habitação" (16,18). Contudo, o poema não é apenas sobre o "Rei que desceu do céu" e o propósito desse Rei em sua vinda ao mundo. Como John Rogers propõe,

[29] Blake, *Marriage of Heaven and Hell*, p. 10.
[30] Pattison, "Milton", cap. 2.
[31] Nos comentários a seguir sobre o poema, apoio-me em Rogers, "Infant Cry of God".

também é sobre o início do próprio Milton como poeta e o propósito de sua vocação poética.[32]

Na última estrofe do prelúdio, o esforço de Milton por superioridade fica nítido.

> Vede como, de longe, pela estrada oriental,
> Os Magos guiados pela Estrela se apressam com doces aromas;
> Ó, corre, antecipa-os com tua singela ode,
> E coloca-a humildemente a seus pés benditos;
> Tenhas tu a honra de saudar primeiro teu Senhor,
> E juntar tua voz ao Coro Angelical,
> De seu Altar secreto tocado com fogo sagrado. (22-28)

A última linha dá a entender que Milton considera a poesia seu chamado divino. Evoca o mais conhecido chamado da Bíblia hebraica, do profeta Isaías. Como os lábios de Isaías, os de Milton estão impuros e, como Isaías, Milton quer que sejam purificados, tocados por fogo sagrado, por "uma brasa viva" que um dos serafins "havia tirado do altar com uma pinça" (Is 6.6).

O chamado divino e a necessidade de purificação não são surpreendentes, assim como também não causa surpresa Milton querer colocar sua "singela ode [...] humildemente" aos pés benditos de Jesus. Ele honra o grande Deus disposto e capaz de assumir um estado em que o ressoar da Voz celestial trovejante se transformou em "choro de recém-nascido do nosso Deus".[33] E, no entanto, assim como ele descreve seu ato poético como dar um singelo presente a um Deus humilde, do nada surge a declaração veemente de sua aspiração à superioridade. Milton exorta a si mesmo a correr e chegar ao bebê antes dos magos para que ele próprio tenha *a honra de ser o primeiro* a saudar seu Senhor. Que importância tem quem chega primeiro para honrar o Deus disposto a se deitar "sob o pobre telhado de uma estrebaria", embora governe, com o Pai, o reino lá do alto?[34] Por que Milton compete com magos pagãos do Oriente e não apenas se apressa como eles? Por que deseja *superá-los* em honrar a Cristo? Será que Milton não está desonrando o Deus humilde

[32] Essa ideia é extraída da descrição de Milton do propósito da natividade em "Elegy VI", escrita para seu amigo Charles Diodati. Milton, *Complete Poems*, p. 52.

[33] Milton, "Elegy VI", in: *Complete Poems*, p. 52.

[34] Ibid., p. 52.

ao se preocupar tanto em chegar antes dos outros? Será que não vemos aqui um lado de Milton que, mesmo na adoração, tem um toque da parte de Satanás?[35]

Há ainda outra competição no poema. Entre os efeitos do nascimento de Jesus, Milton trata da queda dos deuses pagãos que "repentinamente, foram destruídos em seus próprios santuários", como ele diz em uma carta para seu amigo Charles Diodati.[36] "Nosso Bebê", escreve Milton na ode sobre a natividade, "a fim de mostrar sua verdadeira Divindade / pode nos panos em que está enrolado, controlar a maldita horda" (227-28). Os serviços poéticos de Milton a Cristo não são nada além de "dádivas que a primeira luz do amanhecer trouxe para mim", como ele expressa na mesma carta. Ao mesmo tempo, nesse ato de devolver o que recebeu, ele não apenas busca articular a verdade da fé cristã de modo convincente, mas também se esforça para obter superioridade em relação a toda a literatura clássica.

Enquanto Milton compunha sua ode sobre a natividade, já se imaginava escrevendo um heroico poema épico semelhante a *Paraíso perdido*. Trinta e oito anos depois, quando esse poema finalmente foi escrito, ele o colocou no mesmo nível que as produções de Homero ou Virgílio. Um pequeno detalhe revela de modo eloquente sua avaliação exagerada de sua própria obra. Quando *Paraíso perdido* foi publicado em 1667, foi impresso com a numeração das linhas nas margens. John Rogers, depois de observar como esse pormenor era incomum, ou até singular, comenta:

[35] Em correspondência pessoal em resposta a uma versão anterior deste texto, Filippo Falcone faz objeções a essa interpretação da ode da natividade: "Sempre a considerei um paradoxo de amor: ser o primeiro no amor é, para o eu, ficar para trás. Se os magos pagãos estão a caminho para honrar o Deus que se tornou bebê, o primeiro que se tornou último, quanto mais Milton deve correr mais rápido que eles, ciente de que o primeiro é servo de todos. Ser o primeiro a chegar ao berço do Salvador é acolher inteiramente a teologia da fraqueza de Deus". Mensagem de e-mail de Falcone para o autor, 25 de setembro de 2023. Essa é uma possível leitura. O que me impede de adotá-la é que o eu de Milton não parece estar muito atrás; está no primeiro plano, tendo em conta seu esforço para ser o primeiro. Aqui, Milton se parece com Tiago e João, filhos de Zebedeu, que desejam ser elevados acima de outros ao sentar-se um à esquerda e outro à direita de Jesus em sua glória, um pedido que Jesus recusa (assim como rejeita a indignação dos discípulos restantes contra esses dois indivíduos que se esforçam para obter superioridade) e, em seguida, associa grandeza não a exaltação à posição mais elevada, mas a serviço.

[36] Milton, "Elegy VI", in *Complete Poems*, p. 53.

> Os únicos precedentes que Milton podia ter para a *ideia* de colocar numeração nas linhas eram os grandes clássicos antigos, as edições magníficas de Homero e Virgílio lançadas no Renascimento. No século 17, esses poemas eram publicados com linhas numeradas, pois, obviamente, os números facilitavam a produção de comentários acadêmicos e o estudo desses textos em sala de aula.

Rogers conclui que a intenção de Milton era "tornar seu poema canônico, exatamente como a *Ilíada*, a *Odisseia* e a *Eneida antes mesmo de outros o terem lido*".[37]

Milton parece imaginar que *Paraíso perdido* não apenas estava à altura das obras primas de Homero e Virgílio, mas que era superior a elas. Ao se referir aos autores desses textos em grego e latim posteriormente, em *Paraíso recuperado* ele faz esta queixa:

> Ai de nós! O que podem eles ensinar sem induzir ao erro;
> Ignorantes de si mesmos e mais ainda de Deus,
> E de como o mundo começou e de como o homem caiu,
> Degradado por si mesmo, dependente da graça? (*PR* 4.309-12)

Uma vez que a *Ilíada*, a *Odisseia* e a *Eneida* induziam seus leitores "ao erro" a respeito das questões mais importantes (Deus, o pecado e a graça de Deus), eram, nesse sentido, inferiores à obra de Milton. Talvez Milton considerasse, ainda, que também eram inferiores da perspectiva poética. Mas, ao fazer questão de destacar essa comparação, Milton parece mostrar que não estava interessado apenas nas excelências da verdade ou da arte poética. Ao longo de toda a sua vida, ele parece ter se esforçado para obter superioridade de modo geral e até mesmo superioridade em relação aos maiores concorrentes. Também parece ter se esforçado para que essa superioridade fosse reconhecida e registrada à vista de todos. Uma coisa é se preocupar com a verdade e o brilhantismo de sua obra; outra bem diferente é colocar os grandes épicos clássicos como rivais. Teria sido melhor se Milton não houvesse avaliado a superioridade de seus dois poemas em relação às obras de Homero e Virgílio e, sem dúvida, também teria sido melhor se ele não houvesse pedido a seus leitores que fizessem essa

[37] Rogers, "Infant Cry of God" (grifo do autor).

avaliação. Nos capítulos 4 e 5, mostrarei que Paulo argumenta contra gloriar-se em vantagens comparativas.

Em *Paraíso recuperado*, uma das tentações usadas por Satanás consiste em induzir Jesus a se tornar "famoso / Por sua sabedoria" (*PR* 4.221), o que supostamente exige demonstração pública de que sua sabedoria é superior à sabedoria presente nos clássicos da literatura grega. Em resposta, Milton imagina Jesus asseverando que ele conhece a sabedoria grega, que ele recebeu a "luz do alto, da fonte de luz" (*PR* 4.289), melhor do que "a luz da Natureza" que os gregos tinham (*PR* 4.228). Jesus faz avaliações e asserções comparativas segundo as quais seu tipo de sabedoria é superior, isto é, de maior excelência. E, no entanto, ele se recusa a fazer o que Satanás deseja; rejeita o convite para mostrar publicamente que sua sabedoria é superior a fim de se exaltar e, com isso, ser reconhecido como alguém superior. Semelhante à ode sobre a natividade, o Deus que chega como recém-nascido em uma estrebaria claramente não está atrás de fama e superioridade, embora seu poder e sua sabedoria sejam efetivamente superiores. Contudo, a asserção: "Sou o maior de todos!" vem do Maligno. Milton ressalta esse fato, pois, nos dois poemas, argumenta de modo convincente contra o esforço por superioridade. E, no entanto, ao contrário de Jesus, nem sempre ele resiste a essa tentação.[38]

Uma obra poética verdadeiramente extraordinária contra o esforço por superioridade nasceu da luta do próprio autor exatamente com esse vício. Essa situação apenas parece um paradoxo. Toda excelência flui de uma fonte humana contaminada. Na percepção de Milton, exceto no caso de Deus e dos anjos que não caíram, não há nenhum outro tipo de fonte da qual ela possa fluir.

[38] Para crédito de Milton, ele tomou emprestado livremente e extensamente de outros e dominou "a ansiedade de estar atrasado, de ser precedido e suplantado" com facilidade (Kerrigan, Rumrich e Fallon, introdução a *Paradise Lost*, de Milton, p. xliii). (Afinal, as histórias que esses dois poemas contam não são, de maneira nenhuma, originais!) De acordo com Harold Bloom, Satanás representa o poeta temeroso de mostrar suas dívidas, apreensivo de citações, de ser derivativo, o poeta moderno, enquanto Milton se apoia nas maneiras pelas quais sua obra se fundamenta na obra de outros, o que aprimora sua arte (Bloom, *Anxiety of Influence*, p. 20-21). Nesse caso, talvez se trate de um testemunho a suas tentativas de resistir à tentação de se esforçar para obter superioridade.

4

“Quanto à honra, deem sempre preferência aos outros” (Paulo)

Em *A religião dos primeiros cristãos*, Gerd Theissen propõe que o amor ao próximo e a renúncia de *status* eram os dois valores mais básicos da ética cristã primitiva; aliás, são os metavalores fundamentais para todas as outras injunções éticas. De uma forma ou de outra, os cristãos primitivos tinham em comum com os não cristãos, tanto judeus quanto gentios, o valor de amor ao próximo. No entanto, a renúncia de *status* e a humildade eram novidades, apesar de certo precedente entre os filósofos cínicos[1] e, como mostrarei no capítulo 6, também na Bíblia hebraica. As duas virtudes eram contrárias à cultura da Roma antiga, em que *status*, atribuído e adquirido, era de suprema importância.

Na Bíblia cristã, a crítica mais coesa do esforço por superioridade e a alternativa mais convincente para esse esforço estão nos escritos do apóstolo Paulo. Embora ele não fosse o único entre os primeiros escritores cristãos preocupado com essa questão, escreveu a seu respeito de modo mais extenso e abrangente do que qualquer outro. Uma crítica do esforço por superioridade ocupa o cerne do interesse mais profundo de Paulo. Não apenas com a designação estrita “superioridade”, mas com muitos outros nomes, esse tema aparece em todas as passagens autobiográficas de seus escritos; em suas teologias da criação, da salvação e da igreja; e em várias seções de suas cartas que trazem instruções éticas. É importante observar que o problema do esforço por superioridade estava entre os motivos pelos quais Paulo, zeloso fariseu (em sentido não pejorativo) e precoce estudiosos da Torá e das tradições, se tornou dedicado discípulo de Jesus Cristo. Da forma como ele descreve, esse novo norteamento que mudou toda a sua vida foi resultado de revelação

[1] Theissen, *Religion of the Earliest Churches*, p. 13-14, 63-64, 101.

(Gl 1.11-16). Uma maneira — incomum e um tanto formal, mas ainda assim verdadeira e, para nossos propósitos, importante — de mostrar o efeito de Jesus Cristo em Paulo é dizer que, além de qualquer outra coisa que a lealdade a Cristo houvesse feito em sua vida, ela alterou a natureza de seu esforço: de busca zelosa por superioridade para busca igualmente zelosa por determinado tipo de excelência. Paulo a descreve quase exatamente nesses termos em Filipenses 3.3-16 (observe v. 4b), como procurarei mostrar em breve.[2]

Ao tratar do problema do esforço por superioridade em Paulo, lançarei mão de duas linhas de estudos acadêmicos sobre Paulo e tentarei uni-las. A linha principal é o interesse teológico clássico em graça e mérito, na natureza da agência humana e em sua importância para a justificação dos seres humanos diante de Deus. Esse é o ponto de origem da resistência de Paulo ao esforço por superioridade. A outra linha, secundária na presente empreitada, é de estudos acadêmicos mais recentes sobre a relação entre Paulo e a cultura romana extremamente consciente de questões de *status* à qual ele estava se dirigindo e na qual, como disse Cícero, "uma vez que vislumbramos, por assim dizer, uma

[2] Paulo era um pensador situacional, voltado para o que acontecia ao redor. Portanto, terei de reunir vários aspectos de sua crítica e da alternativa proposta em suas cartas, principalmente Romanos, 1 e 2Coríntios e Filipenses. (O risco de uma leitura tão "unificada" é nivelar contextualmente e biograficamente diferenças condicionadas. Vejo, ao longo do conjunto de textos paulinos, mudanças de ênfase, mas um posicionamento razoavelmente unificado, marcado por uma tensão em sua forma de tratar a questão da agência.). A meu ver, Paulo é, igualmente, um daqueles pensadores situacionais que também é sistemático. Ainda assim, há tensões, e duas delas são relevantes para nosso assunto. Uma diz respeito a sua apresentação da relação entre graça e agência humana, especialmente no tocante ao dia do julgamento. A outra é entre sua afirmação de igualitarismo diante de Deus e na igreja e sua declaração de hierarquia em relacionamentos sociais mais amplos. Uma vez que considero impossível resolver essas tensões inteiramente, ao oferecer um esboço de seu posicionamento quanto ao esforço por superioridade eu me apoiarei na linha de pensamento que considero dominante: a declaração da graça radical e dos relacionamentos igualitários. O esboço mudaria, porém não fundamentalmente, se eu incluísse em minha argumentação (1) uma linha secundária em que ele parece defender a cooperação dos seres humanos com Deus na salvação (veja Rm 2.6-8) (ingressar pela fé, permanecer por meio de obras divinamente assistidas); e (2) sua declaração de relacionamentos hierárquicos entre homens e mulheres e autoridades políticas e súditos. Ao interagir com Milton (cap. 3), mostrei que a crítica do esforço por superioridade pode ser radical mesmo que se declare uma organização hierárquica do mundo com superiores e inferiores naturais.

parte do esplendor [da honra], não há nada que não estejamos dispostos a suportar e sofrer a fim de obtê-lo".[3]

Começarei com as instruções morais de Paulo e, então, tratarei de seu entendimento do caráter de Deus revelado na história de Jesus Cristo a fim de tentar compreender por que Paulo considera o esforço por qualquer tipo superioridade (social, material, moral ou espiritual) hostil à mensagem do evangelho. Em seguida, investigarei de que maneira essas ideias dão forma ao entendimento de Paulo de si mesmo e a seu ensino central da justificação pela fé. No capítulo seguinte, explorarei de que maneira Paulo emprega essa crítica do esforço por superioridade em contextos mais polêmicos.

1

Considere três versões das instruções morais de Paulo sobre honrar outros em uma comunidade local de fé.

Primeiro, em 1Coríntios vemos uma ordem enfática, ainda que indireta, para honrar os outros. Ela fica implícita na forma como Paulo desenvolve uma imagem para ilustrar de que maneira os membros de uma comunidade devem se relacionar uns com os outros. O apóstolo, como muitos antes dele, compara uma comunidade ao corpo humano. Para aqueles que se sentem inferiores — "Porque não sou mão, não sou do corpo" (1Co 12.15) — ele diz que são essenciais; o corpo precisa deles para ser corpo. Para aqueles que se sentem superiores e anseiam por independência — os olhos dizem para a mão: "Não precisamos de você" (12.21) — ele diz que, em sua percepção de superioridade, estão exagerando indevidamente seu valor; um corpo com um só membro seria grotesco. Até aqui, a apresentação de Paulo da comunidade como corpo não traz surpresas: a ênfase é sobre interdependência e cooperação.

Ao dar continuidade a sua argumentação contra os membros "superiores" (aqueles que se gloriam em sua posição aparentemente mais elevada, desprezam os "inferiores" e se separam deles), Paulo exalta a importância dos membros fracos e "menos honrosos". Retoricamente, é

[3] Citado em Hellerman, *Reconstructing Honor in Ancient Philippi*, p. 35. Cícero não desejaria que a busca por honra fosse desvinculada de outras virtudes ou da busca pelo bem comum; não era puramente honra por honra, mas ainda é digna de nota a relevância que ele atribui à honra. Para um estudo recente em mais profundidade do que tenho condições de oferecer aqui, veja Schofield, *Cicero*.

nesse ponto que ele coloca a ênfase de toda a seção sobre o corpo e seus membros (1Co 12.14-26).

> Pelo contrário, os membros do corpo que parecem ser mais fracos são necessários, e os que nos parecem menos dignos no corpo, a estes damos muito maior honra. Também os que em nós não são decorosos revestimos de especial honra, ao passo que os nossos membros nobres não têm necessidade disso. Contudo, Deus coordenou o corpo, concedendo muito mais honra àquilo que menos tinha, para que não haja divisão no corpo, mas para que os membros cooperem, com igual cuidado, em favor uns dos outros.
>
> 1Coríntios 12.22-25

A argumentação de Paulo é radical: ao contrário das aparentes implicações de posição relativa na escala comumente aceita de superioridade/inferioridade, todos os membros devem ter a mesma honra e cuidar da mesma forma "uns dos outros".

Nessa passagem, ele volta ao problema do qual tratou no capítulo 11. Os membros ricos, poderosos e prestigiosos da igreja estão tratando os membros pobres, fracos e "menos honrosos" com desprezo e com total negligência.[4] Ele diz que, em suas reuniões, durante a ceia do Senhor, "cada um toma antecipadamente a sua própria ceia, e enquanto um fica com fome outro fica embriagado". Os poderosos "menosprezam a igreja de Deus e envergonham os que nada têm" (1Co 11.21-22). O primeiro argumento de Paulo contra eles se fundamenta no caráter da ceia do Senhor. Ela celebra Cristo, que compartilhou a si mesmo a ponto de morrer por outros. Quem se isola de outros com desdém egoísta, ainda mais na mesa do Senhor, contradiz o alicerce da igreja de Cristo e "come e bebe juízo para si mesmo" (11.29).

Ao desenvolver a metáfora do corpo, Paulo apresenta um segundo argumento contra os desdenhosos membros "superiores" da igreja. Ele declara o primeiro e mais importante passo desse argumento quase como um aparte. Os membros "menos honrosos" do corpo apenas *parecem* sê-lo em uma forma de pensar "carnal" e distorcida. Os fracos, aqueles que não têm nada, são inferiorizados: "*Parecem* ser mais fracos" (12.22, grifo do autor) e "*nos parecem* menos dignos de honra" (12.23, grifo do

[4] Quanto ao escândalo das distinções sociais durante a ceia do Senhor como o problema tratado em 1Coríntios 12.22-26, veja Fee, *First Epistle to the Corinthians*, p. 678.

autor); na verdade, porém, não o são. Os ricos, que recebem honra, não devem confundir aparências com realidades divinamente estabelecidas. No corpo da igreja, *todos* são igualmente honrosos, motivo pelo qual "revestimos de especial honra" os membros que parecem ser "menos dignos" (12.23). Em vez de os poderosos e mais "distintos" desprezarem membros que parecem menos respeitáveis e se preocupar apenas consigo mesmos, devem tratá-los com *maior* respeito, correspondente ao mesmo cuidado que devemos dedicar a todas as partes do corpo. A honra é igual e, portanto, *a ação de honrar* deve ser diferenciada de uma forma que manifeste igualdade! Ao longo do presente capítulo, voltarei a esse modelo de honra diferencial que contradiz padrões terrenos desiguais de honra.

Na retórica política da época de Paulo, a metáfora do corpo era usada para justificar diferenças de condição e de forma de tratamento.[5] Em nítido contraste, Paulo emprega essa imagem para exortar os cristãos a maior igualdade em honra e cuidado. Desequilíbrio em honra e cuidado recebidos e oferecidos cria divisão no corpo. Buscar honra principalmente para si mesmo (esforço por superioridade) coloca membros igualmente honrosos que devem cuidar uns dos outros em competição uns com os outros por honra. O mesmo acontece com a suposição mais passiva da própria superioridade e a decorrente expectativa de distribuição desigual de honra e cuidado que beneficia quem recebe mais. Embora Paulo nunca inste com os membros inferiorizados para que lutem por honra e cuidado iguais, ele próprio luta em favor deles!

Da perspectiva de Paulo, a visão de honra e cuidado iguais não é mera convenção social. É como Deus organizou o corpo eclesiástico e, de modo mais amplo, as comunidades humanas (1Co 12.24). O requisito moral de honra igual é arraigado na ontologia humana. Os seres humanos não são indivíduos soberanos, que definem a si mesmos, nem pessoas cujo valor depende de como parecem aos olhos de outros; antes, Deus, como seu Criador, define seu valor, que outros seres humanos devem honrar. Eles também não são indivíduos independentes, cujos relacionamentos com outros dependem apenas da vontade de todos os envolvidos; fazem parte de um corpo social em que a existência e o bem-estar de cada um são vinculados a todo o corpo social. "Se um membro sofre, todos sofrem com

[5] Veja o famoso discurso de Agripa Menênio em Livy, *Early History of Rome*, 2.32.7-33.1. Para uma discussão, veja Schottroff, *1 Corinthians*, p. 253.

ele; e, se um deles é honrado, todos os outros se alegram com ele", Paulo diz no final do parágrafo em um convite para a alegria mútua que nasce da honra dada a outros (12.26).

Quando voltar a atenção para as teologias paulinas de salvação e criação, mostrarei maneiras ainda mais básicas em que ele se opõe à soberania do eu. Também nisso, seu propósito é contestar o esforço por superioridade.

***

A segunda instrução a respeito de honra na comunidade é direta e, em certo sentido, pede da comunidade mais do que a primeira instrução: não apenas que trabalhe por igualdade de honra, mas que assuma a liderança no esforço para obtê-la. "Quanto à honra, deem sempre preferência aos outros" (Rm 12.10b). Também neste caso, o contexto é a comunidade como corpo social (12.4-5). A ênfase no cuidado mútuo e igual também está igualmente presente, mas agora é expressa com o vocabulário do amor: "Amem uns aos outros com amor fraternal" (12.10a). A exortação à honra mútua não diz respeito, portanto, a uma hierarquia de *status*, mas à forma como a afeição mútua leva os membros a tratarem uns aos outros. Paulo toma por certo que a honra conferida a outros, entendida como "alta consideração e estima", é genuína; não é o tipo de honra "falsa e mercenária" que uma pessoa confere a outra a fim de poder "receber um retorno maior", como diz Martinho Lutero em seus *Comentários sobre a Epístola aos Romanos*.[6] De modo semelhante, o cuidado por outros, os benefícios que alguém lhes confere, não devem ter a intenção de aumentar a honra do benfeitor, como acontecia na cultura romana obcecada com honra.

Martinho Lutero, como muitos outros, acredita que para Paulo nessa passagem, honrar outros se baseia em um julgamento comparativo de valor: eles são mais *dignos* de honra do que eu e, portanto, eu os honro em vez de me recusar a dar a honra devida a eles ou declarar falsamente que minha própria honra é superior à deles. Isso se deve ao fato de que Lutero acredita que "um homem não é capaz de honrar outro dessa forma sem se rebaixar e considerar que *ele próprio é digno* de ser envergonhado e que *outros merecem maior* honra do que ele; em outras palavras, honrar dessa forma só é possível se um homem é humilde, se considera outros

[6] Luther, "Chapter Twelve", p. 455.

superiores a ele em honra".[7] De acordo com essa ideia, a honra é relacionada a hierarquias exclusivas de *status*; honrar outra pessoa é se colocar em posição inferior na hierarquia. Mas essa visão não pode estar correta nem quanto à humildade nem quanto a honrar outros.

Paulo assevera que a honra deve ser *mútua* e que deve envolver cada membro da comunidade. Se cada pessoa considerar outros mais *merecedores* de honra, muitos julgamentos simplesmente serão falsos.[8] Ele afirma que cada membro deve procurar pensar de si mesmo "com moderação" e ser veraz em seu julgamento, de acordo com o qual alguns, supostamente, serão melhores que outros em muitos aspectos (Rm 12.3), uma injunção que Paulo faz para se opor àqueles que costumam inflar sua autoimagem (sentir-se superiores e pensar que são mais merecedores) *e* àqueles que imaginam que honrar outros significa depreciar seu valor próprio e suas realizações. Dar honra a outros não pode, portanto, ser algo atrelado ao mérito de cada um, ao que cabe a cada um (veja também abaixo).[9] Antes, cada um deve ser honrado não obstante seu mérito ou demérito, com base no simples fato de que é membro da comunidade eclesiástica e, de modo mais amplo, da raça humana.

A instrução para dar "sempre preferência a outros" quanto à honra (Rm 12.10) talvez não reduza o esforço por superioridade, mas, sim, vire-o de cabeça para baixo e, então, intensifique-o. Em vez de procurar ser superior a outros em honra obtida, cada um deve procurar ser superior a outros em honra conferida. O resultado é uma espécie de meritocracia moral, um esforço por superioridade moral. Essa é uma das formas possíveis de ler o texto, e é como alguns comentaristas entendem outras passagens de Paulo, especialmente Filipenses 2.9-11 e 2Coríntios 11.23-33.[10] A seu ver, Paulo é contra o esforço por superioridade apenas quando tem por objetivo poder, riqueza e afins, e não quando se refere a amar e honrar outros. Esses

[7] Ibid., p. 455 (grifo do autor). Em um comentário pessoal, Mark Seifrid me lembrou de que esse é Lutero falando no início de sua carreira, em 1515-16, antes de sua descoberta da Reforma e que, na época, ainda defendia uma teologia de humildade, anulação de si mesmo e elevação divina.

[8] Uma variação de pensar menos em si mesmo do que nos outros é a sugestão de John Albert Bengel de que "é melhor considerar as boas qualidades de outros e os nossos defeitos" em *Gnomon of the New Testament*, p. 165. A avaliação comparativa teria a tendência de ser distorcida.

[9] Entendo "honra" aqui como referência não, principalmente, ao valor objetivo das realizações e dos recursos de um indivíduo, mas a seu valor *como pessoa*.

[10] Veja meus comentários abaixo sobre essas passagens.

intérpretes dizem que *devemos* nos esforçar para ser superiores a outros em amá-los e elevá-los. O problema não é buscar superioridade; o problema é buscar superioridade em coisas erradas.

A meu ver, essa interpretação sofre de incongruências fatais. Seria como raciocinar que, tendo em conta a humildade ser uma virtude cardeal para os cristãos, podemos, legitimamente, nos orgulhar de nossa humildade e nos gloriar de sermos mais humildes que nossos concorrentes. Em ambos os casos, o foco ainda recai sobre comparações e contrastes e não sobre a busca por excelência moral de per si. Em Romanos 12.10, o termo traduzido por "deem preferência" é *proēgoumenoi*, que também pode ser traduzido por "ir adiante e conduzir", o que se encaixa melhor com a argumentação mais ampla de Paulo do que simplesmente dar preferência. Como Lutero observa, isso significa que "devemos dar honra a outros mesmo que ela não seja antecedida nem sucedida de honra recebida de outros".[11]

A mutualidade, porém, é um elemento de suprema importância, não no sentido de reciprocidade condicional, mas de dependências e obrigações incondicionais de cada membro para com os outros, o que alguns chamam de "dinâmica de uns aos outros".[12] O cuidado incondicional e a honra incondicional devem ser mútuos. Essa mutualidade em amor e honra desestabiliza a hierarquia social. Cada pessoa deve honrar os outros sem levar em conta se ela própria está sendo honrada ou se os outros *merecem* a honra conferida; é isso que se espera não apenas dos "inferiores", mas também dos mais fortes, dos "superiores", aqueles que têm mais riqueza ou poder ou são tidos em mais alta consideração. A principal tônica crítica da ordem para que amor e honra sejam mútuos é contra aqueles que talvez se sintam tentados a se considerar "superiores", quer porque são tratados como tal fora da igreja, quer porque são exemplos de virtude moral ou líderes da comunidade.

***

A terceira ordem de Paulo para honrar uns aos outros é a mais radical: "Não façam nada por interesse pessoal ou vaidade, mas por humildade, cada um considerando os outros superiores a si mesmo" (Fp 2.3). Essa é a rejeição mais direta do esforço por superioridade em todos os textos de

[11] Luther, "Chapter Twelve", p. 455.

[12] "Mútuo" ou "uns aos outros" é uma das expressões mais usadas na eclesiologia e nas instruções éticas de Paulo. Veja Lohfink, *Wie hat Jesus Gemeinde gewollt?*, p. 116ss.

Paulo. "Superiores" (*hyperechontas*) ou "mais importantes" pode ser entendido como uma referência às aptidões e realizações de outros ou a sua posição e importância. Como em Romanos 12.10, não se pode ter em mira aqui superioridade em aptidões e realizações, pois considerar outros "superiores" deve ser algo mútuo e incondicional. Todos os membros teriam de considerar todos os outros membros melhores do que eles, o que, em muitos casos, não seria verdade. Logo, é mais apropriado interpretar *hyperechontas* como "superior em posição ou importância", o que também se encaixa de modo próximo com o exemplo de Cristo que Paulo está prestes a dar: ao lhes servir, aquele que é igual a Deus considera até o ser humano de condição mais humilde superior em importância a ele próprio.

Os membros da comunidade cristã em Filipos (Paulo se dirige a *todos* eles) não devem procurar impor seu valor e sua importância por meio de rivalidade com outros (*eritheian*: ambição egoísta), nem ao procurar agradar outros a fim de receber seu louvor (*kenodoxian*: vanglória). Antes, em humilde autoesquecimento, cada um deve considerar os outros mais importantes que ele mesmo, ou melhor, uma vez que todos os outros na verdade têm a mesma condição e importância, é apropriado relacionar-se com eles e tratá-los *como se* tivessem posição e importância superiores.[13] Que membros da comunidade os filipenses devem honrar como seus superiores? Todos eles, "sem restrição", responde Karl Barth ao comentar sobre esse versículo.[14] A dinâmica em que cada um trata todos os outros como se fossem mais importantes talvez seja a maneira mais eficaz de estabelecer igualdade de honra em comunidades em que alguns são falsamente considerados inferiores enquanto outros são falsamente considerados superiores.

Assim como a metáfora do corpo foi usada tanto para defender a importância de relações hierárquicas quanto para se opor a elas (como Paulo faz em 1Co 12), a injunção para honra mútua pode ser aplicada de diferentes maneiras. Se, por exemplo, for dirigida principalmente aos de condição inferior, ou se "honrar alguém" é entendido como tratá-lo de forma compatível

[13] O significado prático de se relacionar com outros como se eles fossem mais importantes do que nós varia de uma cultura para outra e talvez seja um tanto complicado em comunidades eclesiásticas multiculturais. É possível que algumas formas de honrar outros não sejam defensáveis com bases morais. Isso complica a vivência do princípio, mas não o invalida.

[14] Barth, *Epistle to the Philippians*, p. 56.

com sua condição social, pode consolidar relações hierárquicas já existentes.[15] Quando Paulo se opõe à humilhação dos pobres durante a ceia do Senhor em 1Coríntios 12, ele afirma que a honra *não* deve ser igual, mas que os pobres devem receber maior honra, para que a honra se equalize entre os membros. Ele também enfatiza *igual* cuidado, o que significa, supostamente, que os ricos devem compartilhar parte de sua riqueza com os pobres.

Em Filipenses 2, honrar outros significa promover ativamente os interesses deles: "Não [tenham] em vista somente os seus próprios interesses, mas também os dos outros" (v. 4)[16] e, portanto, não consolida relações hierárquicas já existentes. Ao se relacionar com outros, aquele que se esforça para obter superioridade em relação a eles busca, acima de tudo, seus próprios interesses, a fim de superar outros caso sejam considerados superiores ou não perder sua posição superior caso sejam considerados inferiores. De modo contrastante, quem considera os outros superiores a si mesmo trata, principalmente, dos interesses de outros (embora, a fim de fazê-lo, sua própria identidade precise estar firmada de outras maneiras, diferentes da asserção de si mesmo sobre outros, como explicarei em breve). Também aqui, o objetivo de Paulo é a mutualidade. Se cada um deve buscar o bem dos outros e se cada um considera os outros superiores a si mesmo, todos os doadores e todos os recebedores formarão, juntos, uma comunidade de "dar e receber", tomando emprestada uma expressão de Paulo em Filipenses 4.15. Se os membros "superiores" ou com mais condições materiais verdadeiramente promoverem os interesses dos que têm menos condições, as formas de medir superioridade serão desestabilizadas em vez de se tornarem ainda mais arraigadas.

[15] Kathryn Tanner propôs essa ideia em resposta a uma versão anterior do presente texto.

[16] Barth afirma que "o argumento perderia a força se fosse realmente traduzido por "*também* os alheios" (Barth, *Epistle to the Philippians*, p. 57-58). Não estou convencido disso. O contraste que Paulo faz é entre considerar (o outro) "superior" e a nós mesmos "inferiores", e não entre considerar que o outro vale alguma coisa e nós mesmos não valemos nada. O eu não precisa desaparecer completamente ao considerar outros superiores. Como o próprio Barth observa, nenhuma rendição do eu fica implícita na busca pelo interesse dos outros; na humildade sobre a qual Paulo escreve, "a cabeça deve ser mantida erguida" (p. 57). O paralelo com 2.21 é instrutivo. Ao escrever sobre aqueles ao seu redor que se preocupam sinceramente com os filipenses, ele observa que, com exceção de Timóteo, "todos os outros buscam os seus próprios interesses e não os de Jesus Cristo". Procurar os interesses de Jesus Cristo *é* procurar os interesses dos filipenses e de todos que pertencem a Cristo, o que inclui aquele que também procura os interesses de Cristo.

***

Nessas três passagens que analisei — cada uma de uma carta diferente, mas todas elas parte de instruções sobre a vida em comunidades eclesiásticas — Paulo rejeita o esforço por superioridade e exorta os leitores a honrarem uns aos outros como fariam a alguém de condição igual ou superior. Karl Barth, ao comentar sobre a passagem de Filipenses, pergunta: Qual deve ser nosso fundamento para nos relacionarmos com outros como se fossem superiores? "Não este ou aquele fundamento, mas talvez *sem* um fundamento, de modo *contrário* a todo fundamento",[17] ele responde, deixando implícito que essa honra conferida a outros não se baseia em mérito nem é impedida por demérito. É fundamentada em simples humanidade, compartilhada igualmente por todos os seres humanos, um ponto que, como mostrei, Kierkegaard também enfatiza (cap. 2). O principal motivo para honrar cada pessoa mais que a si mesmo em vez de se esforçar para obter superioridade e o motivo para essa visão social radical é a história de Jesus Cristo. Paulo escreve: "Tenham entre vocês o mesmo modo de pensar de Cristo Jesus" (Fp 2.5, que também pode ser traduzido por: "Tenham entre si essa mente, que é sua em Cristo Jesus"). O que vem logo em seguida é o famoso hino a Cristo (Fp 2.6-11).

Ao lermos a história de Jesus Cristo como descrição do modelo que nossa vida deve seguir, temos de lembrar que, embora Paulo exorte seus leitores a agir como Cristo, o ponto principal não é a imitação; o apóstolo não está apenas fornecendo instrução moral. Como mostrarei na terceira seção, abaixo, para Paulo, viver em conformidade com Cristo é algo que acontece porque o Cristo ressurreto, que aceitamos pela fé, se torna o principal agente de nossa vida. Paulo está convidando seus leitores à união com Cristo.

2

Em *Reconstructing Honor in Roman Philippi* [Reconstruindo a honra na Filipos romana], Joseph Hellerman mostra que, em colônias romanas antigas, assim como em Roma, a honra era de suprema importância. Um caminho comum para a glória consistia em ocupar uma ordem ascendente de cargos. Esse caminho era conhecido como *cursus honorum* (corrida

[17] Barth, *Epistle to the Philippians*, p. 56.

de honras). De acordo com Hellerman, a história de Jesus relatada em Filipenses 2.6-8, o chamado Carmen Christi, refere-se a uma corrida diferente, um *cursus pudorum* (corrida de vergonhas). Teresa Morgan expressa dúvida se o rigoroso *cursus honorum* era especialmente importante em Roma na época de Paulo e se era praticado em Filipos.[18] Se entendermos o *cursus honorum* de modo mais geral, porém, como um caminho ascendente de obtenção de honras, ainda assim podemos contrastá-lo com a forma que o Carmen Christi apresenta a história de Cristo.

Em referência a Jesus Cristo, a quem os cristãos devem se conformar, Paulo escreve:

> Mesmo existindo na forma de Deus,
> não considerou o ser igual a Deus
> algo que deveria ser retido a qualquer custo.
> Pelo contrário, ele se esvaziou,
> assumindo a forma de servo,
> tornando-se semelhante aos seres humanos.
> E, reconhecido em figura humana,
> ele se humilhou,
> tornando-se obediente até a morte,
> e morte de cruz.
>
> Filipenses 2.6-8

Cada estrofe descreve um passo da *perda* de *status* de Cristo. Hellerman escreve:

> O retrato de Jesus que Paulo apresenta consiste em três níveis progressivamente degradantes de prestígio social no mundo romano [...] Nesse *cursus pudorum*, Jesus abre mão da igualdade a Deus (primeiro nível), assume forma humana e condição de escravo (segundo nível) e se sujeita à humilhação pública da morte na cruz (terceiro nível).[19]

Jesus Cristo começa no ponto mais elevado da escala de honra, "existindo na forma de Deus". Quando leio esse texto complexo, a respeito do qual foi escrita uma biblioteca inteira, entendo que "forma de Deus" é Deus em

[18] Correspondência pessoal, 15 e 24 de janeiro de 2024.
[19] Hellerman, *Reconstructing Honor in Ancient Philippi*, p. 130.

aparência exterior. É possível aparecer em forma de Deus, isto é, aparecer em glória divina, somente quando se *é* Deus ou igual a Deus, o que o hino declara de maneira indireta: Cristo "não considerou o ser igual a Deus algo que deveria ser retido a qualquer custo" (Fp 2.6). A asserção de que Cristo é igual a Deus é uma asserção da condição metafísica mais elevada possível; quem não é Deus não pode se tornar igual a Deus por esforço próprio nem, obviamente, esforçar-se para manter uma condição de igualdade com Deus. Reis e governantes das tradições helenística e romana procuravam usurpar a igualdade com Deus, usando-a como instrumento para manter a superioridade máxima e exercer controle incontestado. Em Milton, como mostrei, Satanás começa uma guerra no céu e causa destruição em toda a terra porque se esforça para se tornar superior a Deus (cap. 3). Tudo isso exemplifica a busca por igualdade com Deus e seu reconhecimento público que, no contexto do monoteísmo, só pode significar desentronizar Deus e se colocar no lugar dele.

O contraste com a usurpação de igualdade não é que Jesus não almejava igualdade com Deus, mas que ele não considerava a igualdade algo a que se apegar ferrenhamente e explorar em benefício próprio.[20] Na encarnação, ele abriu mão não da igualdade com Deus, mas da forma de Deus, da aparência exterior de divindade que manifestaria sua superioridade à humanidade e legitimaria seu governo, um ponto que Kierkegaard enfatiza em seu uso de Filipenses 2 (veja cap. 2).[21] Cristo, em sua grande e decisiva descida, despojou-se das vestes de glória divina (Deus como o ápice da superioridade), assumiu a forma de escravo e, então, foi parar na cruz. Da perspectiva das aspirações a honra, essa foi a ignomínia suprema. Em sua condição de Deus, ele se tornou ser humano; em sua condição de ser humano, assumiu a forma de escravo; em sua condição de escravo, foi obediente até a morte. E a morte à qual ele se sujeitou voluntariamente foi a execução mais vergonhosa de todas.[22]

[20] Stephen Fowl observa corretamente que "apegar-se ferrenhamente" não é questão de Cristo se tornar ou não igual a Deus, mas de determinada "disposição ou atitude em relação" à condição divina que se pressupõe que ele tenha. Fowl, "Christology and Ethics", p. 142.

[21] Uma longa tradição vê nesse texto alguma forma do esvaziamento da divindade pelo Filho a fim de se tornar humano. A meu ver, esse é um erro exegético. Quaisquer que sejam as implicações de todo o hino para como devemos pensar na divindade de Jesus Cristo, é bem mais provável que Paulo esteja afirmando não que Cristo se esvaziou de algo, mas simplesmente que Cristo *esvaziou a si mesmo*. Veja Fee, *First Epistle to the Corinthians*, p. 210.

[22] Quanto à vergonha da crucificação, veja Hengel, *Crucifixion in the Ancient World*.

O hino parte do pressuposto de que o esvaziamento próprio de Cristo não foi mera demonstração de humilhação própria paradoxalmente heroica. Ele se humilhou inteiramente a fim de servir a outros, a fim de fazer por outros o que eram incapazes de fazer por si mesmos. Aliás, como a abrangência universalista de Filipenses 2.9-11 indica ("todo joelho" em toda parte), ele morreu em vergonha por amor de toda a humanidade, talvez especialmente pelos escravos mais desprezados, cuja vida por vezes terminava na cruz, como a dele terminou. Temos aqui, portanto, a forma extrema (e inalcançável para meros humanos) do posicionamento que Paulo exorta os cristãos filipenses a adotar. Jesus Cristo, aquele que ocupava um lugar inigualável, agiu de maneira absolutamente radical *como se* até mesmo o ser humano de menor importância e o pior pecador fossem superiores a ele. Procurou os interesses deles, e não os seus (Fp 2.3-4). E ele o fez não em razão dos méritos dos seres humanos, mas não obstante seus deméritos e não obstante a própria igualdade dele com o Altíssimo.

***

Depois de Filipenses 2.8, há uma nítida ruptura no hino a Cristo. A voluntária jornada descendente de Cristo termina em morte na cruz. Do versículo 9 em diante, ele deixa de ser agente de sua história. Deus, o Pai, se torna esse agente, e as ações de Deus são ligadas por um enfático "por isso" aos estágios de esvaziamento próprio aos quais os versículos 6-8 se referem.

> Por isso também Deus o exaltou sobremaneira
>   e lhe deu o nome
> que está acima de todo nome,
>   para que ao nome de Jesus
> se dobre todo joelho,
>   nos céus, na terra e debaixo da terra,
> e toda língua confesse
>   que Jesus Cristo é Senhor,
>   para glória de Deus Pai.
>
> Filipenses 2.9-11

Uma forma de entender a ligação entre as duas partes do poema ("Por isso") é pensar na exaltação como a recompensa para a humilhação própria de Cristo. Nessa interpretação, a forma de obter a mais alta honra é, de modo contraintuitivo, correr o *cursus pudorum* em vez de, como seria de esperar, correr o *cursus honorum*. Esse é o posicionamento de Hellerman: "Como recompensa por se cobrir de desonra para o bem de outros, Jesus é exaltado ao lugar mais elevado por Aquele" que ocupa "o ápice da hierarquia da realidade social".[23] Caso essa observação esteja correta, voltamos a uma forma de meritocracia moral que alguns intérpretes encontram em Romanos 12.10. Permanecemos na estrutura cultural de vergonha e honra. "Vergonha" e "honra" mantêm seu significado, mas o *caminho* para a honra é diferente, pois a direção do *cursus* é invertida. Em vez de correr da posição inferior para a superior, corre-se da posição superior para a inferior e, em uma inversão final, Deus confere honra a quem presta, para o bem de outros, serviço desprovido de honra, serviço escravo, árduo, doloroso, vergonhoso. A recompensa é extrínseca ao trabalho, como dinheiro para suor. Caso tudo isso seja verdade, "Lucas 18.14 aprimorado", de Friedrich Nietzsche, é vindicado: "Quem se humilha deseja ser exaltado".[24]

No entanto, parece mais coerente com toda a história — e com a asserção de Paulo em 1Coríntios 2.8 de que "os poderosos deste mundo" crucificaram "o Senhor da glória" — imaginar que, com a exaltação de Jesus Cristo crucificado, toda a sua jornada descendente foi declarada exaltada. Esse tipo de amor é, de per si, glorioso; a exaltação por Deus vindica publicamente a verdade em vez de recompensar Cristo com alguma outra glória além daquela que vem do amor radical praticado por ele. Com respeito ao relacionamento de Cristo com o mundo caído e necessitado, a glória de Cristo não consiste em se esforçar para manter eminência divina, nem em explorá-la para controlar outros, mas em agir para o bem de outros, em assumir a forma de um escravo desprezado e ter uma morte vergonhosa. Jesus Cristo não era inferior a Deus e, portanto, não era menos exaltado no ponto mais baixo de sua *cursus pudorum* do que antes da jornada ou depois que o Pai lhe conferiu a mais elevada honra pública. Não quero dizer com isso que a exaltação de Cristo por Deus é mera declaração de que o ato de Cristo, considerado de modo geral vergonhoso, é glorioso.[25] A exaltação

[23] Hellerman, *Reconstructing Honor in Ancient Philippi*, p. 154-55.

[24] Nietzsche, *Human, All Too Human I*, in *Complete Works*, vol. 3, §87. Devo essa referência a Ryan McAnnally-Linz.

[25] Para Karl Barth, em seu comentário sobre Filipenses e em outros textos, a exaltação não vem "depois" da humilhação. Ele afirma que "não há nenhuma referência a ele ter retomado a 'forma de Deus'" (Barth, *Epistle to the Philippians*, p. 66). Mas qual pode ser o

eleva o Cristo crucificado à vida nova de glória que, como Filho, ele tinha antes da fundação do mundo.

Dar ao Cristo exaltado o nome acima de todos os nomes, isto é, o nome santo de Deus, é uma proclamação pública de que todas as criaturas devem adorar seu Senhor, aquele que está assentado no único trono com Deus, que assumiu a forma de escravo e morreu na cruz. Jesus Cristo, em sua jornada descendente, mostrou o que significa ser o Altíssimo ao ser confrontado com a fragilidade e a necessidade das criaturas.[26] Como Martinho Lutero expressa, em *O Magnificat*, "pois, uma vez que ele [Deus] é o Altíssimo, e não há nada acima dele, ele não pode olhar acima de si ou para os lados, pois não há ninguém semelhante a ele. Precisa, portanto, olhar para dentro de si e abaixo de si; e, quanto mais alguém está abaixo dele, melhor ele o vê".[27] Essa "capacidade de ver" cheia de amor é a glória de Deus.

***

Filipenses 2 não é a história de *aumento* de superioridade, do esforço de Cristo para se elevar por meio de proclamação pública de sua glória divina e do reconhecimento dessa glória por todas as criaturas terrenas e celestiais. Se fosse uma história de esforço por superioridade, Cristo estaria incomodamente próximo de Satanás na história que Milton, inspirado pelo hino de Cristo em Filipenses, narra em *Paraíso perdido* (veja cap. 3). E, o que é mais importante, se aquele que empreendeu uma jornada até a cruz era Deus, ele não precisa que sua glória seja aumentada, pois não há como ele ser mais glorioso do que já é. Paulo compôs (ou

significado de dar a Cristo "o nome que está acima de todo nome", senão que aquele que era e permaneceu igual a Deus ao longo de todo o processo, que tinha a forma (e aparência) de Deus agora é reconhecido como tal em seu ato aparentemente vergonhoso? A meu ver, a exaltação também significa que sua "forma humana" desfigurada é a forma de Deus, e não que ele não aparece de nenhuma outra forma exceto a de escravo crucificado. Não "ele é, em humildade, o mais sublime" (p. 62), como Barth interpreta o texto, mas, sim: "Também em humildade, ele é o mais sublime".

[26] Para um tema semelhante no Evangelho de João, em que a crucificação é apresentada como glorificação, mas sem negar a glória da ressurreição, veja Volf e McAnnally-Linz, *Home of God*, p. 150, 184. Nossa proposta é de que a encarnação do Filho, cuja passagem pela terra terminou na cruz e é representada como glorificação, foi prefigurada em Êxodo quando "a glória do Senhor encheu o tabernáculo" (40.34). Em João, a tônica é que mesmo na maior humilhação, o Filho foi glorificado.

[27] Luther, "The Magnificat", p. 299-300.

reproduziu) o hino a Cristo para motivar os cristãos em Filipos não a se esforçar para superar uns aos outros em honra, mas para considerar os outros mais importantes do que ele próprios, para buscar os interesses de outros e não, acima de tudo, seus próprios interesses (Fp 2.3-4). A jornada de Cristo exemplifica o caminho moralmente excelente digno de esforço humano e, ao mesmo tempo, dá a garantia de que esse esforço resultará não em vergonha e morte, mas em ressurreição e exaltação com Cristo. Um capítulo adiante em Filipenses, Paulo escreve: "O Senhor Jesus Cristo [...] transformará o nosso corpo de humilhação, para ser igual ao corpo da sua glória, segundo a eficácia do poder que ele tem de até subordinar a si todas as coisas" (Fp 3.20-21).

3

Amar e honrar os outros mutuamente mais que a si mesmo em atos de serviço humilde constitui o caminho da vida (*politheuomai*) na forma alternativa de organização que é a igreja (Fp 1.27). Paulo lembra os filipenses de que Jesus Cristo, seu Senhor, é o modelo exatamente desse tipo de vida. O apóstolo fala da mudança radical que esse novo modo de vida provocou em sua própria biografia. Examinar essa ideia mais minuciosamente nos ajudará a entender o papel central que a crítica do esforço por superioridade desempenha no pensamento de Paulo.

***

Em Filipenses 3.2-6, Paulo relata sua vida anterior, como faz em Gálatas 1.13-14. Nas duas passagens, o esforço por superioridade é uma questão importante.

> Se alguém pensa que pode confiar na carne, eu ainda mais: fui circuncidado no oitavo dia, sou da linhagem de Israel, da tribo de Benjamim, hebreu de hebreus; quanto à lei, eu era fariseu; quanto ao zelo, perseguidor da igreja; quanto à justiça que há na lei, irrepreensível.
>
> Filipenses 3.4-6

"Se alguém pensa [...] eu ainda mais!" Como essas palavras iniciais de vanglória indicam, a passagem faz parte de uma polêmica mais ampla. Paulo acredita que o caminho de Cristo é ameaçado não apenas pelo esforço por superioridade fora da igreja (pela cultura de honra), mas pelo esforço por superioridade dentro da igreja. Falsos pregadores promoviam uma visão de vida cristã como forma alternativa do *cursus honorum* (no sentido mais geral da expressão).

Há uma versão do esforço por superioridade situada fora de qualquer ordem moral. No ambiente social de Paulo, diz respeito à superioridade em honra baseada, em grande medida, em poder político. Também há, contudo, uma versão do esforço por superioridade dentro de uma ordem moral, um *cursus honorum* baseado em realizações e prestígio religiosos e morais. (Kierkegaard se opõe fortemente a esse tipo de esforço por superioridade, como observei no cap. 2.) No parecer de Paulo, é dessa forma que algumas comunidades cristãs entendem o caminho de Cristo: esforçar-se para obter superioridade moral e religiosa, tendo a circuncisão como marca especial de pertencimento. Com ira faiscando em seus olhos, o apóstolo descreve esses pregadores como "cães", "maus obreiros" e praticantes da "falsa circuncisão". E antes desses termos de desaprovação, ele adverte: "Cuidado" (Fp 3.2).

(Precisamos ter cautela aqui. O relacionamento mais geral de Paulo com o judaísmo é um tema complexo demais para ser tratado em um texto cujo foco é o esforço por superioridade. Como observei sucintamente e voltarei a falar em mais profundidade, opor-se a asserções de superioridade é um elemento central dos textos definidores do judaísmo [cap. 6]. Minha intenção é mostrar que, no presente caso, Paulo está se opondo a algo que ele considera uma *perversão* do judaísmo: a perversão representada por sua própria maneira anterior equivocada de viver.)

Na rápida sucessão de "insígnias" religiosas pessoais de Paulo, ainda sentimos sua ira, tanto contra os falsos mestres quanto contra quem ele próprio havia sido no passado. Ele coloca essas insígnias no peito só para, então, arrancá-las e atirá-las na lata de lixo. Antes de seu encontro com Cristo, ele havia empreendido uma busca por superioridade moral e religiosa por meio da obediência à lei de Deus, e essas insígnias eram prova do quanto ele havia sido bem-sucedido! A lista de Paulo abrange dois tipos de honras identificados por cientistas sociais: honras atribuídas (herdadas no nascimento por pertencer a um povo escolhido) e honras adquiridas (pertencentes a ele em virtude de suas próprias realizações).[28] Hellerman

[28] A distinção entre atribuída e adquirida foi proposta inicialmente por Linton, *Study of Man*, p. 115-31.

observa que, na Filipos colonial, assim como na Roma imperial, esses dois tipos de honras eram apresentados com frequência exatamente na ordem em que Paulo os coloca.[29] Se esse era o caso, Paulo projeta seu avanço no judaísmo em uma progressão de *cursus honorum*, dando a entender que as duas coisas são variações do mesmo esforço por superioridade.

Paulo articula seu esforço por avanço religioso em termos explicitamente competitivos: ele tem mais motivo para se gloriar do que qualquer outro ("alguém"). Essa é uma hipérbole, assim como sua asserção de que ele era inculpável quanto à retidão conforme a lei também é hipérbole, e deve ser caso ele ainda creia, como em Romanos 3.20, que "ninguém" (ou "nenhuma carne") é capaz de obedecer plenamente à lei. Ele escreve no papel de alguém que se esforça para obter superioridade e cujo objetivo final não é outra coisa senão ser o melhor de todos. Em uma seção autobiográfica com menos intensidade emocional em Gálatas, ele observa de modo mais preciso que "levava vantagem sobre muitos da minha idade, sendo extremamente zeloso das tradições dos meus pais" (Gl 1.14). Não usa superlativos, mas ainda se gloria de ser superior: "Levava vantagem sobre muitos" e era "extremamente zeloso". Isso indica que sua motivação não era apenas zelo por Deus, que ele incentiva explicitamente os membros de suas igrejas a terem (em Rm 12.11, logo depois da injunção para que cada um se destaque em demonstrar honra a outros!), mas também sua própria condição elevada entre seus colegas.[30]

***

Paulo acreditava que tinha bons motivos para confiar na carne. Sua condição atribuída e sua condição alcançada eram superiores. Ao se esforçar para

[29] Hellerman, *Reconstructing Honor in Ancient Philippi*, p. 124-25.

[30] Ao comentar sobre meu texto, Matthew Croasmun observa a ligação entre elevação e pertencimento. "Vou psicologizar um pouco e dizer que creio que Paulo busca aqui pertencimento por meio do esforço por superioridade. Especialmente como filho de duas culturas, Paulo se sente deslocado tanto em Tarso quanto em Jerusalém e vê os mesmos jogos de *status* regularem o pertencimento e o deixarem de fora. Ele se lança de cabeça no farisaísmo como forma de tentar consolidar seu pertencimento ao povo de seus antepassados. E, quando isso o coloca em oposição a Deus, ele vê que todo o sistema de esforço é por nada. Temos aqui, portanto, a revolução que começa na estrada para Damasco. Desse ponto em diante, sua paixão consiste em estabelecer uma nova comunidade (a igreja) em que o pertencimento opere de forma inteiramente distinta. E ameaças a isso são as que recebem as críticas mais acerbas". Croasmun, comunicação pessoal com o autor em 31 de janeiro de 2024.

obedecer perfeitamente à lei de Deus ele estava competindo — e vencendo. E, no entanto, depois de completar a lista de realizações, ele escreve: "Mas o que para mim era lucro, isto considerei perda por causa de Cristo" (Fp 3.7). Essas coisas são piores que "perda"; elas são "lixo" (Fp 3.8). Aquilo que supostamente lhe conferia uma posição superior não apenas havia perdido todo o valor, mas tinha valor negativo. O *fato* de ele ser "um verdadeiro hebreu" não havia se tornado lixo, pois ele ainda acreditava que aos hebreus "pertence a adoção, assim como a glória, as alianças, a promulgação da Lei, o culto e as promessas" e que "deles descende o Cristo, segundo a carne, o qual é sobre todos, Deus bendito para sempre" (Rm 9.4-5). Semelhantemente, o *fato* de ele ser justo conforme a lei (na medida que ele o era) também não havia se tornado lixo, pois ele acreditava que "a lei é santa e o mandamento é santo, justo e bom" (7.12). Por fim, o *fato* de que ele era zeloso não havia se tornado lixo (embora seu zelo em perseguir a igreja fosse lixo), pois ele continuava a correr com determinação como seguidor e apóstolo de Jesus Cristo; até mesmo a ira subjacente enquanto ele escreve sobre o ganho que se transformou em perda dá testemunho desse zelo.

Sem deixar de ser positivo, o que havia sido positivo para Paulo tinha se tornado negativo, nada além de lixo. De que maneira? Ele havia *transformado* essas coisas muito boas (linhagem, zelo e realizações) em lixo ao voltá-las para alvos inapropriados e indignos. Ele as empregava para garantir justiça diante de Deus, e elas haviam se mostrado inadequadas para esse fim (veja seção 4). Ele também as empregava para se gloriar em si mesmo, para se sentir superior e arrogar superioridade. Eram meios para ele se elevar acima de outros, para reduzir (inferiorizar) outros e até mesmo perseguir alguns deles. Transformar essas coisas boas em meios de elevação própria já é, em certo sentido, tratá-las como lixo, como coisas sem valor intrínseco. Essa transformação em lixo é o efeito que o esforço por superioridade tem sobre muitas coisas boas, sobre valores morais e sobre as dádivas comuns da vida, como Kierkegaard e Milton observaram (caps. 2 e 3).

***

Existe um esforço, porém, que busca algo verdadeiramente valioso. Paulo descreve o objeto desse novo esforço como "a superioridade [*hyperechon*] de conhecer Cristo Jesus, meu Senhor" (Fp 3.8, trad. do autor). "Superioridade" é um termo surpreendente, que causa perplexidade no presente caso, e tratarei disso daqui a pouco. A fim de entender esse termo corretamente, precisamos saber o que Paulo quer dizer com "conhecer". Não é, acima de tudo, uma questão de intelecto, mas daquilo para que todo o seu ser está voltado. Paulo se esforça para conhecer Jesus Cristo como *seu* Senhor. "Senhor" é um título comum para Jesus Cristo nos textos de Paulo, mas quando aparece aqui, no início de Filipenses 3, é difícil não perceber nele reflexos do fim do hino de Cristo no capítulo anterior: "E toda língua confesse que Jesus Cristo é Senhor" (2.11). Aquele que é igual a Deus, que se tornou escravo e morreu na cruz e a quem Deus exaltou, esse é o Senhor de Paulo, o alvo de seu esforço. Conhecer Cristo é melhor que todas as outras formas de conhecimento. "O que eu quero é conhecer Cristo e o poder da sua ressurreição, tomar parte nos seus sofrimentos e me tornar como ele [*symmorphizomenos*] na sua morte, para, de algum modo, alcançar a ressurreição dentre os mortos" (3.10-11).

A jornada de Cristo começa com sua condição de igualdade com Deus. De modo análogo, a vida nova de Paulo começa com ressurreição. A experiência do batismo é o que torna possível esse primeiro passo. Paulo foi crucificado com Cristo e ressuscitado com Cristo para uma vida nova, a vida do Cristo ressurreto nele (Rm 6.3-4; Gl 2.19-20). Essa transformação constitui sua nova identidade e seu novo modo de vida. No entanto, o poder do Cristo ressurreto não o conduz à glória — ou melhor, não o conduz *diretamente* à glória — como se costuma entendê-la, mas a uma jornada descendente, como a jornada fundamental e paradigmática realizada por Cristo. Ao lançar mão da dialética de senhorio e serviço que Martinho Lutero esboça em *Da liberdade do cristão*, podemos expressar essa ideia da seguinte forma: o novo eu, estabelecido ao ser ressuscitado com Cristo para ser "senhor", torna-se servo e assume a forma (*symmorphizomenos*; "tornar-se como") do Cristo terreno, servindo a outros, relacionando-se com eles como se fossem superiores (*hyperechontas*) e procurando os interesses deles mais que seus próprios (Fp 3.10; 2.3-4).[31]

Paulo se esforça para se conformar a Cristo, para tornar Cristo seu como ele foi "conquistado" por Cristo (Fp 3.2-13), na esperança (*ei pōs*; "de algum modo") de ser ressuscitado dos mortos para a glória como Cristo foi (Fp 3.11). Diante disso, talvez pareça que o alvo maior do esforço não é se conformar a Cristo, mas alcançar a recompensa da

[31] Luther, *Freedom of the Christian*, p. 343-77.

ressurreição. Essa ideia, porém, é improvável. Paulo está se identificando com toda a jornada de Cristo. De modo mais importante, Cristo, glorioso em seu sofrimento por outros e em sua exaltação, é não apenas o alvo de seu esforço, mas seu agente.[32] Esse conhecimento de Cristo, a vida semelhante à de Cristo que ele vive graças ao fato de que Cristo vive nele, é, para Paulo, superior à vida conforme os padrões humanos. Em 1Coríntios, ele chama esse tipo de conhecimento de Cristo de "sabedoria de Deus" (1Co 1.24) e a considera "mais sábia do que a sabedoria humana" (1.25). Esse conhecimento de Cristo também é superior a todas as realizações de Paulo e, por causa desse conhecimento, ele passou a considerar todas as suas realizações insignificantes (Fp 3.8).

A superioridade que Paulo acolhe e que ele acredita que pode obter sem esforço para ser superior a outros é a superioridade de Cristo, sua pessoa, seu caminho e sua atuação em vidas humanas. Essa superioridade não é alcançada, mas, sim, concedida a todos que estão prontos para recebê-la.

***

Será que se conformar a Cristo não é apenas mais uma forma de se esforçar para obter superioridade, de poder se gloriar não de algum sucesso esplêndido, mas de abrir mão do egocentrismo e servir a outros? Talvez seja como a interpretação alternativa de Romanos 12.10 contra a qual argumentei acima, como se Paulo estivesse dizendo: "Superem uns aos outros na competição para conhecer a Cristo!". Será que a única coisa que muda é o objeto do esforço (em lugar da excelência da lei e da justiça diante da lei, a conformidade ao Cristo que sofreu e morreu), enquanto o alvo maior do esforço (a saber, a superioridade em relação a outros) continua o mesmo? Essa seria uma interpretação equivocada do que Paulo diz. Em Filipenses 3.4-6, Paulo rejeita implicitamente o esforço por superioridade, até mesmo o esforço para ser melhor que outros em qualidades e realizações moralmente admiráveis. Na visão do apóstolo, a superioridade de Cristo não redunda em superioridade para ele próprio em relação a outros. Mas será que o apóstolo permaneceu coerente?

[32] Em resposta a uma versão anterior deste capítulo, Mark Seifrid escreveu: "Eu me rebaixo agora apenas para receber glória no final? Acaso nossa imitação de Cristo (Fp 3.17) não ocorre dentro do modelo de conformação a ele em que fomos inseridos (3.20 e, novamente, a leitura de 2.5)?". Seifrid, comunicação pessoal com o autor, 24 de janeiro de 2024.

Alguns versículos depois em Filipenses, bem como em outras passagens (p. ex., 1Co 9.24-27), Paulo usa metáforas de esportes para descrever seu avanço em direção a um novo alvo: "Esquecendo-me das coisas que ficam para trás e avançando para as que estão diante de mim" (Fp 3.13-14). Ele busca o "prêmio" (3.14). Não fica implícito que, mais uma vez, ele está competindo, tentando superar outros e obter o prêmio? Parece ser o caso em 1Coríntios, em que ele declara explicitamente: "[Em uma corrida] todos, na verdade, correm, mas um só leva o prêmio" (1Co 9.24). E, no entanto, seria equivocado concluir que ele está se esforçando para ser melhor que os *outros*. Quando ele aplica a analogia da corrida à vida cristã, a ideia de apenas uma pessoa receber o prêmio desaparece inteiramente: "Corram de tal maneira que ganhem o prêmio" (9.24). Convém observar o uso de plural aqui: todos devem correr de tal forma que todos ganhem, o que, nessa corrida é não apenas possível, mas também desejável. O alvo é universalmente acessível, e não exclusivo; portanto, todos podem vencer. No uso que Paulo faz de uma analogia dos esportes em 1Coríntios, a vida e o ministério cristãos exigem esforço intenso, disciplina e foco. De modo semelhante, em Filipenses, quando Paulo se esforça para se conformar a Cristo, deseja que seus leitores se esforcem com esse mesmo propósito (Fp 3.15) com a disciplina e o foco de um atleta. O sucesso de um deles, porém, não torna necessário o fracasso de todos os outros.[33]

Em Filipenses 3.7-14, o esforço por superioridade dá lugar ao esforço por determinado tipo de excelência. Essa excelência, como mostrarei, também é uma dádiva, embora não exclua esforço, mas, sim, o abarque.

***

Para muitas pessoas, para todos que julgam de modo carnal, conforme padrões de bom senso, o que Paulo considera conhecimento superior parece insensatez, um esforço condenado a fracassar depois de rebaixamento próprio e até sacrifício próprio, e não um compromisso admirável com o bem-estar de outros. Algumas pessoas não são, verdadeiramente, melhores que outras? Algumas não trabalham com mais afinco e realizam

[33] Um uso inclusivo semelhante da metáfora da corrida e do prêmio do vencedor aparece em 2Timóteo 4.7-8: "Completei a carreira [...]. Desde agora me está guardada a coroa da justiça, que o Senhor, reto juiz, me dará naquele Dia; e não somente a mim, mas também a todos os que amam a sua vinda". Devo essa referência a Tiago de Melo Novais.

mais coisas? Não *merecem*, portanto, mais louvor? Em caso afirmativo, o que há de errado em se esforçar para obter mais mérito e mais louvor que outros, para ter melhor desempenho que outros em serviço semelhante ao de Cristo, em conquistas militares ou em realizações acadêmicas? E por que não confiar em nós mesmos, "na carne", se temos motivo para isso (Fp 3.4)? Ou, se não temos essa confiança, por que não procurar adquiri-la? Por que não nos gloriar de nossas realizações superiores, na medida que são autênticas e que nossa descrição delas é veraz? O que há de tão divinamente sábio em abrir mão do esforço por superioridade?

Uma resposta que Paulo poderia dar é que a comunidade cristã tem como alvo a igualdade de honra para cada membro e o mesmo cuidado por todos. Mas dizer isso parece mais uma evasiva que uma resposta. Por que a honra *deve* ser igual se o mérito não é? Na verdade, não é *injusto* tratar da mesma forma aqueles que não são iguais? Acaso o princípio da justiça não é "igualdade para os iguais, desigualdade para os desiguais", como Nietzsche expressa em *Crepúsculo dos ídolos*? Nesse caso, a regra deveria ser "nunca torne iguais os desiguais".[34]

Paulo deparou com resistência desse tipo ao tratar da vida cristã, como indicarei no capítulo seguinte. Em sua perspectiva, a justiça de Deus contraria esse entendimento de justiça baseado em "bom senso". Ele afirmou, porém, que "a loucura de Deus é mais sábia do que a sabedoria humana, e a fraqueza de Deus é mais forte do que a força humana" (1Co 1.25). Diante disso, volto a atenção agora para o que ele diz sobre a forma que somos salvos pela justiça aparentemente louca de Deus, isto é, para seu ensino central sobre justificação pela fé.

4

Uma boa maneira de perceber como a teologia de salvação de Paulo é contrária ao esforço por superioridade é examinar seu posicionamento sobre a prática de se gloriar, a percepção e a asserção pública de que se é superior a outros. Quer na forma de falsa modéstia, quer na de narcisismo bombástico, o esporte preferido de quem se esforça por superioridade é contar vantagem. Sua condição depende mais de outros *reconhecerem* que ele é superior do que de verdadeiramente *ser* superior, um argumento

[34] Nietzsche, *Twilight of the Idols*, p. 121-22, in *Complete Works*, vol. 9.

importante que, como mostrei, é desenvolvido por Jean-Jacques Rousseau em sua análise de *amour propre* como origem da desigualdade (veja cap. 1). Também mostrei esse argumento exemplificado de modo concreto no esforço de Milton não apenas para ser melhor que os poetas clássicos, mas para ser publicamente reconhecido como tal (veja cap. 3).

Em Filipenses, Paulo descreve a mudança que ocorre em sua vida depois de seu encontro com Cristo como uma mudança na prática de se gloriar. Um homem que tinha motivos de sobra para "confiar na carne" (Fp 3.4), ou seja, em suas próprias aptidões, para lhe garantir uma condição superior diante de Deus e que se gloriava de ser o melhor (ou estar entre os melhores) em sua prática religiosa se tornou uma pessoa que, embora tivesse conquistado realizações excepcionais, abriu mão de sua confiança na carne e passou a se gloriar "em Cristo Jesus" (3.3). Ele vê a nova versão de si mesmo da seguinte forma: "Não [tenho] justiça própria, que procede de lei, mas aquela que é mediante a fé em Cristo, a justiça que procede de Deus, baseada na fé" (3.9). Esse esboço autobiográfico corresponde a seu posicionamento teológico, articulado em Romanos, quanto ao relacionamento de Deus com os seres humanos e o relacionamento dos seres humanos consigo mesmos e uns com os outros.

***

"Onde fica, então, o orgulho?" (Rm 3.27), Paulo pergunta no meio de sua extensa argumentação em Romanos (2.1—4.25). Ao falar de orgulho, ele quer dizer se gloriar na condição atribuída e alcançada, em ser membro do povo judeu ao qual foi confiada a Torá e, especialmente, em ser obediente à Torá.[35] Ele responde:

> Foi totalmente excluído. Por meio de que lei? A lei das obras? Não! Pelo contrário, por meio da lei da fé. Concluímos, pois, que o ser humano é justificado pela fé, independentemente das obras da lei. Ou seria Deus apenas Deus dos judeus? Será que não é também Deus dos gentios? Sim,

[35] Esse é um dos textos fundamentais na discussão entre a leitura mais tradicional de Paulo e a abordagem conhecida como Nova Perspectiva sobre Paulo (representada de modo muito competente por Richard Hays e N. T. Wright). A meu ver, uma leitura tradicional modificada (aliás, uma versão modificada da interpretação de Paulo por Lutero) é mais convincente. Nos comentários a seguir sobre Romanos, apoio-me em Gathercole, *Where Is Boasting?*

também dos gentios, visto que Deus é um só, o qual justificará o circunciso a partir da fé e o incircunciso por meio da fé.

Romanos 3.27-30

Uma vez que Deus é um, ele é o Deus dos judeus e dos gentios e abre o mesmo caminho de salvação, o mesmo caminho de vida, para todos os seres humanos. Deus justifica todos "pela fé, independentemente das obras da lei" (Rm 3.28). A retidão da pessoa justificada não é, em nenhum sentido, desempenho seu; é dádiva de Deus. Não provém dela, mas "procede de Deus", usando a expressão de Filipenses 3.9 (cf. 1Co 1.30). Martinho Lutero a chama de "justiça alheia": ela pertence aos seres humanos, mas é sempre dádiva de Deus e não realização autônoma ou divinamente assistida deles.[36] Uma percepção de superioridade em razão dessa realização ("obras da lei") é, portanto, excluída. Ninguém pode se orgulhar de ter adquirido ou de possuir esse tipo de justiça, embora ela pertença ao indivíduo de modo tão próximo que modifica todo o seu ser. É possível se gloriar legitimamente apenas do Doador, o único Deus de todos e, portanto, um Deus que nunca está disponível para ninguém como instrumento de esforço por superioridade em relação ao outros.

***

Abraão é o caso de maior destaque de pessoa justa que não tinha direito de se gloriar. Nós o vemos logo no início da história da salvação, e o relacionamento de Deus com ele é paradigmático para o relacionamento de Deus com toda a humanidade. Abraão "creu no SENHOR, e isso lhe foi atribuído para justiça" (Gn 15.6). Na literatura judaica antiga sobre Abraão, "ele foi declarado justo *depois de* sua obediência e *por causa* dela", escreve Simon Gathercole.[37] Em 1Macabeus 2.55, por exemplo, se diz a respeito do patriarca: "Não foi Abraão fiel a Deus no meio da prova? E não o aceitou Deus como justo?" [Bíblia Para Todos]. Encontramos uma formulação semelhante no Novo Testamento: "Por acaso não foi pelas obras que Abraão, o nosso pai, foi justificado, quando ofereceu seu filho Isaque sobre o altar?" (Tg 2.21). No entanto, Paulo inverte a sequência de obediência e justificação, alinhando-a de modo mais próximo com Gênesis.

[36] Veja Luther, "Two Kinds of Righteousness", p. 297.
[37] Gathercole, *Where Is Boasting?*, cap. 7.

Primeiro Abraão foi considerado justo em razão de sua fé em Deus e de sua confiança nas promessas de Deus (Gn 15) e, só então, ele se mostrou fiel em meio à tentação (Gn 22).

Paulo explica a consequência: "Ora, para quem trabalha, o salário não é considerado como favor, mas como dívida. Mas, para quem não trabalha, porém crê naquele que justifica o ímpio, a sua fé lhe é atribuída como justiça" (Rm 4.4-5). O termo mais surpreendente e, em alguns aspectos, mais incômodo desse texto é "ímpio". *Abraão* era ímpio, um idólatra, quando Deus o justificou?[38] Ou o fato de ele ser justificado pela fé e não por obras era indicação de que Deus justifica até mesmo os ímpios, algo que Abraão não era?[39] Qualquer que seja o caso, nenhuma realização moral ou religiosa foi exigida como pré-requisito, mas apenas confiança na promessa de Deus. Mas será que essa confiança não foi realização dele, dando-lhe motivo para se gloriar? Paulo nega explicitamente que Abraão tivesse *qualquer* base para se gloriar, daí Martinho Lutero considerar que a fé, e não apenas a justiça, também é dádiva de Deus.[40]

Mas por quê? Com ou sem fé, acaso Deus não deve recompensar o mérito e condenar o demérito, dar a cada um o que é devido (como Paulo diz explicitamente em Rm 2.6) e considerar superiores aqueles que trabalham arduamente e, portanto, obtêm tanta coisa? No meio da seção em que Deus aparece como aquele que paga o devido salário, Paulo termina a primeira parte de sua argumentação com a asserção de que nenhum ser humano pode ser "justificado diante de Deus por obras da lei" (3.20). A condição humana é tal que a lei, à qual deveríamos obedecer, no próprio ato de exigir obediência também gera o desejo de transgressão (7.7-11). Se Deus desse uma ordem, monitorasse sua observância e, então, avaliasse se a pessoa é justa ou não, nenhum ser humano seria considerado justo. A fim de que a justificação ocorra, não pode ser justificação própria merecida; tem de ser uma dádiva de Deus.

Para Paulo, a justificação não é uma declaração acerca da condição moral existente de uma pessoa, mas um ato de criação realizado por Deus, que "chama à existência as coisas que não existem" (Rm 4.17).[41] A forma

[38] Ibid.

[39] Teresa Morgan, comunicação pessoal, 16 de janeiro de 2024.

[40] Veja Luther, "Preface to the Epistle of St. Paul to the Romans", p. 370-371.

[41] Gathecole, *Where Is Boasting?*, cap. 7.

pela qual alguém adquire justiça e a forma pela qual alguém vem a existir são análogas. Ambas são dádivas divinas incondicionais de criação. A justiça é resultado da dádiva de "nova criação" em virtude da presença de Cristo no cristão, como mostrei na discussão sobre como o próprio Paulo veio a crer em Cristo, como ele morreu e ressuscitou com Cristo. O meio pelo qual o eu é tornado justo impede a atribuição, em qualquer aspecto, da origem da justiça ao eu. Qualquer asserção de que a pessoa alcançou por esforço uma condição religiosa ou moral superior é mentira para engrandecimento próprio.

***

Façamos uma breve recapitulação do caminho que percorremos até aqui. Em Romanos 3—4, Paulo investiga a justificação *diante de* Deus, se ela é adquirida por meio de esforço próprio para obedecer à lei ("obras") ou se é recebida de Deus como dádiva ("fé", ou melhor, "confiança"[42]). Receber a dádiva de justiça e de uma vida correta diante de Deus tem, porém, consequências de grande importância para o relacionamento entre os cristãos judeus e gentios, consequências que solapam asserções de superioridade de qualquer um dos grupos, mas especialmente dos cristãos gentios (veja Rm 11.17-24). O fato de Deus ser um só deixa implícito somente um caminho para a salvação, exemplificado por Abraão, o antepassado de todos nós: o modelo de justificação pela fé (3.29-30; 4.1-12). Mais adiante em Romanos (caps. 12—16), em um capítulo sobre ter uma vida de fé, uma implicação da justificação que recebemos é a ordem para "quanto à honra, [dar] sempre preferência aos outros" (12.10), combinada com a ordem para amar uns aos outros (seção 1).

Em Filipenses, Paulo esboça essa crítica de justiça por obras em termos autobiográficos e a insere explicitamente no contexto de uma polêmica contra o esforço por superioridade. Ele também mostra que tratar os outros como se fossem superiores a nós (como obrigação *mútua*!) é a alternativa cristã, arraigada na história de Cristo, para o esforço por superioridade (seções 2 e 3).

Esses são os pilares da crítica de Paulo ao esforço por superioridade. Ela é fundamentada na humildade de Cristo e na graça generosa de Deus na

[42] Quanto a confiança em lugar de fé, veja Morgan, *New Testament and the Theology of Trust*.

salvação. Impede o esforço por superioridade (até mesmo superioridade moral ou religiosa) e, em seu lugar, dá origem ao esforço por excelência e a uma cultura de honra mútua. No capítulo seguinte, examinarei de que maneira Paulo aplica e expande essa estrutura em seus escritos para uma igreja atormentada por mestres que queriam usar o cristianismo para obter prestígio social mais elevado e alcançar o que, na visão deles, era uma forma nova e melhor de superioridade.

5

"E o que é que você tem que não tenha recebido?" (Paulo)

Em Romanos, Paulo escreve para uma igreja que ele não fundou e que ele não conhece pessoalmente. Ele se apresenta por meio de um esboço de sua exposição da fé cristã. Em Filipenses, Paulo escreve para uma igreja amistosa, sua primogênita na Europa, disposta a ir aonde ele a conduzisse. Trata, em parte, de brigas nessa igreja, mas elas não dizem respeito ao relacionamento dos filipenses com ele. Esboça sua alternativa para o esforço por superioridade sem polêmica, exceto a polêmica contra seu velho eu, um homem zeloso que se esforçava para obter superioridade.

Em Corinto, cerca de 350 quilômetros ao sul de Filipos, Paulo lida com uma igreja que se rebelou contra ele e na qual há conflitos internos decorrentes, em parte, dessa rebelião. Cada um dos partidos no conflito se identifica com um líder. No início da carta, Paulo escreve: "Refiro-me ao fato de cada um de vocês dizer: 'Eu sou de Paulo', 'Eu sou de Apolo', 'Eu sou de Cefas', 'Eu sou de Cristo'" (1Co 1.12). O herói do principal partido é Apolo, eloquente mestre da sabedoria, e esse partido se rebelou contra Paulo, que, para a decepção dos coríntios, não é um pregador de sabedoria que demonstra excelência no uso da palavra (*hyperochēn logou*; 2.1-2). Ele proclama o Cristo crucificado. Para os opositores de Paulo, a teologia da cruz defendida pelo apóstolo é uma ideologia de perdedores, como ele também parece ser para esse grupo. Eles querem ser vencedores e, portanto, preferem uma teologia de glória (1.10—4.21).[1] No centro da desavença estão suas respectivas avaliações do esforço por superioridade. Os membros dos partidos "se encheram de orgulho" (4.18), como diz

[1] Em um dos textos iniciais mais formativos de Lutero, "The Heidelberg Disputation", ele faz distinção entre "teologia da cruz" e "teologia da glória" (p. 53). Aplico essa expressão à teologia dos críticos de Paulo em Corinto, seguindo Fee, *First Epistle to the Corinthians*, p. 192.

Paulo, por serem seguidores de um desses indivíduos e opositores do outro.[2] Ao se gloriarem de seu líder (Apolo) e criticarem duramente aquele que consideram seu concorrente (Paulo), na verdade estão se esforçando para obter superioridade para si mesmos, inflando-se com o ar quente da reputação de seu líder. Paulo está determinado a acabar com essas tensões sectárias decorrentes do esforço por superioridade.

Para apresentar sua argumentação, ele se vale da teologia da salvação (seção 1) e da teologia da criação (seção 2) e oferece motivos pelos quais o relacionamento entre ele e Apolo é de colaboração e não de competição, como seus opositores imaginam (seção 3). Com isso, Paulo tem a oportunidade de desenvolver novos argumentos contra o esforço por superioridade que complementam aquilo que encontramos em Romanos e Filipenses.

Evidentemente, sua primeira carta não persuadiu seus opositores. Em sua segunda carta (2Co 10.1—12.13), ele coloca de lado a diplomacia e lança mão da polêmica; compara-se diretamente com os líderes aos quais ele se refere, em tom de zombaria, como "superapóstolos" (seção 4). A dramaticidade desses capítulos não está, em sua maior medida, na possibilidade de ele conquistar os coríntios, mas na possibilidade de ele perder a discussão ao trair sua própria oposição firme ao esforço por superioridade e ao se gloriar de si mesmo, o que, inicialmente, foi o pomo da discórdia. Encerro o capítulo (seção 5) com uma reflexão sobre o desafio de adotar o caminho de Cristo e rejeitar o esforço por superioridade: O que é necessário para que um camelo (aquele que se esforça para obter superioridade) passe pelo buraco de uma agulha e se torne seguidor de Cristo?

1

Desde o início, Paulo reforça a rejeição daquilo que ele chama de padrões mundanos de superioridade. Essa rejeição é o cerne de sua identidade como pessoa e como apóstolo. O evangelho que ele proclama sem rodeios e sem sabedoria eloquente pode ser resumido em uma expressão ignominiosa, uma variação do que vimos em Filipenses 2: a "palavra da cruz" (1Co 1.17-18). "Cristo crucificado" é "escândalo para os judeus" que exigem sinais e "loucura para os gentios" que desejam sabedoria. Para aqueles que foram chamados, porém, tanto judeus quanto gentios, esse mesmo

[2] Sigo aqui a tradução de Fee, *First Epistle to the Corinthians*, p. 186.

Cristo "é o poder de Deus e a sabedoria de Deus" (1.22-24). Dois tipos de poder e dois tipos de sabedoria estão em conflito: poder e sabedoria como são entendidos pela presente era "carnal" que está perecendo e poder e sabedoria redefinidos pelo Senhor crucificado. Aquilo que, de uma perspectiva, parece sabedoria e força, de outra perspectiva parece loucura e fraqueza. Paulo está convencido, porém, de que "a loucura de Deus é mais sábia do que a sabedoria humana, e a fraqueza de Deus é mais forte do que a força humana" (1Co 1.25). Essa parece ser uma asserção competitiva, mas, para Paulo, não há competição aqui. Ele destaca a pura realidade do relacionamento entre Criador e criatura, Deus e carne (cf. Is 40.6). A pergunta mais importante é se a carne, tão efêmera quanto capim, pode confiar no Deus que apareceu "incógnito", como diz Kierkegaard,[3] na loucura e fraqueza da cruz, se os frágeis seres humanos são capazes de viver e estão dispostos a viver nesse tipo de fraqueza e loucura enquanto durar a presente forma do mundo.

Paulo sabe o quanto é improvável que o partido dissidente em Corinto simplesmente aceite as implicações da fraqueza de Cristo. É contra ela que estão se rebelando. Quaisquer que fossem as intenções de Deus na crucificação de Jesus Cristo, os coríntios querem um Deus de sabedoria e força, o Deus da ressurreição, e não o Deus humilde, louco e fraco da crucificação, o Deus que Paulo prega. A fim de levá-los a repensar essa ideia e perceber que a cruz não é, de maneira nenhuma, irrelevante para o modo cristão de vida, Paulo recorre à própria condição dos coríntios quando aceitaram o evangelho anunciado por ele.

> Irmãos, considerem a vocação de vocês. Não foram chamados muitos sábios segundo a carne, nem muitos poderosos, nem muitos de nobre nascimento. Pelo contrário, Deus escolheu as coisas loucas do mundo para envergonhar os sábios e escolheu as coisas fracas do mundo para envergonhar as fortes. E Deus escolheu as coisas humildes do mundo, e as desprezadas, e aquelas que não são, para reduzir a nada as que são, a fim de que ninguém se glorie na presença de Deus. Mas vocês são dele, em Cristo Jesus, o qual se tornou para nós, da parte de Deus, sabedoria, justiça, santificação e redenção, para que, como está escrito, "aquele que se gloria, glorie-se no Senhor".
>
> 1Coríntios 1.26-31

[3] Kierkegaard, *Philosophical Fragments*, p. 64-65.

Para Paulo, a redenção daqueles que são considerados inferiores e, portanto, excluídos ou explorados (e que, com frequência, internalizam essa forma de tratamento) é paradigmática de como Deus trabalha. Seu entendimento do favor de Deus para com aqueles que parecem inferiores faz parte da longa tradição dos cânticos de Moisés, Miriã e Ana na Bíblia hebraica (Êx 15.1-18,21; 1Sm 2.1-10) e do cântico de Maria no Novo Testamento (Lc 1.46-55). Deus escolhe o que é louco, fraco e desprezado pelos padrões do mundo para envergonhar o que é sábio, forte e nobre. De modo mais geral e mais radical, Deus escolhe as coisas "que não são, para reduzir a nada as que são" (1Co 1.28).

Essa é a primeira metade da argumentação de Paulo, e é provável que os coríntios concordem com ele até aqui. Esse é o tipo de Deus que vale a pena ter, o Deus que envergonha todos aqueles que são considerados superiores por si mesmos e por outros e os reduz a nada. Ao contrário do rumo que Paulo quer dar à discussão, porém, os coríntios acreditam que esse mesmo Deus eleva a uma posição de superioridade aqueles que, pelos padrões comuns, são considerados inferiores. Tudo indica que essa era a teologia dos coríntios.[4] Da perspectiva de Paulo, contudo, essa é uma ideologia de fracassados que querem virar o jogo, uma expressão de *ressentiment*, como Nietzsche a identificaria vários séculos depois.[5] Com ironia mordaz, Paulo descreve em linhas gerais a posição social para a qual eles se projetam com a ajuda do que pode ser descrito como "teologia da superioridade":

> Vocês já estão fartos! Já são ricos! Chegaram a reinar sem nós! Sim, quem dera que vocês fossem reis, para que também nós viéssemos a reinar com vocês! [...] Nós somos loucos por causa de Cristo, e vocês são sábios em Cristo. Nós somos fracos, e vocês são fortes; vocês são honrados, e nós somos desprezados.
>
> 1Coríntios 4.8,10

Os coríntios imaginam que já se tornaram a nobreza governante com a ajuda de Deus, cujo propósito é o *status* superior deles, o Deus que escolhe as coisas "que não são" (a saber, eles próprios), "para reduzir a nada as que são" (a saber, seus superiores). As palavras são de Paulo, mas quando

[4] Essa conjectura se baseia na pressuposição de que o partido de Apolo é o grupo de coríntios que não são sábios conforme os padrões humanos, nem poderosos ou nobres (1Co 1.27) e de que Paulo se dirige a eles em 4.8.

[5] Veja Nietzsche, *On the Genealogy of Morality* 1.10.

os coríntios as empregam, seu sentido é o oposto do que é pretendido pelo apóstolo.

***

Exatamente nesse ponto, a argumentação de Paulo dá uma guinada a fim de permanecer no caminho da jornada de Deus rumo à loucura e à fraqueza. Por que Deus transforma pessoas importantes, que costumam ser reconhecidas como tal, em pessoas sem importância? "A fim de que ninguém se glorie na presença de Deus" (1Co 1.29). "Ninguém" inclui não apenas os que são considerados superiores e procuram manter sua superioridade, mas também os que são inferiores, mas desejam alcançar a superioridade. A ação de Deus desestabiliza o que Louise Schottroff chamou de "estruturas de vanglória" que motiva o esforço por superioridade em qualquer ponto da hierarquia social que alguém esteja.[6]

Deus eleva os inferiores e rebaixa os superiores (p. ex., ao quebrar o arco dos fortes e revestir os fracos de força; 1Sm 2.4). O Deus da Bíblia hebraica e dos Evangelhos age dessa forma. Mas, se Deus se ativesse a isso, poderíamos ser tentados a imaginar que ele é o Deus dos ressentidos, como Nietzsche propôs.[7] No entanto, Deus faz *mais* do que isso! (*Não* menos do que isso!) Deus transforma os padrões de acordo com os quais inferioridade/superioridade são medidos e torna, por exemplo, e de modo mais notável, o Cristo crucificado, e não o imperador romano, "o Senhor da glória" (1Co 2.8). O Deus da Bíblia hebraica e o Deus dos Evangelhos faz a mesma coisa. No entanto, se Deus fizesse apenas isso ("apenas" talvez não seja a palavra certa), ele seria o Deus dos moralistas meritocráticos inflexíveis que tornaram o movimento de descensão do amor o valor mais elevado e a base para avaliar quem está onde na escala de superioridade. Contudo, Paulo assevera que Deus também faz *mais* do que isso! Ao acabar com a vanglória, Deus cancela os padrões do tipo de aspiração e esforço que tem a superioridade como alvo, *não importa* como se entenda a superioridade. O objetivo não é apenar virar a mesa da forma que está arrumada, a fim de tornar os fortes fracos e os fracos, fortes, enquanto a estrutura de vanglória permanece intacta. O objetivo não é, nem mesmo, arrumar a mesa de forma inteiramente diferente e redefinir o que

[6] Quanto à "estrutura de vanglória" que é a "sabedoria do mundo", veja Schottroff, *1 Corinthians*, p. 52.

[7] Nietzsche, *On the Genealogy of Morality* 1.15.

significa ser forte para que seja possível se esforçar para obter o tipo correto de superioridade. *O objetivo é ter mesas que não precisem ser viradas nem arrumadas de maneira diferente para que cada membro do corpo social tenha igual honra e receba o mesmo cuidado*, como Paulo diz adiante em 1Coríntios 12.15-26 (veja cap. 4).

Paulo diz aos coríntios em 1Coríntios 1.26-31 que foi *essa* a ideia que eles aceitaram quando atenderam ao chamado de Deus e quando Jesus Cristo, a verdadeira sabedoria ("justiça, santificação e redenção"; 1.30),[8] veio viver em nós, e nós nele. É possível se gloriar de apenas *uma* forma: "Aquele que se gloria, glorie-se no Senhor" (1.31), Paulo diz para concluir sua argumentação. Ele está citando o profeta Jeremias (Jr 9.24). A expressão "no Senhor" na citação de Paulo não aparece no texto de Jeremias, que aconselha se gloriar em "conhecer" Deus. Paulo insere "no Senhor" para tornar o próprio *Jesus Cristo*, e não a atitude em relação a ele, o objeto da ação de se gloriar. Jesus Cristo, o crucificado Senhor da glória, a fonte de verdadeira sabedoria, poder e importância, acaba com toda vanglória e, portanto, acaba com todo esforço por superioridade. Nosso novo eu, constituído de Cristo que habita em nós, se gloria em Cristo e não se diz melhor do que ninguém. Antes, como o Cristo crucificado, o novo eu demonstra sua sabedoria, seu poder e sua nobreza ao se solidarizar com os loucos, os fracos e os desprezados e honrá-los e cuidar deles mais que de nós mesmos.

2

Em 1Coríntios 1.26-31, como em Romanos 3—4, Paulo argumenta contra o esforço por superioridade com base em como Deus salva a humanidade em Jesus Cristo. Em 1Coríntios 4.6-7, ele deslegitima, a partir da maneira que Deus realiza sua obra criadora, toda tentativa de se gloriar e remove o último ponto de apoio de quem se gloria.

A argumentação é sucinta, mas incisiva, e consiste em três perguntas retóricas dirigidas claramente a cada membro do partido oposto (daí o uso do singular, "você", nas perguntas): "Pois quem é que faz com que você sobressaia? E o que é que você tem que não tenha recebido? E, se o recebeu,

[8] Quanto a "justiça, santificação e redenção" como explanação para "sabedoria", veja Fee, *First Epistle to the Corinthians*, p. 89.

por que se gloria, como se não o tivesse recebido?" (1Co 4.7).[9] A vanglória dos coríntios deixa implícito que cada um teria respondido à primeira pergunta ("Quem é que faz com que você sobressaia?") com algo como: "*Eu* faço. *Eu* confiro distinção a mim mesmo por meio de minha aptidão de discernir a verdadeira grandeza, ao escolher me associar com o líder vencedor e, portanto, por meio de minha capacidade de lançar os alicerces para alcançar riqueza, poder e uma reputação favorável. Faço tudo isso com a ajuda de Deus. Mas Deus ajuda a quem se ajuda, e é o que estou fazendo. Portanto, *eu* mereço todo prestígio que tenho no presente e que venha a ter no futuro!".

A segunda pergunta de Paulo, o cerne de sua argumentação, deixa implícito que os coríntios responderiam à primeira pergunta dessa maneira. Paulo formula a segunda pergunta para contradizer essa resposta implícita: "E o que é que você tem que não tenha recebido?". A resposta esperada (ou, pelo menos, apropriada) é: "Nada!". Anteriormente, ele afirmou que cada um recebeu sua justificação como dádiva de Deus. Não a geramos por nós mesmos; tudo é justiça de Cristo. Ela pertence a cada um de nós em virtude do fato de que Cristo vive em nós e é nossa justiça. Ela nos pertence como dádiva e como algo "alheio". Agora, o apóstolo leva os leitores a declararem que a totalidade do que cada um é — eles próprios e tudo o que é atribuído a eles e adquirido por eles — também constitui uma dádiva. Ela lhes pertence em virtude da obra criadora de Deus ao se relacionar com eles. Tudo o que são e tudo o que têm lhes foi dado. Tudo é deles apenas como dádiva recebida.

"Apenas" na frase anterior talvez seja enganoso. A asserção de Paulo de que o eu não é "nada" não implica, de maneira nenhuma, um apagamento total de nossa identidade e sua substituição por Deus ou Cristo. Não ser nada se refere a uma forma carnal do eu que vive em um mundo cuja "aparência [...] passa" (1Co 7.31). É uma identidade transitória e frágil, ameaçada e ansiosa a respeito de sua existência e do lugar que ocupa. A nova forma do eu é constituída, elevada e firmada pelo fato de que o Cristo ressurreto vive nessa identidade e se manifesta por meio dela. Até mesmo (em certo sentido, *especialmente*) em sua maior fraqueza, *essa* identidade

[9] Juntamente com muitos comentaristas (p. ex., Fee, *First Epistle to the Corinthians*, p. 179; e Schottroff, *1 Corinthians*, p. 73), opto pela tradução alternativa oferecida pela NRSV (edição atualizada).

é inexpugnável.[10] Apenas alguns versículos antes da segunda pergunta retórica em 4.7, Paulo expressa da seguinte forma o paradoxo entre nenhum motivo e todos os motivos para se gloriar: "Portanto, ninguém se glorie dos homens. Porque tudo é de vocês" (3.21). O que é "tudo" que pertence a eles e que torna supérfluo o esforço por superioridade? Literalmente, todas as coisas: "Seja Paulo, seja Apolo, seja Cefas, seja o mundo, seja a vida, seja a morte, sejam as coisas presentes, sejam as futuras, tudo é de vocês, e vocês são de Cristo, e Cristo é de Deus" (3.22-23). Esse novo eu extraordinariamente rico é o *mesmo eu* que não é nada sem o que foi recebido! Ao receber Cristo, cada novo eu recebe o mundo inteiro; é uma nova criação e tem a nova criação, mesmo que, no presente, em fraqueza e sofrimento.

Na última pergunta retórica, que pressupõe que os coríntios concordam com Paulo quanto a terem recebido tudo o que têm, ele revela as consequências de se gloriar. "E, se o recebeu, por que se gloria, como se não o tivesse recebido?" (1Co 4.7). Se você recebeu tudo como dádiva e se sua existência como recebedor também é uma dádiva, não sobra nenhuma base para se gloriar. De modo correspondente, esforçar-se para ser superior a outros, procurar se tornar melhor que outros e se gloriar nessa realização só é possível como falsidade existencial. Esforçar-se para obter superioridade, assim como se gloriar, fundamenta-se em uma mentira. Não é apenas uma mentira que aqueles que se esforçam e se gloriam conta para si mesmos. De modo mais perturbador, essa mentira faz parte da ideologia que constitui a "sabedoria" do mundo, adotada por aqueles que se gloriam.

Um importante desafio para Paulo é levar os coríntios a perceber quão falso é o princípio organizador da maior parte da vida deles, o princípio que gera as distinções sociais sob as quais eles, as pessoas "humildes do mundo, e as desprezadas", sofrem e que os mantém em estado de conflito na igreja e os leva a tomar partido de Apolo contra Paulo (ou de alguma versão imaginada de Paulo contra Apolo). No caso da rivalidade que os coríntios imaginaram entre Paulo e Apolo, Paulo não perde tempo mostrando como é um conceito absurdo.

[10] Paulo, ao descrever a vida cristã por meio de sua própria experiência, diz em 2Coríntios 6.8-10: "Por honra e por desonra, por infâmia e por boa fama; como enganadores e sendo verdadeiros; como desconhecidos, mas sendo bem-conhecidos; como se estivéssemos morrendo, mas eis que vivemos; como castigados, porém não mortos; como entristecidos, mas sempre alegres; como pobres, mas enriquecendo a muitos; como nada tendo, mas possuindo tudo".

3

No fervor competitivo por progresso pessoal (*zēlos*) e no conflito resultante (*eris*), diferentes facções se identificavam com Paulo ou com Apolo e colocavam um contra o outro (1Co 3.3-4), mas Paulo não se deixa ser arrastado pelos respectivos esforços por superioridade das facções. Rejeita comparações e hierarquias e, em seu lugar, descreve o relacionamento entre Apolo e ele como modelo da maneira como os coríntios devem se relacionar uns com os outros (cf. 4.6).

"Quem é Apolo? E quem é Paulo?" (1Co 3.5),[11] ele pergunta, preparando seus leitores para o esvaziamento de prestígio e de realizações tanto de Paulo quanto de Apolo — e deles próprios. A resposta?

> São servos por meio de quem vocês creram, e isto conforme o Senhor concedeu a cada um. Eu plantei, Apolo regou, mas o crescimento veio de Deus. De modo que nem o que planta é alguma coisa, nem o que rega, mas Deus, que dá o crescimento. Ora, o que planta e o que rega são um, e cada um receberá a sua recompensa de acordo com o seu próprio trabalho. Porque nós somos cooperadores de Deus, e vocês são lavoura de Deus e edifício de Deus.
>
> 1Coríntios 3.5-9

Afinal, quem *são* Apolo e Paulo? Para meus propósitos aqui, o fato de Paulo descrever a si mesmo e Apolo como "servos" é menos importante do que sua asserção de que eles não escolheram suas tarefas, e as aptidões para realizá-las não são simplesmente deles.[12] Cada um trabalha conforme o Senhor definiu. E com que eles contam que não tenha sido recebido? O trabalho de cada um é importante, até mesmo indispensável,

[11] Como muitas outras traduções, a NRSV (edição atualizada) traz: "O que, então, é Apolo? O que é Paulo?". Segui variantes textuais que, em lugar de *ti* (o que) trazem *tis* (quem). Fee, um crítico textual, usa em seu comentário principalmente motivos contextuais (o fato de que, em sua opinião, o contexto enfatiza as funções e não as personalidades dos dois) para preferir a forma neutra à masculina, bem atestada nos manuscritos (veja Fee, *First Epistle to the Corinthians*, p. 137, nota 344). Tenho a impressão de que o contexto enfatiza as personalidades, pois é sobre o esforço por superioridade e, ao fornecer respostas para as perguntas, Paulo declara que nem ele nem Apolo são alguma coisa. A questão é seu *status* mais do que suas funções.

[12] Dale Martin observa que algumas formas de escravidão e serviço conferiam imensa honra. Martin, *Slaverey as Salvation*, cap. 1.

mas em comparação com a obra de Deus, que faz vida brotar no campo, seu valor é ínfimo. Nenhum deles tem nada!

Logo, Apolo e Paulo estão realizando a obra de Deus, e Deus está trabalhando por intermédio deles. E, no entanto, cada um é uma espécie de "joão-ninguém". Nenhum deles está contando vantagem, gloriando-se de sua superioridade ou tentando acotovelar outros para chegar à preeminência. Esse tipo de humildade permite que eles, duas pessoas com dons e chamados diferentes, trabalhem no mesmo campo, com um propósito em comum e como uma equipe: Paulo planta (começa a igreja) e Apolo rega (alimenta a igreja). Sua atuação corresponde à descrição que Paulo apresenta dos membros do corpo (1Co 12.12-31), isto é, dos membros da comunidade cristã, em sua ação mútua, dando a mesma honra uns aos outros e cuidando uns dos outros.

***

"Cada um receberá a sua recompensa de acordo com o seu próprio trabalho" (1Co 3.8). Paulo afirma que isso acontecerá no fim da história e não em seu transcurso. Só no final, a qualidade do trabalho de cada um "se tornará manifesta, pois o Dia a demonstrará" (3.13). Deus avaliará o trabalho de cada um e lhe dará a recompensa correspondente. É possível que haja tensão entre o fato de os trabalhadores terem recebido de Deus todas as suas aptidões e até mesmo sua existência (4.7) e o fato de não serem nada em comparação com Deus, que dá o crescimento (3.7), ou, na formulação de Filipenses, entre Deus efetuar (*energōn*) neles o querer e o realizar (*energein*; Fp 2.13) e o fato de cada um receber uma recompensa conforme seu trabalho. De que maneira a operação de Deus em seu querer e realizar se encaixa com as diferentes recompensas correspondentes à forma como cada um trabalha? O fato de que cada um recebe uma recompensa de acordo com seu trabalho pode dar a impressão de que há espaço para esforço por superioridade e para vanglória. Mais adiante nessa carta, Paulo parece se gloriar daquilo que ele recebeu: "Mas, pela graça de Deus, sou o que sou. E a sua graça, que me foi concedida, não se tornou vã. Pelo contrário, trabalhei muito mais do que todos eles" (1Co 15.10). No entanto, mais que depressa, ele atenua a asserção de superioridade em relação a outros e, com isso, cancela sua expressão de vanglória ao encerrá-la com ênfase na ação de Deus em fazer dele quem ele é e capacitá-lo para realizar o que ele fez: "Trabalhei muito mais do que todos eles; todavia, não eu, mas a graça de Deus comigo".

Talvez possamos nos aproximar de uma resolução da tensão em Paulo entre a "dádiva" de trabalhar e a "recompensa" por ter trabalhado se alterarmos o momento da recompensa. Costumamos associar a recompensa no dia do julgamento, por analogia, ao pagamento por um trabalho realizado, algo que os trabalhadores obtêm para si (p. ex., uma coroa cujo valor corresponda ao esforço e à qualidade de suas realizações morais ou ministeriais), como por vezes é o caso no imaginário popular. Mas essa não é a linha de raciocínio de Paulo. "Pois quem é a nossa esperança, ou alegria, ou a coroa em que nos gloriamos na presença de nosso Senhor Jesus em sua vinda? Não é verdade que são vocês? Sim, vocês são realmente a nossa glória e a nossa alegria!" (1Ts 2.19-20). Aqueles que passam a trilhar o caminho de Cristo não são, portanto, o *trabalho* pelo qual Paulo recebe a recompensa; não podem ser, pois é Deus quem dá vida e crescimento no campo, enquanto Paulo, o trabalhador no campo, não é nada. Antes, as pessoas e seu crescimento em conhecimento superior de Cristo são a *recompensa*. Ademais, a recompensa (o motivo para se gloriar no Senhor) é mútua: no dia do Senhor "[nós] seremos a glória de vocês, assim como vocês também serão a nossa glória" (2Co 1.14). Todos os que são ressuscitados dos mortos são a alegria, a coroa e a glória uns dos outros e, todos juntos, como diz Juliana de Norwich, são a coroa de Cristo[13] e, nesse sentido, também são a recompensa uns dos outros. Com essa recompensa em vista, o esforço por superioridade é um oximoro.[14]

***

Paulo restringe o espaço para se gloriar não apenas ao limitá-lo a se gloriar no Senhor, mas também por sua forma de pensar sobre a avaliação dos seres humanos e seu trabalho. Cada ato de vanglória, quer em seu próprio trabalho e condição, quer nos de outros, supõe uma *avaliação* como também o faz, evidentemente, cada ato de abnegação ou de depreciação de outros. Como observei anteriormente, é importante para Paulo que a autoavaliação seja verdadeira, feita com "moderação" (Rm 12.3).

[13] "Nós somos sua coroa [de Cristo]", diz Juliana de Norwich em *Revelations of Divine Love*, cap. 12. Devo a referência a Ryan McAnally-Linz.

[14] A última frase é de Drew Collins.

Em 1Coríntios 4, ele expressa sérias dúvidas quanto à capacidade das pessoas de julgarem a si mesmas e outros de forma verdadeira:

> Mas a mim pouco importa ser julgado por vocês ou por um tribunal humano; nem eu julgo a mim mesmo. Porque a consciência não me acusa de nada. Mas nem por isso me dou por justificado, pois quem me julga é o Senhor. Portanto, não julguem nada antes do tempo, até que venha o Senhor, o qual não somente trará à plena luz as coisas ocultas das trevas, mas também manifestará os desígnios dos corações. E então cada um receberá o seu louvor da parte de Deus.
>
> 1Coríntios 4.3-5

Pouco importa para Paulo como os coríntios o avaliam; em parte isso se deve ao fato de que ele é servo de Cristo e encarregado dos mistérios de Deus. Trabalha para Deus em sua "lavoura" ou em seu "edifício" (1Co 3.9,16-17). O mais essencial é sua fidelidade a *Deus*. Esse é um dos motivos pelos quais a opinião dos coríntios não tem grande importância para ele. O outro motivo é que eles, e os seres humanos de modo mais geral, não têm capacidade de julgar outros corretamente. Os coríntios não têm conhecimento adequado das realizações de Paulo e Apolo para avaliar se Paulo é inferior ou superior a Apolo. Os seres humanos são, em essência, opacos uns para os outros. Sua vida interior é mutuamente inacessível. Suas motivações e seus propósitos que, em parte, fazem deles quem eles são, constituem, como diz Paulo, "coisas ocultas das trevas". Por isso a avaliação final pertence ao Deus que vê todas as coisas, e não aos coríntios ou a qualquer "tribunal humano", como Milton também declara (cap. 3).

Talvez cause surpresa observar que os tribunais humanos inconfiáveis não são apenas as avaliações que as pessoas fazem de outros, mas também as avaliações que fazem de si mesmas. Paulo diz que sua consciência está limpa, mas isso não significa que ele esteja isento de culpa; não pode concluir que está "justificado" como intendente de Deus. Ele não é suficientemente legível nem para si mesmo e, portanto, não pode julgar a si mesmo; seu próprio eu está obscurecido, e o que ele vê talvez seja apenas o que o eu está disposto a revelar. Um poema chamado "Quem sou eu?", escrito por Dietrich Bonhoeffer quando ele estava preso, mostra essa realidade de forma contundente. Ele relata o que seus companheiros na prisão dizem a seu respeito e o que ele próprio, mais intimamente, sabe sobre si mesmo. Então, prossegue:

> Quem sou eu? Este ou aquele?
> Sou hoje este e amanhã outro?
> Sou ambos ao mesmo tempo? Perante outros um hipócrita
> E, aos meus próprios olhos, um pobre coitado fraco e choroso?
> Ou acaso o que resta em mim é como um exército derrotado,
> Que foge desordenadamente da vitória já conquistada?
> Quem sou eu? Essas minhas perguntas solitárias zombam de mim.
> Quem quer que eu seja, tu me conheces; ó Deus, sou teu![15]

Bonhoeffer talvez tenha aprendido com Paulo essa reticência em confiar em sua avaliação de si mesmo. Paulo também não julga a si mesmo; ele age conforme o que sabe e espera pelo dia da avaliação final de si mesmo e de seu trabalho. Como ele observou anteriormente, porém, graças à justiça de Cristo, que passou a ser sua quando ele se entregou a Cristo (1Co 1.30), ele será justificado mesmo que todo o seu trabalho como intendente se mostre imperfeito (3.13-15).

Se todos os tribunais humanos são inadequados, se nem outros nem eu mesmo posso me avaliar devidamente, como posso justificar o esforço para ser melhor que outros ou dizer que o sou? Como posso assumir uma posição da qual seja capaz de me gloriar legitimamente? Meu esforço por superioridade e minha vanglória são cegos. Tenho de esperar pelo dia em que a luz brilhará nos espaços escuros. E, quando esse dia chegar, eu e todos os outros receberemos louvor (ou repreensão) de Deus. Antes daquele dia, louvar ou depreciar a mim mesmo e exaltar ou desdenhar outros não tem cabimento. Avaliar outros é algo que devemos fazer de maneiras provisórias e não competitivas. Gloriar-nos em nossa superioridade não é uma opção.

4

Quando o conflito com os coríntios se intensifica, o próprio Paulo começa a se gloriar, embora, em sua polêmica anterior com eles, tenha afirmado,

[15] Bonhoeffer, "Who Am I?", p. 459-60. Devo a referência a Mark Seifrid.

por vários motivos, que é errado se gloriar! Sua primeira carta aos coríntios não resolveu a tensão entre eles decorrente de atitudes em relação a poder e prestígio. Aquilo que Paulo escreveu não os persuadiu. Sua visita depois disso também não ajudou. Como mostra o final de 2Coríntios, escrito cerca de um ano depois de 1Coríntios, a tensão entre eles estava mais forte do que nunca.[16] Agora, não era mais Apolo que os coríntios estavam contrapondo com Paulo, mas outros líderes não especificados, que Paulo chama de "superapóstolos" (2Co 11.5).

Em 2Coríntios 10—12, Paulo se defende e desconstrói esses superapóstolos e, o que é mais importante, defende o evangelho do Cristo crucificado que ele pregava. No fim das contas, porém, a maioria parte desse texto é *uma longa expressão de vanglória*! Os coríntios favorecem líderes que, com retórica muito mais sofisticada que a de Paulo, proclamam um tipo de teologia de glória que, no parecer de Paulo, é desleal ao evangelho. Os coríntios ainda consideram Paulo e sua teologia da cruz inferiores, o que os leva a ter como inferiores também aqueles que o seguem. De modo contrário ao argumento desenvolvido por Paulo em 1Coríntios 1—4 e a seu posicionamento de longa data, ele se gloria. Ele diz que os coríntios o "obrigaram" a fazê-lo (cf. 2Co 11.30; 12.1,11). Talvez seja uma simples questão de incoerência de Paulo: ele não consegue agir em todas as circunstâncias de acordo com o que considera uma das características fundamentais para os seguidores de Cristo, a saber, que não se esforcem para ser nem afirmem ser superiores a outros. Nesse caso, ele é como Milton, que declara sua superioridade ao mesmo tempo que apresenta uma crítica poética brilhante à superioridade (veja cap. 4). Argumentarei, porém, que Paulo permaneceu coerente; na verdade, ele não estava se gloriando nesse sentido, embora chegue muito perto de fazê-lo.

Apesar de Paulo se entregar amargamente à vanglória, ele o faz *no caráter de louco*. Quando ele se apegou a Cristo, abriu mão do *cursus honorum* e, ao entregar sua vida a Cristo, declarou o valor de amar outros mais que a si mesmo e de tratá-los como se fossem superiores a ele. Esse é o alicerce de sua instrução moral, como observei anteriormente (cap. 4). No entanto, os coríntios não tinham olhos para ver nem coração para acolher esse novo

[16] Há discussão entre estudiosos sobre quantas cartas Paulo escreveu para a igreja em Corinto e se 2Coríntios, como chegou até nós, é uma carta só ou a combinação de duas ou mais cartas.

padrão de valor tão contrário ao *cursus honorum*. Paulo havia explicado em sua primeira carta que é preciso mais do que uma mudança no padrão de valores (1Co 2), tema do qual tratarei em breve (seção 5), mas de nada tinha adiantado. Portanto, no final de sua segunda carta, ele faz uma tentativa desesperada de ajudá-los a recobrar o juízo e, para isso, adota por um momento o sistema de valores deles (os padrões "segundo a carne" da presente forma do mundo; 2Co 11.18) e faz comparações ao retratar a si mesmo como igual e, em questões de suma importância, como superior aos superapóstolos. Essa empreitada é intencionalmente louca, como ele diz claramente e mais de uma vez, mas, para ele, não é "loucura" como um estado de perturbação mental fingida. Antes, é um estado de pensamento, sentimento e relacionamento com outros de acordo com os padrões do mundo louco que está perecendo (1Co 1.18) e não "segundo o Senhor" (2Co 11). Essa "confiança de gloriar-me" (11.17) — literalmente, de se encontrar em um "estado de vanglória" (*hypostasei tēs kauchēseōs*) — *é* loucura.

Ao ler 2Coríntios 10—12, vejo Paulo descer gradativamente de modo retórico a esse "estado de vanglória", começando com: "Eu gostaria que vocês me suportassem um pouco mais na minha loucura" (2Co 11.1) e chegando ao ponto mais baixo quando escreve: "[Os superapóstolos] são ministros de Cristo? Falando como se estivesse fora de mim, afirmo que sou ainda mais" (11.23). Já em 10.8, quando ele diz: "Porque, se eu me gloriar um pouco mais a respeito da nossa autoridade [...] não me envergonharei", percebemos seu incômodo com o que está prestes a fazer; ele está preparando seus leitores para a loucura por vir. (Ele teria cedido ao posicionamento deles se houvesse afirmado que não há nada de errado em se gloriar, que talvez seja apenas uma pequena transgressão das regras de boas maneiras, desde que ninguém se glorie em excesso!)[17] É significativo que em 10.8-18 ele *não* se compara com outros; ele se mede consigo mesmo, o que, nas palavras de Bultmann, é "comparação com base na realização da tarefa da qual foi divinamente incumbido".[18]

[17] Algumas traduções e comentários entendem a fala de Paulo sobre não se gloriar "além da medida [apropriada]" (1Co 10.13) como permissão implícita para se gloriar dentro de certos limites. Mark Seifrid rejeita (em minha opinião, acertadamente) esse posicionamento: "Paulo não está criticando o gloriar-se em excesso; ele está falando da glória centrada em outro", ou seja, "gloriar-se no Senhor". Seifrid, *Second Letter to the Corinthians*, p. 392.

[18] Bultmann, "καυχάομαι", p. 651. Quando ao fato de Paulo se gloriar em seu trabalho em geral, Bultmann escreve: "A rejeição fundamental de se gloriar em si mesmo não é

***

Quando Paulo assume de modo pleno o papel de louco, no chamado discurso do louco (2Co 11.16—12.10), ele se gloria nas coisas das quais os superapóstolos se gloriam e nas quais os coríntios os incentivam (em seus "pontos fortes" como linhagem [11.22], conhecimento [11.6] ou revelação [12.1-8]) *e também* nas coisas em que os superapóstolos jamais se gloriariam e em razão das quais os coríntios e os superapóstolos consideram Paulo um apóstolo inferior (em suas "fraquezas", como perseguições e perigos em suas missões; 11.23-33). Poderíamos imaginar que, da perspectiva de Paulo, o primeiro tipo de vanglória é ruim, pois se conforma a padrões humanos, enquanto o segundo tipo é bom, pois consiste em se gloriar "segundo o Senhor" ou "com autoridade do Senhor" (*kata kyrion*; 11.17). Se fosse o caso, teria sido loucura recorrer ao primeiro tipo de vanglória, mas sabedoria recorrer ao segundo. No entanto, essa seria uma interpretação equivocada do texto. A declaração mais enfática de Paulo de que sua vanglória é loucura diz respeito a sua asserção de que *ele é melhor ministro de Cristo que os superapóstolos*, uma asserção seguida de imediato de uma longa lista corroborativa de seus sofrimentos, todos destacando sua fraqueza (11.23-22). A questão não é que se gloriar de coisas erradas (força) seja agir conforme padrões humanos; *gloriar-se de qualquer coisa*, até mesmo dos atos mais admiráveis de sacrifício em serviço humilde, é agir conforme padrões humanos. Até mesmo a "vanglória invertida", como diz N. T. Wright,[19] é carnal, uma celebração de ter alcançado superioridade em relação a outros.[20]

contradita por passagens em que Paulo se gloria de seu trabalho" (p. 650). Paulo não recorre a comparações nas poucas ocasiões em que "se gloria" de forma positiva (p. ex., 1Co 9.15; 15.31; 2Co 11.10; Rm 5.1-5; Fp 2.16). Podemos dizer que todos esses casos são compatíveis com a restrição dele para nos gloriarmos somente no Senhor e não em nós mesmos.

[19] Veja Wright, "Lecture Nine". Para Wright, a "vanglória invertida" é aceitável.

[20] Há uma fascinante expressão de glória à qual Paulo recorre duas vezes, ambas de forma veemente. Ele se gloria de proclamar o evangelho para os coríntios livremente: "Pela verdade de Cristo que está em mim, garanto que esta glória não me será tirada nas regiões da Acaia", onde ficava Corinto (2Co 11.10). Ele faz uma asserção parecida em 1Coríntios 9.15: "Preferia morrer a deixar que alguém me tire esta glória". Não se trata de ele, em princípio, opor-se a receber sustento de igrejas. Ele declara explicitamente que tem direito de fazê-lo (1Co 9.3-14). Na verdade, ele recebe sustento de outras igrejas e o faz *enquanto* está em Corinto (2Co 11.9), mas ele se recusa a recebê-lo dos próprios coríntios. Escreve: "Não serei um peso para vocês. Pois não estou interessado nos bens de vocês, e sim em vocês mesmos. Não são os filhos que devem juntar riquezas para os pais, mas os

Em 2Coríntios 11.23-33, Paulo diz que ele imita o rebaixamento de Cristo à ignomínia de serviço e crucificação, conforme a descrição de Filipenses 2.[21] O que o apóstolo deseja mostrar em Filipenses 3 e em 1Coríntios 1—4 é que, se ele se gloriasse de imitar Cristo, estaria se gloriando em si mesmo e não no Senhor (veja 1Co 1.30; 2Co 10.17). Ele está disposto a passar por sofrimentos a serviço de outros e é capaz de fazê-lo porque o Cristo ressurreto vive nele, porque Deus é quem efetua nele "tanto o querer como o realizar" (Fp 2.13). Quanto à agência de um cristão, o "eu" como agente soberano de seus atos não vive mais; Cristo vive no eu, e o eu vive pela fé em Cristo (Gl 2.20; Fp 3.3; 1Co 1.31).[22] Portanto, gloriar-se é algo que diz respeito a Deus e a Cristo, e não a Paulo. Consequentemente, não apenas no contexto da teologia da glória, mas até mesmo no contexto da teologia da cruz, é problemático se gloriar. *Qualquer* expressão de glória ou esforço para se sair melhor que outros é excluído, pois toda glória e esforço se fundamentam em realizações e recursos do eu a fim de estabelecer superioridade e motivam outros a reconhecer essa realizações e recursos. Esforçar-se para obter superioridade e gloriar-se dela é loucura "segundo o Senhor".

pais, para os filhos. Eu de boa vontade gastarei e me deixarei gastar em favor de vocês. Se eu os amo cada vez mais, será que vou ser amado cada vez menos?" (2Co 12.14-15). É possível que, nesse último comentário, ele tenha chegado ao âmago do problema. Victor Furnish comenta a esse respeito:

> Na sociedade romana de modo específico — e a Corinto que Paulo conhecia era uma colônia romana — os ricos expressavam e aumentavam seu poder ao se tornarem benfeitores dos necessitados. A extensão da filantropia e o número de clientes eram medidas importantes da condição social e influência da pessoa [...] Portanto, aceitar um presente era se tornar cliente e dependente de uma pessoa mais privilegiada, ainda que esse benfeitor também assumisse a obrigação de benfeitorias adicionais. (Furnish, *II Corinthians*, p. 507)

Furnish propõe que um possível motivo pelo qual os coríntios estivessem aborrecidos pela recusa por Paulo de seu sustento financeiro fosse sua busca por "poder e prestígio" no relacionamento com Paulo (p. 507). Nesse caso, ao insistir em se sustentar e receber sustento de outros lugares, Paulo resistiu à ideia de que sua pregação e ensino do evangelho do Cristo crucificado fosse um meio para seus ouvintes se esforçarem para obter superioridade. Será que Paulo estava dizendo: "Vou me gloriar de minha independência para evitar que vocês tornem minha dependência de vocês ocasião para se gloriarem de sua própria superioridade"?

[21] Veja Wright, "Lecture Nine".

[22] Como observei anteriormente, não se trata de dizer que alguém não é nada, pura e simplesmente, mas de que alguém não é nada *de si mesmo*. Paulo escreve: "Em nada fui inferior a esses 'superapóstolos', ainda que nada sou" (2Co 12.11; veja tb. 6.10).

Ao se gloriar, Paulo mostra claramente como é errado fazê-lo. Mesmo que tudo o que alguém diz ao se gloriar seja verdade, essa verdade é existencial e moralmente corrompida caso se torne instrumento de esforço por superioridade ou de asserção de superioridade. É possível o conteúdo de nossa asserção acerca de nós mesmos ser verdadeiro, mas o aspecto pragmático dessa asserção ser errado, pois segue os padrões deste mundo que está perecendo (veja 2Co 12.6).

5

Paulo estrutura sua crítica do esforço por superioridade e sua alternativa para ele em termos apocalípticos. Uma forma do mundo está passando e seus governantes estão sendo reduzidos a nada (1Co 2.6); outra forma do mundo, a nova criação marcada por honra e cuidado mútuos e incondicionais, está irrompendo nele, como os primeiros sinais da primavera, em Jesus Cristo crucificado e ressurreto e nas comunidades reunidas em torno dele. A linha variável e ainda permeável que demarca as duas formas de mundo não faz separação apenas entre o que há lá fora (o "mundo") e essas comunidades (a "igreja"), mas também dentro dessas comunidades; aliás, dentro de cada um de seus membros. As comunidades ainda não foram plenamente salvas, mas estão sendo salvas, e o mundo ainda não pereceu, mas está perecendo (1.18). Essa realidade mais profunda e complexa da igreja e do mundo, com o Cristo crucificado e ressurreto no centro, é o mistério, invisível para o mundo, que Deus revelou (2.7).

Superficialmente, as comunidades de fé eram minorias marginalizadas e, com frequência, perseguidas, embora a vida da ressurreição e os poderes da nova forma de mundo estivessem operando nelas. Superficialmente, o mundo mais amplo (ou pelo menos algumas partes dele) estava em ascensão e se fortalecendo, embora sofresse de uma doença terminal. No centro do império, Roma havia expandido seu alcance e fundado colônias; as riquezas cresciam, o conhecimento aumentava, era possível desfrutar *ludi publici* (jogos públicos) e prazeres mais íntimos, e alguns venciam as corridas por honra, enquanto a maioria, obviamente, perdia. A elevação de alguns significava perda de poder, miséria, exploração e degradação de muitos. Essa não era uma falha no sistema; era uma de suas características. Os pobres que se elevem sozinhos, pois, se os ajudarmos, ordem e estabilidade (e o dinamismo da ordem atual, marcada por aceleração) de todo o sistema serão comprometidas. O esforço por superioridade era a essência da sabedoria, do poder e da glória daquela forma de mundo, e não apenas daqueles que ocupavam o topo, mas de todos que almejavam chegar lá, ou, pelo menos, elevar-se acima de outros; uma vez que haviam internalizado esse sistema, participavam de suas próprias corridas (menores, mas não menos importantes) por honra. Também é o que a maioria de nós faz hoje.

Na visão de Paulo, esse mundo marcado por esforço e por aparente prosperidade na verdade estava perecendo. O apóstolo não queria mostrar apenas que este mundo estava se encaminhando para a destruição por alguém maior (um invasor mais poderoso) e, no devido tempo, pelo julgamento de Deus no final das eras. (Encontramos uma visão desse tipo do caráter de Roma e de seu extermínio pelo fogo do julgamento divino em Ap 17.1—19.10).[23] Ele queria mostrar, também, que este mundo estava enfermo e moribundo, não obstante suas faces rosadas e músculos pronunciados, seu conhecimento crescente e seus discursos sofisticados, suas roupas de luxo e suas refeições suntuosas. Alguns, aos se esforçarem para obter superioridade, estavam enfraquecendo e, por vezes, destruindo outros, e todos estavam destruindo a si mesmos. O que parecia ser uma lógica de aumento de força vital era uma lógica de autodestruição obscurecida pelo brilho de glória falsa alcançada e almejada. Na figura de Satanás, Milton descreve uma versão do ímpeto por elevação própria e a devastação que ele causa no mundo e, em última análise, naqueles que se esforçam para obter superioridade, lançando-os no abismo (veja cap. 3).

Como vimos, Paulo faz um contraste entre o caminho de Cristo e o esforço para obter honra. O caminho de Cristo é vida "segundo o Senhor" e o esforço para obter honra é vida "segunda a carne". Em vez de Cristo se apegar aos privilégios de sua supremacia, ele se rebaixou para se tornar servo até mesmo dos seres humanos mais desprezíveis. Em vez de tirar honra de outros e acumulá-la para si, seu objetivo era elevar todos à glória em que todas as coisas boas e todas as honras são compartilhadas. Essa é a lógica do aumento de poder e aprimoramento de vida, mas para *todos* e não apenas para nós mesmos; aqui, não há superioridade comparativa, mas apenas a distribuição generosa de condições para excelência. Jesus Cristo, em toda a sua vida terrena de serviço, foi "Senhor da glória", um fato que Paulo afirma

[23] Para uma análise teológica da crítica social de Roma em Apocalipse, veja Volf e McAnnally-Linz, *Home of God*, p. 194-204.

de modo sucinto em 1Coríntios 2.8, mas desenvolve em Filipenses 2.6-11. Os governantes da presente forma do mundo, os guardiões de seu modo de vida e do fruto envenenado que ele produz com fartura, não foram capazes de reconhecer essa realidade. Por isso, crucificaram Jesus. Ao morrer em ignomínia sem igual fora das portas de Jerusalém, ele não se mostrou menos glorioso do que quando estava assentado à destra da Glória.

***

Embora os coríntios fossem seguidores de Cristo, tinham dificuldade de reconhecer o Cristo *crucificado* como Senhor da glória. Uma coisa é ver Deus na ressurreição; outra, muito mais desafiadora, é aceitar a glória redefinida que resplandece na loucura da cruz. De que maneira é possível tornar Jesus Cristo e seu caminho, como Paulo os descreve, aceitáveis e aceitos? Paulo usa todos os meios a seu dispor (exceto a retórica sofisticada, que enfraqueceria sua argumentação) para persuadir os coríntios, mas não é bem-sucedido. Para os coríntios, como para os governantes do mundo cuja forma está perecendo, a teologia da cruz é uma teologia de fraqueza e derrota. Os coríntios estão em busca de líderes que os salvem de uma vida próxima dos lugares mais inferiores da hierarquia social e os elevem a posições de maior poder e honra. Estão dispostos a aceitar insultos desses líderes e suportar seu autoritarismo opressor (2Co 11.20) só para subir alguns degraus na hierarquia e ter mais algumas pessoas abaixo deles. Paulo não é convincente. Mas por que não?

Aquilo que é sabedoria para Paulo é loucura para os coríntios, e vice-versa. A diferença entre eles não é tanto de valores (embora também o seja), mas de *padrões alternativos de avaliação*: "segundo a carne" *versus* "segundo o Senhor". Esses padrões de avaliação — "tabelas de valor" (Friedrich Nietzsche), "regras de preferência" (Max Scheler) ou "hiperbens" (Charles Taylor)[24] — fornecem os critérios pelos quais atribuímos valor ou desvalor. É quase impossível transpor o abismo que há entre esses padrões. Em *Críton*, diálogo de Platão, Sócrates discute com Críton uma ideia que ambos têm em comum: "Não se deve fazer o mal como retribuição [por ter sofrido o mal], nem prejudicar nenhum homem, não importa o que ele lhe tenha feito". O que acontece quando as pessoas discordam a respeito

[24] Nietzsche, *Thus Spoke Zarathustra*, in: *Portable Nietzsche*, p. 308; Scheler, *Ressentiment*, p. 57-61; Taylor, *Sources of the Self*, p. 63-73.

desse princípio? Sócrates responde: "Não há nada em comum entre aqueles que adotam essa perspectiva e aqueles que não o fazem; antes, inevitavelmente, desprezam as perspectivas um do outro".[25] "Desprezar" talvez seja um termo forte demais para a reação a alguém que adota "tabelas de valor" inaceitáveis, mas, fora isso, o argumento de Sócrates é impecável. Aplicado a nosso tema, parece haver pouca coisa em comum entre os metavalores da corrida ascendente de honras e os metavalores do serviço a outros que não se importa com *status*, entre o esforço para ser superior e o esforço para ser excelente no tratamento de outros como se fossem superiores a nós.

O compromisso com Jesus Cristo e a presença do Espírito são os elementos em comum entre Paulo e os coríntios. Mas, como entender o que significa Jesus Cristo ser "sabedoria" (1Co 1.30)? É preciso reunir argumentos a favor de uma ou de outra interpretação, como Paulo faz. No entanto, ele tem convicção de que só entenderemos o significado da sabedoria de Deus quando deixarmos de pensar e viver "segundo a carne" e começarmos a ter o desejo de pensar e viver "segundo o Senhor". Para Paulo, essa mudança em si não é (talvez não *possa* ser) resultado somente de raciocínio. Ele próprio não aceitou Jesus Cristo, sua sabedoria e seu *cursus pudorum* simplesmente como resultado de estudo e profunda reflexão. Jesus apareceu para Paulo a fim de lhe revelar o "evangelho", termo que Paulo usa para resumir o próprio Cristo e seu modo de vida (Gl 1.11-12; 1Co 2.13). Portanto, ele também volta a atenção dos coríntios para a revelação. A sabedoria de Deus é secreta e "oculta"; só Deus a conhece e, na presente era, manifesta-se como algo que parece ser exatamente o oposto. "E nós não temos recebido o espírito do mundo, e sim o Espírito que vem de Deus, para que conheçamos o que por Deus nos foi dado gratuitamente" (1Co 2.12). O que o Espírito concede é Cristo, a sabedoria encarnada e, com Cristo, "a mente de Cristo" (2.16). Em palavras um pouco diferentes, precisamos ter um encontro com o protótipo, como Kierkegaard chamou Cristo, a encarnação da sabedoria de Deus na história de uma vida concreta, e precisamos de olhos capazes de reconhecê-lo como tal.

O recurso à revelação, à presença de Cristo e ao Espírito que remove a aparência de loucura da sabedoria de Deus é, em última análise, um convite a *confiar*. O caminho de Cristo, o "rebaixamento" dele e de seus seguidores ao serviço, não pode ser obtido de forma intelectual e plena a

[25] Plato, *Crito* 49d, in: *Plato: Complete Works*, p. 44.

partir de fora. Aqueles que o abordam sem o Espírito e fora da "mente de Cristo" terão grande dificuldade de entendê-lo (veja 1Co 2.14). Os olhos daqueles que se apegam a Cristo pelo poder do Espírito serão abertos, e eles o reconhecerão como o crucificado Senhor da glória. Nesse mesmo ato, também se perceberão como pessoas cuja glória e verdadeira excelência consistem em tratar outros como se fossem mais importantes do que elas mesmas. Para quem segue esse caminho também é prometido outro tipo de glória, uma glória duradoura.

6

De Jesus a Gênesis: sobre o desconforto bíblico com o esforço por superioridade

Nos capítulos anteriores, investiguei as críticas ao esforço por superioridade e a alternativa para ele em três pensadores cristãos: começando com Kierkegaard, voltando no tempo até Milton e, então, ao apóstolo Paulo, que pode ser chamado de primeiro teólogo cristão. Talvez tenhamos a impressão de que Paulo foi o primeiro na tradição cristã a identificar o esforço por superioridade como problema importante, mas essa seria uma inferência equivocada. Embora Paulo trate dessa questão de modo mais extenso que outros autores bíblicos, não foi o primeiro na tradição bíblica a criticar o esforço por superioridade. A preocupação com esse tema remonta a Jesus (como é retratado nos Evangelhos) e, antes disso, aos relatos sobre a eleição de Israel e o chamado de Abraão. Aqui, no final de minha investigação, é importante dar honra a quem ela é devida e esboçar de forma sucinta essa história mais longa.

Todos os meus três interlocutores têm conhecimento dessa história e desenvolvem ideias a partir de alguns de seus elementos. Embora Kierkegaard tenha sido profundamente influenciado por Paulo, para elaborar sua crítica ao esforço por superioridade ele recorre, em grande medida, aos Evangelhos, especialmente em suas exposições do Sermão do Monte e da parábola do fariseu e do publicano (Lc 18.9-14). Quanto a Milton, o hino de Paulo a Cristo em Filipenses 2 influencia a estrutura de seus dois grandes poemas, *Paraíso perdido* e *Paraíso recuperado*, e ele descreve a alternativa para o esforço por superioridade com base nas tentações de Jesus no deserto. Embora Paulo não faça referência ao ensino de Jesus quando trata do problema do esforço por superioridade (ao que parece, ele não conhecia os ensinamentos de Jesus tal como se encontram registrados nos Evangelhos), ele fundamenta sua discussão desse assunto na morte e ressurreição de Cristo e dá grande ênfase ao exemplo de Abraão. Neste capítulo final, meu objetivo é arraigar nesses textos primordiais a discussão que se desdobrou até aqui sem procurar oferecer um estudo completo do tema como ele ocorre nos Evangelhos e na Bíblia hebraica. Encerro trazendo à baila um dos fios escarlates entretecidos neste livro como um todo: a relação entre o esforço por superioridade e a providência de Deus.

1

O argumento mais forte de Jesus contra o esforço por superioridade é apresentado em resposta aos dois discípulos que pedem lugares de eminência à sua direita e à sua esquerda quando ele for empossado como governante messiânico do reino vindouro:

> Então se aproximaram dele Tiago e João, filhos de Zebedeu, dizendo:
>
> — Mestre, queremos que o senhor nos conceda o que vamos pedir.
>
> E Jesus lhes perguntou:
>
> — O que querem que eu lhes faça?
>
> Eles responderam:
>
> — Permite-nos que, na sua glória, nos assentemos um à sua direita e o outro à sua esquerda.
>
> Mas Jesus lhes disse:
>
> — Vocês não sabem o que estão pedindo. Será que podem beber o cálice que eu bebo ou receber o batismo com que eu sou batizado?
>
> Eles responderam:
>
> — Podemos.
>
> Então Jesus lhes disse:
>
> — Vocês beberão o cálice que eu bebo e receberão o batismo com que eu sou batizado. Quanto a sentar à minha direita ou à minha esquerda, não me compete concedê-lo, pois é para aqueles a quem está preparado.
>
> Quando os outros dez discípulos ouviram isso, começaram a ficar indignados com Tiago e João. Mas Jesus, chamando todos para junto de si, disse:
>
> — Vocês sabem que os que são considerados governadores dos povos os dominam e que os seus maiorais exercem autoridade sobre eles. Mas entre vocês não é assim; pelo contrário, quem quiser tornar-se grande entre vocês, que se coloque a serviço dos outros; e quem quiser ser o

primeiro entre vocês, que seja servo de todos. Pois o próprio Filho do Homem não veio para ser servido, mas para servir e dar a sua vida em resgate por muitos.

Marcos 10.35-45

Quando olhamos essa passagem por um ângulo, ela faz um contraste entre governar e servir. Tiago e João querem governar, e Jesus lhes diz que uma parte extremamente importante de sua missão é estabelecer uma ordem social alternativa em que os poderosos e ricos não exercem domínio sobre os fracos e pobres, mas todos servem uns aos outros. Ele não veio para tiranizar outros. Em uma passagem paralela em Lucas 22.24-27, Jesus dá a entender que também não deseja ser chamado de "benfeitor", uma aspiração de muitos governantes, aristocratas e oficiais no império romano que usavam presentes "para garantir a lealdade daqueles que eles governavam".[1] Antes, ele veio para servir, e fazê-lo até a morte. Os verdadeiros governantes servem a outros. Não impõem seu governo por meio de violência nem usam presentes para comprar lealdade. Jesus já havia lhes ensinado essa lição de modo enfático (Mc 9.35). Tiago e João concordam, embora ainda não entendam plenamente com que estão consentindo, talvez em parte porque sua capacidade de avaliação estivesse prejudicada pelo resplendor da glória de Jesus que tinham visto no monte da transfiguração, um resplendor do qual desejavam participar (9.2-3). Eles também tinham ouvido a voz declarar: "Este é o meu Filho amado" (9.7) e, com isso, expressar não apenas como Deus o amava de modo singular, mas também que, como os filhos amados de Abraão e Jacó, ele passaria por grande sofrimento.[2] Quando Tiago e João fazem seu pedido, deixam implícito que entendem tudo isso, que estão dispostos a beber do cálice do serviço e ser batizados com o batismo da morte sacrificial, como Jesus será.

No entanto, Tiago e João não ambicionam apenas governar com Jesus. Seu pedido a Jesus para que, "na sua glória", ele os coloque "um à sua direita e o outro à sua esquerda" (Mc 10.37), é uma clara manobra para obter prestígio maior do que qualquer um, exceto Jesus. Eles se imaginam como os dois braços do cabeça supremo do reino de glória. A ira dos outros dez discípulos quando ficam sabendo desse pedido faz parte da

[1] Theissen, *Religion of the Earliest Churches*, p. 90.
[2] Veja Levenson, *Death and Resurrection of the Beloved Son*.

luta contínua por superioridade entre eles, um forte impulso com raízes profundas na condição humana, como vimos ao longo de todo este livro. No capítulo anterior de Marcos, nós os vemos discutir "entre si sobre quem era o maior" (9.34). Jesus levou consigo apenas três discípulos para testemunhar sua transfiguração: Pedro e os dois aspirantes às posições mais elevadas (9.2-8). Os demais permaneceram onde estavam e, em vez de ver Jesus ser transfigurado, ouvir Elias e Moisés falar com Jesus e ouvir a voz divina se pronunciar, sofreram a vergonha de ser repreendidos por Jesus por não terem conseguido expulsar um demônio de um menino aflito (9.14-29). A briga que sucedeu a respeito de quem seria o maior parece quase pré-programada: o orgulho do grupo menor e aparentemente favorecido se choca com a humilhação dos demais. Diante disso, Jesus se senta, chama-os para junto de si e, então, de sua posição de autoridade, define para eles a seguinte regra: "Se alguém quer ser o primeiro, será o último e servo de todos" (9.35).

Podemos supor que Tiago e João tinham ouvido e aceitado a lição, mas não tinham entendido seu ponto principal; hábitos formados no início da humanidade não morrem facilmente. Sem o conhecimento dos outros discípulos, eles se dirigem a Jesus e fazem não um pedido, mas uma exigência descarada: "Mestre, queremos que o senhor nos conceda o que vamos pedir" (Mc 10.35). Eles abordam Jesus de forma clandestina e, com efeito, exigem tratamento preferencial. Não se surpreendem com a reação inicial de Jesus; imaginam que ele simplesmente esteja verificando sua disposição de pagar o preço, de sofrer como ele sofrerá, de ser os últimos, os servos, os escravos. Estão alinhados com o que acreditam que sejam as qualificações declaradas por Jesus para o governo, para ser "os primeiros". Mas quantos primeiros pode haver? Eles parecem concluir que o número exato é dois, um de cada lado de Jesus (ainda que o da direita ocupe uma posição ligeiramente superior ao da esquerda, pois a destra era considerada mais elevada [cf. 1Pe 3.22]). Eles imaginam, portanto, que o grande sacrifício será pagamento pelo privilégio de superioridade inigualável. Contudo, esse elemento de per si não é suficiente, pois talvez outros façam o mesmo sacrifício. Será necessário o tratamento preferencial de Jesus para garantir esses lugares; daí seu pedido. Os outros dez discípulos ficam irados, provavelmente porque, caso o pedido dos dois seja atendido, eles serão privados da oportunidade de obter a mesma recompensa. De acordo com essa interpretação, todos os discípulos parecem agir como os "benfeitores" que Jesus desaprovou, apenas com diferentes condições para adquirir e manter prestígio (veja a discussão sobre a "vanglória invertida" na seção 4 do cap. 5). Em lugar da beneficência que apenas reduz a riqueza, a condição que eles aceitam é o serviço sacrificial. Ainda assim, cada um procura obter a própria superioridade.

***

Na segunda parte da resposta para Tiago e João, Jesus refuta toda essa linha de raciocínio. Ele lhes diz que seu destino será, verdadeiramente, semelhante ao dele, marcado por enorme sofrimento no serviço a outros. Contudo, isso não os qualificará para os lugares mais elevados: "Quanto a sentar-se à minha direita ou à minha esquerda, não me compete concedê-lo, pois é para aqueles a quem está preparado" (Mc 10.40). A única outra passagem em que Marcos menciona lugares à direita e à esquerda de Jesus é na cena da crucificação, em que dois homens são crucificados com Jesus, um de cada lado dele. Será que Marcos deixa implícito que a crucificação — beber do cálice que Jesus beberia e ser batizado com seu batismo — *é* a glória?[3] Mesmo que não escolhamos essa opção, Jesus é inequívoco: o prestígio no mundo por vir *não é conquistado* por meio de serviço sacrificial.

Há vários problemas com a ideia de conquistar poder e prestígio por meio de serviço. Primeiro, se serviço árduo prestado a todos é o que nos torna merecedores de prestígio (observe, porém, que Tiago e João não podiam depender apenas do funcionamento do princípio meritocrático para garantir os lugares mais elevados), temos a impressão de que o mesmo princípio deve se aplicar à vida por vir. Algum tipo de mérito será necessário para manter o prestígio, pois foi necessário mérito para obtê-lo. É possível pensar no mundo por vir como uma meritocracia perfeita, mas, nesse caso, seria difícil imaginá-lo como um mundo de amor. É melhor supor que, no reino da glória, nenhum serviço árduo dedicado a suprir para outros será necessário e, muito menos, sacrificar a vida por outros. Lá, o serviço não será nada além da alegria do amor, a atividade de

[3] Matthew Croasmun propôs essa ideia para mim em correspondência pessoal em 5 de agosto de 2024. Se for o caso, Marcos está promovendo um conceito semelhante de glória ao que encontramos no Evangelho de João: a crucificação de Jesus é sua glorificação. Veja Volf e McAnnally-Linz, *Home of God*, p. 95-96.

intensificar amorosamente a alegria de outros.[4] Mas como essa atividade poderia *conquistar* prestígio para alguém?

Segundo, obter por mérito as duas honras mais elevadas é problemático, pois cada um dos discípulos de Jesus é chamado a imitá-lo e servir a outros de forma sacrificial; todos devem servir uns aos outros.[5] Quantos primeiros haverá no mundo por vir? *Todos* que servem a *todos*, uma possível forma de dizer que somente Deus é o primeiro e todos os seres humanos ocupam, igualmente, o segundo lugar. Os dois lugares mais elevados, um à esquerda e outro à direita do Jesus que reina, não existem. (Jesus, em sua resposta a João e Tiago, talvez suponha que existam só por uma questão de argumentação, o que desconstrói todo o conceito.) Tiago e João, ou seja lá quem for que lhes deu essa ideia, talvez tenham inventado esses dois lugares, uma invenção resultante de esforço por superioridade.

A única passagem do Novo Testamento que nos dá uma ideia de quem sentará junto ao Jesus que reina está em Apocalipse. Ao se dirigir à igreja em Laodiceia, o Jesus assumpto diz: "Ao vencedor, darei o direito de sentar-se comigo no meu trono, assim como também eu venci e me sentei com o meu Pai no seu trono" (Ap 3.21). Quem é o vencedor? Não apenas um ou dois, mas *todos* que entram na glória. Ao usarmos Apocalipse para resolver o enigma da designação por Deus de lugares de honra no mundo por vir, a operação clandestina de Tiago e João para garantir os lugares mais altos para si mesmos é desmascarada e vemos o quanto é completamente equivocada. Nenhum discípulo ocupará um lugar superior a qualquer outro; todos se assentarão no mesmo trono.[6]

(De acordo com outra perspectiva, haverá lugares diferentes e eles serão designados com base em alguma realização, como, por exemplo, conduzir outros à justiça [Dn 12.3]. Nesse caso, a posição *relativa* será moralmente irrelevante; importará apenas quão perto alguém está do ideal moral, e não como se compara com outros. Caso adotemos essa interpretação, buscar essa posição meramente relativa seria um objetivo indigno do esforço de Tiago e João.)

[4] Veja Volf, *Exclusion and Embrace*, p. 358-60.

[5] De acordo com Theissen, a ideia de mutualidade ao abrir mão de *status* foi apresentada inicialmente na literatura epistolar. Theissen, *Religion in Earliest Churches*, cap. 4. Eu diria que a mutualidade se torna explícita na literatura epistolar, mas está implícita nos Evangelhos.

[6] Veja Volf e McAnnally-Linz, *Home of God*, p. 213-14.

Terceiro, em Marcos 10, o exemplo paradigmático de serviço é Jesus. Tendo em conta quem Jesus é, não há como ele *obter* uma posição mais elevada ao servir a outros e morrer por eles. O título que ele usa para si mesmo nessa passagem é "Filho do Homem". É provável que remonte a "alguém como um filho do homem" em Daniel 7, uma figura exaltada com domínio eterno sobre "todos os povos, nações e línguas" (Dn 7.14). Em Marcos, Jesus não recebe essa posição prestigiosa, como em Daniel; ela é inerente a ele. Jesus serve a outros e dá sua vida por eles como aquele que ocupa esse lugar exaltado. Essa realidade corresponde ao que encontramos em Marcos 9, em que a voz do céu declara que Jesus é o Filho de Deus e diz que ele está destinado a sofrer (Mc 9.7). Jesus não se torna Filho do Homem ou Filho de Deus, ele não aumenta seu prestígio em virtude de seu serviço e de sua morte na cruz.[7] A lição para os discípulos é clara: o serviço não é um meio para se elevar acima de outros. O serviço é um meio para aliviar o sofrimento ou aumentar a alegria daqueles que são servidos. Para aqueles que servem, não é um meio, mas o objetivo em si. O serviço não é um meio para obter glória, mas, sim, o conteúdo da glória (embora não seja sua única forma).

Em minha interpretação, quando Jesus declara: "Se alguém quer ser o primeiro, será o último e servo de todos", não está invertendo o esforço por superioridade, como se a inferioridade fosse a nova superioridade. Se fosse o caso, ele não teria encerrado a discussão dos discípulos a respeito de quem entre eles era o maior; ele teria incentivado a continuidade dessa discussão em termos diferentes, os termos dos moralistas meritocrático que vimos anteriormente. Cada um passaria a se esforçar simplesmente para ser, de algum modo, *mais* servo de todos que os demais! Quando

[7] O Evangelho de João ressalta que, quando Jesus lavou os pés de seus discípulos, ele não estava buscando elevar sua condição ao servir a outros. Naquela época, lavar os pés de outros era considerado tão humilhante que os judeus que tinham escravos eram proibidos de obrigá-los a realizar esse trabalho. Como prefácio para a cena em que Jesus lava os pés de outros, a mais servil de todas as tarefas, João declara a condição supremamente elevada do Mestre: "Sabendo este [Jesus] que o Pai tinha confiado tudo às suas mãos, e que ele tinha vindo de Deus e voltava para Deus" (Jo 13.3). Exaltação não é recompensa por serviço humilde; serviço humilde é uma expressão da condição exaltada. Jesus não é exaltado porque serve. Ele decide servir como aquele que é exaltado, e no ato de serviço, ele é tão exaltado quanto quando está em seu trono. Quanto a humilhação e glorificação em João, veja Volf e McAnnally-Linz, *Home of God*, p. 92-96, 107-108. Há um paralelo com Filipenses 2.6-11 (veja cap. 4).

leio essa passagem, ouço Jesus dizer que ser superior a alguém não é um valor. É errado escolher a superioridade como objetivo e discutir quem é o maior. O esforço para ser superior a outros é um vício.

2

A crítica ao esforço por superioridade não começa com Jesus. Podemos encontrá-la em várias passagens da Bíblia hebraica. Qohelet, por exemplo, trata desse assunto (veja cap. 1). Embora o esforço por superioridade incentive o empenho e aprimore aptidões, ainda assim está condenado à inutilidade. No prefácio, mencionei de passagem a história de Caim e Abel em Gênesis e observei que, não importam quais sejam os outros temas da história, ela é, em parte, uma crítica ao esforço por superioridade. Nesse caso, o esforço por superioridade leva a homicídio cujo objetivo é restabelecer a ordem de superioridade que a aceitação por Deus da oferta de Abel havia transtornado.[8] Milton propõe que a queda em Gênesis 3 foi, em grande medida, decorrente de esforço por superioridade, embora ele possa ser acusado de projetar em sua narrativa convicções extraídas principalmente do Novo Testamento.

Se apenas essas passagens da Bíblia hebraica tratassem do esforço por superioridade, poderíamos concluir acertadamente que o tema é secundário e que a Bíblia hebraica é diferente do Novo Testamento nesse aspecto. Afinal, as críticas de Jesus e de Paulo ao esforço por superioridade são derivadas do propósito da missão de Jesus: ele veio para servir, e seu tipo de serviço define não apenas a excelência, mas a verdadeira glória (veja cap. 4). No entanto, fazer esse contraste na avaliação do esforço por superioridade entre a Bíblia hebraica e o Novo Testamento (dizer que esse esforço é secundário na Bíblia hebraica e central no Novo Testamento) nos impediria de perceber a condenação do esforço por superioridade nos acontecimentos que deram início ao judaísmo: o chamado de Abraão e a eleição de Israel. Jon Levenson e, seguindo seu exemplo, Shai Held, destacam a polêmica contra a superioridade implícita no chamado de Abraão

[8] Para uma análise crítica do esforço por superioridade na Bíblia hebraica, veja Held, *Judaism Is about Love*, p. 30-32. Para um estudo desse tema na literatura judaica ortodoxa popular, veja Kestenbaum, *Run after the Right Kavod*, p. 19-29. Kestenbaum, em sua própria terminologia, faz distinção entre esforço por excelência e esforço por superioridade como eu fiz (veja cap. 1).

e na eleição de Israel. Seguirei em grande medida as intepretações deles de Gênesis e Deuteronômio ao explorar essa questão. Meu objetivo é ressaltar aspectos de uma abordagem judaica ao esforço por superioridade.

***

Considere, primeiro o chamado de Abraão, ou melhor, Abrão, seu nome antes de Deus mudá-lo. Em Gênesis 11, lemos que Tera tomou seu filho Abrão e sua nora Sarai e "saiu com eles de Ur dos caldeus, para ir à terra de Canaã" (11.31). O grupo não chegou a Canaã, mas se estabeleceu por um tempo em Harã. Não sabemos nada sobre Abrão — suas qualidades morais ou intelectuais, seus feitos e suas realizações ou ausência dos mesmos — antes de Deus se dirigir a ele depois da morte de seu pai:

> O Senhor disse a Abrão:
>
> — Saia da sua terra, da sua parentela e da casa do seu pai e vá para a terra que lhe mostrarei. Farei de você uma grande nação, e o abençoarei, e engrandecerei o seu nome. Seja uma bênção! Abençoarei aqueles que o abençoarem e amaldiçoarei aquele que o amaldiçoar. Em você serão benditas todas as famílias da terra.
>
> Gênesis 12.1-3

Levenson comenta sobre o chamado de Abrão:

> Na narrativa bíblica, o primeiro sinal de que Deus formaria um relacionamento especial com o povo de Israel ocorre quando, pela primeira vez, ele se dirige a Abraão, o avô de Israel (ou Jacó, seu outro nome) e lhe promete que ele será uma grande nação, uma pessoa importante e fonte de bênção. Mas por que Abraão? Gênesis não dá absolutamente nenhuma indicação de que o futuro patriarca já merecesse essa distinção mais do que, por exemplo, seu irmão Naor.[9]

Escolher Abrão dentre toda a humanidade para lhe conferir grandeza parece arbitrário.[10] Por que Abrão? Contraste Noé com Abraão. Noé foi

[9] Levenson, *Love of God*, p. 43.

[10] Em Gênesis, Deus age de maneiras que parecem arbitrárias. A forma como Deus trata Caim e Abel (uma história de esforço por superioridade, como mencionei anteriormente) é exemplo disso. "Aconteceu que, ao fim de um certo tempo, Caim trouxe do fruto da

favorecido e foi salvo do dilúvio porque somente ele "era homem justo e íntegro entre os seus contemporâneos" (Gn 6.9). Não se diz nada semelhante acerca de Abrão; não é mencionada nenhuma qualidade excepcional dele, como retidão, zelo religioso ou capacidade de negociação (visível posteriormente quando ele negocia com Deus acerca de Sodoma). Antes, Abrão tem uma espécie de qualidade negativa, o que torna improvável que a magnífica promessa que acompanha o chamado se cumpra algum dia: Sarai, a esposa de Abrão, "era estéril" e "não tinha filhos" (11.30). Ao longo de toda a história, começando no próprio livro de Gênesis, várias explicações para o chamado de Abrão são apresentadas a fim de remover o escândalo da suposta arbitrariedade de Deus.[11] Aqueles que conhecem a Bíblia sabem que esse tipo de arbitrariedade de favor concedido tem um nome: graça. Abraão não merecia seu chamado em nenhum aspecto; ele recebeu a dádiva gratuita desse chamado e, com ele, a dádiva de responsabilidade que, podemos afirmar, abrange o esforço por excelência.

***

A graça do chamado de Abrão em Gênesis tem como correspondente o "contrassenso" da eleição de Israel em Deuteronômio:

> Porque vocês são povo santo para o Senhor, seu Deus. O Senhor, seu Deus, os escolheu, para que, de todos os povos que há sobre a terra, vocês fossem o seu povo próprio. O Senhor os amou e os escolheu, não porque vocês eram mais numerosos do que outros povos, pois vocês eram o menor de todos os povos. Mas porque o Senhor os amava e, para cumprir o juramento que tinha feito aos pais de vocês, o Senhor os tirou com mão poderosa e os resgatou da casa da servidão, do poder de Faraó, rei do Egito.
>
> Deuteronômio 7.6-8

Deus escolheu o povo de Israel entre todas as nações para ser seu povo próprio. Também nesse caso, perguntamos: Por quê? O texto diz que Deus *não* elegeu os israelitas porque eram mais numerosos do que outros povos.

terra uma oferta ao Senhor. Abel, por sua vez, trouxe das primícias do seu rebanho e da gordura deste. O Senhor se agradou de Abel e de sua oferta, mas de Caim e de sua oferta não se agradou" (Gn 4.3-5). Não é fornecido nenhum motivo para a preferência de Deus.

[11] Levenson, *Inheriting Abraham*, p. 18-35.

O tamanho da população aqui representa qualquer possível qualidade positiva do povo: receptividade religiosa, excelência moral ou inteligência elevada, por exemplo. Nenhuma dessas qualidades faz parte do motivo fornecido. O único motivo para a eleição não é, na verdade, um motivo: Israel era povo próprio de Deus porque "o Senhor os amava" (Dt 7.8). Deus simplesmente havia se afeiçoado a Israel, escreve Levenson, e observa que "amar" aqui é traduzido mais adequadamente por "ser tomado de paixão por". A escolha por Deus do povo de Israel "está sendo atribuída a um envolvimento do coração, por assim dizer, e não a um atributo ou a uma realização que o povo tivesse a seu favor naquela época".[12] A razão pela qual Deus escolheu Israel é a mesma razão pela qual Deus escolheu Abraão, não obstante a diferença de vocabulário: "Gênesis deixa implícito o que Deuteronômio declara explicitamente".[13] Deuteronômio 7.8 liga os dois: uma vez que Deus amou Israel e foi fiel a sua promessa a Abraão, ele tirou o povo de Israel do Egito e fez dele uma nação.

O fato de Deus desconsiderar atributos e realizações ao chamar e eleger, sua arbitrariedade ao escolher uma pessoa e um povo, tem consequências para qualquer asserção de superioridade. Levenson trata dessa questão explicitamente e escreve que o caráter imerecido do chamado e da eleição por Deus

> é importante, pois torna impossível o ouvinte atento do texto identificar eleição com superioridade, um erro bastante comum em nossos dias, especialmente entre aqueles que não gostam da ideia de eleição. Pois, semelhante a Abraão quando Deus falou com ele pela primeira vez, Israel não trabalha para obter sua condição de beneficiário do interesse de Deus. Como o texto de Deuteronômio diz em seguida, a libertação de seus ouvintes da casa de servidão egípcia não é resultado de alguma coisa que o povo tenha feito e nem mesmo do favor imerecido que os israelitas

[12] Levenson, *Love of God*, p. 41. Em Deuteronômio, o amor de Deus por Israel tem um lado sombrio. Ele fica evidente nos versículos anteriores à declaração de amor imerecido e de compromisso com Israel. Deus "[expulsará] muitas nações" da terra que Israel virá a ocupar. Israel deve "destruí-las totalmente", pois, do contrário, os israelitas se entregariam à tentação de servir a "outros deuses", o que desencadearia a ira de Deus contra Israel, e "depressa ele os destruiria" (Dt 7.1-4). Para maneiras de tratar desse problema, veja Levenson, *Love of God*, p. 38-41; Held, *Judaism Is about Love*, p. 265-346.

[13] Held, *Judaism Is about Love*, p. 311.

receberam diretamente de seu redentor divino; antes, é resultado do juramento feito por Deus aos patriarcas várias gerações antes (Dt 7.8).

Portanto, os descendentes herdaram sua condição elevada. Não a *conquistaram*. Ele é uma dádiva, e não uma recompensa. Em resposta, não devem sentir orgulho, mas, sim, gratidão; não devem ficar satisfeitos com seu desempenho no passado, mas se sentir fortemente desafiados a viver à altura das expectativas de seu benfeitor divino no futuro.[14]

A natureza do chamado de Abraão e a base para a eleição de Israel não deixam espaço para asserções de superioridade e não fornecem nenhuma base para orgulho. A condição de Israel não é obtida, mas concedida, ou, usando a linguagem da sociologia, "atribuída".

***

Estudiosos judeus identificaram que a oposição ao esforço por superioridade remonta ao relato da criação em Gênesis 1. Antes de Deus criar os seres humanos, ele criou os animais aquáticos, as aves e os animais terrestres, nessa sequência, e em cada uma dessas categorias Deus criou animais "segundo a sua espécie" (Gn 1.20-25). Nahum Sarna escreve em seu comentário de Gênesis:

> É digno de nota que a fórmula recorrente "segundo a sua espécie", associada até este ponto ao surgimento de cada ser vivo, é omitida aqui. Há somente uma espécie humana. A ideia de que toda a humanidade é derivada de uma linhagem em comum leva diretamente ao reconhecimento da unidade da raça humana, não obstante a diversidade infinita da cultura humana.[15]

Os sábios da Mishná encontram oposição ao esforço por superioridade no relato da criação de Adão (e Eva). Perguntam: Por que Adão é criado sozinho? Eis um dos motivos que eles fornecem:

> E isso foi feito em razão da importância de mantar a paz entre as pessoas, para que uma pessoa não diga a outra: "Meu pai, i.e., meu progenitor, é

[14] Levenson, *Love of God*, p. 45-46.
[15] Sarna, *Genesis*, p. 13.

maior que seu pai". E também para que os hereges que creem em vários deuses não digam: "Há muitas autoridades no Céu, e cada uma criou uma pessoa". E isso serve para anunciar a grandeza do Santo, Bendito seja, como quando uma pessoa cunha várias moedas com um selo, todas semelhantes umas às outras. Contudo, o supremo Rei dos reis, o Santo, Bendito seja, cunhou todas as pessoas com o selo de Adão, o primeiro homem, pois todas elas são suas descendentes, e nenhuma delas é semelhante à outra.[16]

O texto faz duas asserções inter-relacionadas a respeito do esforço por superioridade, e já vimos versões delas ao longo de nosso estudo. Primeiro, uma vez que declarar a própria superioridade e se esforçar para obter superioridade são coisas inerentemente competitivas, elas fragilizam a paz social. Segundo, embora cada ser humano seja singular, nossa origem em comum fundamenta a igual dignidade de todos e anula qualquer asserção de superioridade de um ser humano e de um povo em relação ao outros.[17]

3

Duas das pessoas na Bíblia hebraica que mais se esforçam para obter superioridade são o neto e o bisneto de Abraão: Jacó e seu filho José. No entanto, ambos também passam por uma transformação que os afasta, pelo menos parcialmente, de sua competitividade quase implacável. (No Novo Testamento, pessoas que se esforçam para obter superioridade com intensidade semelhante são Tiago e João, discípulos de Jesus, e Paulo antes de seu encontro com Cristo.) Em minha breve investigação do esforço por superioridade de Jacó e José, apoio-me em *The Heart of the Torah* [O âmago da Torá], de Shai Held, e em seus interlocutores judeus. Em outro livro de Held, *Judaism Is about Love* [O judaísmo é uma questão de amor], sua apresentação do conceito de valor próprio tem como pano de fundo o esforço por superioridade. Em contraste com a vanglória proveniente

[16] Mishná Sinédrio 4.5 (tradução expandida), <https://www.sefaria.org/Mish nah_Sanhedrin.4.5>.

[17] A história da criação do primeiro par na interpretação da Mishná Sinédrio 4.5, assim como o chamado de Abraão e a eleição de Israel, não é explicitamente sobre esforço por superioridade, é sobre *asserções de superioridade*. No entanto, se asserções de superioridade são proibidas, o esforço para ser superior a fim de fazer essas asserções também deve ser proibido.

da comparação com outros ("Talvez eu seja imprestável, mas sou mais inteligente ou mais bonito que eles"), Held observa que "a teologia judaica afirma que o verdadeiro valor próprio nunca é competitivo nem comparativo, nunca é comprado à custa de outros".[18] Em *The Heart of Torah*, em ensaios sobre Jacó e José, Held não trata explicitamente do esforço por superioridade, mas eu darei esse rumo para sua investigação. Ao longo do caminho, um tema presente, mas subjacente, em minhas considerações anteriores sobre o esforço por superioridade virá à tona: a relação entre esforço por superioridade e providência divina.

***

A história de Jacó é definida pelo esforço para ser superior a Esaú, seu gêmeo mais velho. Os dois lutavam por superioridade quando ainda estavam no ventre materno (Gn 25.22-26), e o favoritismo conflitante dos pais — Esaú era o predileto de Isaque e Jacó, o de Rebeca — intensificam essa luta. Jacó deseja as duas grandes "vantagens" de Esaú: a condição de primogênito e a esperada bênção paterna.

Certo dia, Esaú volta do campo e diz a respeito de um ensopado de lentilhas preparado por Jacó: "Por favor, me deixe comer um pouco da coisa vermelha, essa coisa vermelha aí, pois estou exausto" (Gn 25.30). Jacó responde com uma negociação dura: "Primeiro me venda o seu direito de primogenitura" (25.31). O rude Esaú, dominado pelo desejo irresistível de comer o ensopado, aceita a oferta. Lemos que "ele comeu e bebeu, levantou-se e saiu". E, em seguida, vem o comentário condenatório do narrador: "Assim, Esaú desprezou o seu direito de primogenitura" (25.34). Esaú era grosseiro, mas, ao lermos a história, é o caráter de Jacó que causa preocupação. Quão implacavelmente ambicioso um homem precisa ser para exigir de seu irmão um preço tão alto por uma só refeição? Held cita Isaac Abravanel, rabino do século 15: "Se Jacó fosse íntegro e inculpável, jamais teria ousado pedir a seu irmão mais velho que lhe vendesse seu direito de primogenitura por [...] um preço desprezível como uma tigela de ensopado de lentilha".[19]

Jacó se mostra ainda mais moralmente insensível quando concorda com o plano de Rebeca para roubar a bênção paterna que cabia a Esaú.

[18] Held, *Judaism Is about Love*, p. 31.
[19] Hekd, *Heart of Torah*, p. 64-65.

Enquanto Esaú está caçando a fim de preparar uma refeição para seu pai e receber dele a bênção prometida, Rebeca cozinha um prato parecido com aquele que Isaque espera, e Jacó veste as roupas de Esaú e se faz passar por ele ao levar a refeição para seu pai. Isaque, enganado em razão de sua idade avançada, abençoa Jacó pensando que é Esaú. Quando Esaú aparece logo depois, ele e Isaque ficam desconsolados e condenam o ardil descarado. O amargurado clamor de Esaú é um dos mais comoventes da Bíblia: "Será que o senhor, meu pai, tem somente uma bênção? Abençoe também a mim, meu pai" (Gn 27.38). A bênção que ele recebe é muito inferior à que foi pronunciada para Jacó. O ponto mais importante é que Jacó obteve a superioridade em relação a Esaú que ele buscava: "Que você seja senhor de seus irmãos, e que os filhos de sua mãe se curvem diante de você", disse Isaque em sua bênção (27.29).

Ao comentar sobre as duas histórias consideradas em conjunto, Held escreve: "A Torá tem uma visão extremamente negativa da impostura de Jacó; ele tem de pagar por sua dissimulação para o resto da vida".[20] Ainda assim, Deus ama Jacó; aliás, Deus parece ter definido exatamente esse resultado. Apesar da impostura de Jacó, ele se torna o progenitor do povo de Israel. Esse fim sagrado, porém, não justifica o mal de seu esforço inescrupuloso por superioridade.

***

Assim como Rebeca preferia Jacó, também Jacó preferia José, o primeiro filho de Raquel, sua esposa predileta, e filho de sua velhice. Jacó é um "pai coruja", e fica evidente que, de todo o clã, Jacó ama José "mais do que todos os outros filhos" (Gn 37.4). Os irmãos mais velhos de José se opõem a ele; o filho responsável por administrar os negócios da família o coloca "entre os filhos da escrava (30.3-13), os irmãos de condição mais inferior".[21]

Satisfeito com sua superioridade e desejoso de aumentá-la, o jovem narcisista dá um passo autodestrutivo após o outro. Primeiro, enquanto cuida dos rebanhos de seus irmãos mais velhos, leva "más notícias deles a seu pai" (Gn 37.2); o termo hebraico para "más" indica que não eram notícias verdadeiras, mas falsas e maliciosas. Segundo, José relata arrogantemente a seus irmãos e, depois, a seu pai, dois sonhos em que todos

[20] Ibid., p. 66.

[21] Levenson, "Genesis", p. 69.

se "[inclinam] até o chão diante" dele (37.10). Terceiro, seu pai demonstra claramente seu favoritismo ao mandar fazer somente para ele uma túnica enfeitada (37.3). A insensatez narcisista de José lhe custa sua liberdade quando ele, ao ser enviado por seu pai para verificar se tudo está bem com seus irmãos e com os rebanhos deles perto de Siquém, faz questão de vestir essa túnica especial. Joel Kaminsky comenta: "Como muitos filhos ao ganharem um brinquedo que os irmãos não receberam, [José], para gratificar seu ego, exibe para seus irmãos sua condição de filho preferido".[22]

Depois que os irmãos de José o vendem como escravo, ele vai para o Egito e, com sua boa aparência e seu talento, trabalha arduamente até se tornar "mordomo de sua casa [da casa de seu senhor] e encarregado de tudo o que tinha" (Gn 39.5). O senhor egípcio e o narrador atribuem o sucesso de José a Deus. O próprio José "não faz nenhuma referência a Deus", Held observa. "O leitor se pergunta, portanto, se José 'supõe que obteve esse cargo por si mesmo e que seu carisma não tem nenhum propósito maior além de lhe proporcionar uma vida confortável'."[23]

Preso injustamente depois do incidente com a esposa de Potifar (pelo qual, não obstante, talvez ele tenha uma parcela de culpa, como propõem alguns comentaristas rabínicos[24]), ele passa por uma transformação. No cárcere, onde se torna conhecido como intérprete de sonhos, ele tira o foco de si mesmo e afirma que Deus, e não ele, é quem interpreta sonhos. Ele faz o mesmo quando é chamado a comparecer diante do faraó: "Isso [dizer o significado de sonhos] não está em mim; mas Deus dará a resposta favorável a faraó" (Gn 41.16). Ele parece reconhecer que Deus é a fonte de suas aptidões e de suas realizações. Anos depois, quando ele se revela para seus irmãos, que foram comprar comida no Egito para salvar o clã de Jacó de morrer de fome, ele lhes diz que, embora tenham cometido o ato abominável de vendê-lo como escravo, "foi para preservação da vida que Deus me enviou adiante de vocês" (45.5). Em vez de se exaltar, agora ele vê seus talentos e sua jornada ao Egito como dádivas de Deus.

E, no entanto, ele permanece firme até o final em sua busca inexorável por poder e riqueza ainda maiores sob o faraó. Quando vem a grande

[22] Kaminsky, "Reclaiming a Theology of Election", p. 138.

[23] Held, *Heart of Torah*, p. 85 (que cita Kaminsky, "Reclaiming a Theology of Election", p. 139).

[24] Ibid.

fome, como Deus havia revelado por meio de José que aconteceria, ele não distribui para o povo aflito o alimento armazenado durante os anos de fartura. Ele o vende para eles até ter comprado todo o povo e suas terras para o faraó (Gn 47.20-23). Talvez seja um sinal de grande competência administrativa, mas também é um terrível desvio dos caminhos de Deus.[25] Em última análise, José usou as dádivas de Deus para se exaltar ao cargo mais elevado possível e se tornar o mais poderoso possível sem levar em conta as terríveis consequências para a maioria da população. Levenson resume a grande ironia da vida adulta de José: "Levado para o Egito como escravo, agora José se torna escravizador do Egito". E não apenas do Egito. Quando subiu ao trono egípcio um novo rei que não conhecia José (Êx 1.8), "a casa de Israel se viu, mais uma vez, do lado oprimido do processo de escravização".[26] Somos informados de que José preparou esse sistema político opressor que se instalou posteriormente. Sua sede de poder e de exaltação própria preparou o caminho tanto para a salvação quanto para a escravização dos descendentes de Jacó.

***

"Vocês, na verdade, planejaram o mal contra mim; porém Deus o tornou em bem, para fazer, como estão vendo agora, que se conserve a vida de muita gente" (Gn 50.20). Essas palavras de José, dirigidas a seus irmãos perto do final de Gênesis, destacam a providência divina em ação. Essa providência, norteada pela lealdade incondicional de Deus aos descendentes de Jacó, é o que caracteriza todo o livro de Gênesis, como Marilynne Robinson mostrou de modo tão convincente em *Reading Genesis* [Lendo Gênesis].[27] Assim como Deus transformou a crueldade dos irmãos de José em um meio de salvação para eles, Deus também está operando para conduzir destinos individuais, assuntos de família e acontecimentos mundiais para que cumpram os propósitos divinos para toda a humanidade. O mesmo se aplica em grau considerável ao vício de se esforçar para obter superioridade que vemos com tanta frequência em Gênesis: a tentativa de Caim de reafirmar sua posição de superioridade ao matar seu irmão, a tentativa dos construtores da torre de Babel de chegar aos céus,

[25] Sarna, *Genesis*, p. 321; Lerner, "Joseph the Unrighteous", p. 279.
[26] Levenson, "Genesis", p. 87.
[27] Veja Robinson, *Reading Genesis*, p. 15-17, 224-230.

os esforços de Sara para preservar a primazia de sua descendência sobre a de Hagar, e os esforços de Jacó e José para obter primazia sobre seus irmãos. O esforço humano por superioridade é abarcado pelos propósitos de Deus.

Podemos ser tentados a imaginar que, em Gênesis, a providência de Deus desempenha o mesmo papel que a "mão invisível", proposta por Adam Smith, exerce nas economias modernas: transformar males privados de egoísmo, orgulho e esforço por superioridade em benefícios públicos que estimulam boa parte do progresso da civilização. Piotr Petrovich, personagem do romance *Crime e castigo*, de Dostoiévski, expressa muito bem simplificações populares dessa ideia: eu adquiro "única e exclusivamente para mim mesmo" e, "com isso, adquiro precisamente para todos".[28] Essa ideia crassa também ilustra uma transformação importante e duvidosa produzida pelo conceito de "mão invisível": não pensamos mais em interesse próprio e esforço por superioridade como vícios. Para muitos, é possível que tenham se tornado virtudes, aquilo que nós, seres humanos, fazemos. Essa transformação de vícios de outrora em virtudes foi auxiliada pela explicação evolutiva das origens humanas, em que o interesse próprio e a competição de indivíduos e grupos são forças-motrizes necessárias para o desenvolvimento. Buscamos nossos próprios interesses e competimos porque é isso que nós, seres humanos, fazemos e, quando colaboramos com outros ao fazê-lo, chamamos a colaboração de "altruísmo".[29]

De modo contrastante, Gênesis é severo em sua narrativa da vida dos progenitores do mesmo povo que produziu seu texto e cujas histórias fundamentais ele relata. Resiste à tentação de transmutar seus vícios em virtudes, ou mesmo de escondê-los. E, no entanto, também afirma que os propósitos de Deus estão sendo cumpridos não apenas por meio de seres humanos imperfeitos e corruptos, mas por meio de seus fracassos morais. Gênesis condena Jacó por enganar Esaú para obter seu direito de primogenitura e sua bênção *e, ao mesmo tempo*, vê Deus operando para que Jacó se torne o progenitor do povo de Israel, ainda que com a ajuda de suas tramas pecaminosas. Condena José por seus esforços narcisistas por superioridade ao longo de toda a sua vida *e, ao mesmo tempo*, reconhece que os esforços que condena foram o meio usado para a salvação de Israel.

[28] Dostoevsky, *Crime and Punishment*, p. 158.
[29] Wilson, *Does Altruism Exist?*

Deus sabe como escrever certo por linhas tortas, como ensina o ditado. No entanto, o fato de Deus escrever certo por linhas tortas não "endireita" essas linhas, não justifica os males da história ao apontar para os benefícios decorrentes deles.

É prudente seguirmos o exemplo de Gênesis. Devemos reconhecer que o esforço por superioridade pode trazer benefícios importantes e também reconhecer que esse esforço é errado e causa grandes estragos. Se ocluirmos os males produzidos pelo esforço por superioridade jamais seremos capazes de abandoná-lo em favor de um tipo diferente de esforço que motive progresso verdadeiro sem o peso de todas as mazelas do esforço por superioridade, o tipo de esforço por excelência definido por propósitos dignos da humanidade que Deus nos deu.

Conclusão

Contra o esforço por superioridade: 24 teses

Para resumir do que este livro tratou...

1. Esforçar-se para obter superioridade é esforçar-se para ser melhor que os outros e, em regra, ser reconhecido pelos outros como alguém melhor que eles. O esforço por superioridade é diferente do esforço por excelência, em que a pessoa se esforça para alcançar algo independentemente de como se compara com os outros. (Veja a distinção no cap. 1.)
2. O esforço por superioridade pode ter (e teve) muitos efeitos positivos. Nós lhe devemos, pelo menos em parte, muitos avanços extraordinários em todos os campos das empreitadas humanas: ciências, artes, esportes, economia e mais. Ainda assim, o esforço por superioridade é um vício. É *moralmente* problemático para os que se esforçam, para os que os cercam e para o mundo como um todo. (A ambivalência de Rousseau a respeito do esforço por superioridade no cap. 1 é instrutiva.)
3. O esforço por superioridade tem diferentes graus de intensidade, desde tendências que observamos em nós mesmos e que somos capazes de refrear ou superar até uma paixão arrogante que nos controla e consome e à qual nos entregamos inteiramente. A pior manifestação do esforço por superioridade se dá quando ele passa a ser o valor predominante ao qual a maioria dos outros valores (e, em casos extremos, todos eles) é subordinada. Nesse caso, torna-se um vício quase incurável. (O Satanás de Milton é o exemplo perfeito.)
4. O esforço por superioridade é sempre um esforço individual. Ao mesmo tempo, é um vício inerentemente *social*. Por definição, precisa de outros a quem o indivíduo possa superar. Em sua maior parte, também se alimenta da presença de terceiros: seu olhar, sua avaliação

e seu reconhecimento público. Uma vez que o reconhecimento depende de um referencial público em comum, o esforço por superioridade pressupõe um sistema compartilhado de valores em que ser melhor que alguém é um valor importante. (Considere o padrão de beleza no caso de Pecola, no romance de Toni Morrison, ou uma visão da vida segundo padrões humanos, em Paulo.)

5. Muitas vezes, pessoas são envolvidas no esforço por superioridade de outros; em alguns casos, desejam se tornar parte dele, recorrentemente são seduzidas por ele e, por vezes, são obrigadas a participar dele. De uma forma ou de outra, sua suposta grandeza superior está inserida no esforço de outra pessoa para obter essa grandeza. Pais talvez pressionem um filho a se esforçar para obter superioridade acadêmica em relação a seus colegas. Ou o apoio fervoroso a um líder político tido como superior (com frequência, um líder que faz asserções exageradas de sua superioridade) eleva cidadãos que se sentem marginalizados e inferiores. (Veja como Satanás arruinou a humanidade para tentar vencer a competição por superioridade com Deus.)

Superioridade e inferioridade

6. Parte considerável da natureza problemática do esforço por superioridade reside na tendência de pensar que ser melhor do que alguém *em algo* se traduz em ser melhor do que alguém *como pessoa*. Uma pressuposição tácita por trás da percepção de superioridade pessoal é a ideia de que uma pessoa é a soma de suas realizações e de seus recursos; ela é autocriada. Suas realizações e seus recursos são sua *identidade* e, portanto, são a medida de seu valor como pessoa. (Veja a asserção de autocriação do Satanás de Milton.)

7. Ao longo de toda a história, mas talvez especialmente em nossos dias, muitos chegaram à conclusão de que o esforço por superioridade aprimora a pessoa que se esforça. Ainda que isso aconteça, o preço desse aprimoramento para o eu é extremamente alto. Ao exaltar o eu que se esforça, esse esforço simultaneamente o desvaloriza e pressupõe que ele é inferior, pois ele se firma na recusa em aceitar e amar o eu caso não esteja à altura de seus ubíquos possíveis concorrentes ou

mesmo os supere. (Considere o ódio que o Satanás de Milton tem de si mesmo e o estrago causado pelas comparações nas redes sociais na vida de crianças e adolescentes; veja cap. 1.)

8. Não é necessário (e talvez não seja possível) determinar quem vem primeiro: o desejo de ser superior ou a dor de ser inferior. Os dois geralmente andam juntos. O esforço contínuo para ser superior é motivado pela dor da inferioridade. Ao mesmo tempo, o esforço bem-sucedido por superioridade deixa um rasto de decepções de inferioridade. (Veja o papel do desânimo no esforço do pequeno lírio de Kierkegaard e as consequências de seu esforço.)
9. O esforço por superioridade alivia a dor causada pela inferioridade da pessoa que se esforça ao inferiorizar aquele a quem ela se tornou superior; em essência é uma questão de troca de posições de dois concorrentes. O esforço por superioridade consiste em procurar descarregar em outros a dor da inferioridade. Portanto, apenas transfere para outro lugar o problema da inferioridade em vez de resolvê-lo. (Mais uma vez, o Satanás de Milton é o exemplo perfeito.)
10. Pode parecer que o esforço por superioridade, se bem-sucedido, acabará com o sentimento de inferioridade do indivíduo que se esforça e aumentará seu valor próprio ao lhe dar a sensação de preeminência. No entanto, qualquer percepção de valor próprio obtida dessa maneira é frágil, sempre sujeita a ser derrubada. O valor próprio só pode ser garantido quando não é derivado de relacionamentos competitivos, quando é estabelecido antes de qualquer comparação. (De acordo com Kierkegaard, o lírio teria murchado se imaginasse que era amado por Deus não independentemente de sua beleza, mas em razão dela.)
11. O lado ignóbil do esforço por superioridade consiste na possibilidade de procurarmos superar nossos opositores ao frustrar seus esforços. Posso obter superioridade em relação a um concorrente ao rebaixá-lo e não apenas ao me aprimorar. (Esse é o objetivo do Satanás de Milton ao se rebelar contra Deus e tentar Adão, Eva e Cristo.)

O peso do esforço por superioridade

12. Uma vez que o esforço por superioridade é atrelado não a um objeto, qualidade ou destino final específico, mas a superar o alvo móvel

das realizações de outros, esse esforço nunca cessa. Qualquer superioridade que alcancemos é conquistada a duras custas e, ao mesmo tempo, é efêmera. Ademais, em nosso esforço para obter superioridade, precisamos trabalhar para nos tornar superiores e permanecer superiores; sempre pode acontecer de ficarmos para trás, ou de outros nos alcançarem ou nos ultrapassarem. Não importa quão superiores tenhamos nos tornado, a ameaça da inferioridade sempre paira sobre nós. (Até mesmo os maiores de todos só podem ocupar essa posição por um tempo.)

13. Temos a tendência de imaginar que o esforço por superioridade é um exercício de liberdade: um indivíduo soberano que se eleva a fim de se tornar o melhor. No entanto, quando vencer outros é o valor mais importante (ou mesmo apenas o valor predominante), o esforço por superioridade se transforma em compulsão. A dor da inferioridade é insuportavelmente forte e, portanto, ou caímos em depressão ou *precisamos* nos elevar acima de outros a fim de sentir alívio ao olhar para aqueles que nós vencemos. (O Satanás de Milton guerreia contra Deus ciente de que não pode vencer, mas suprime esse conhecimento.)
14. Presos ao esforço por superioridade, sem um destino fixo ou um limite à vista, expulsamos de nossa vida todo contentamento. Irrequietos, temos facilidade de amar e celebrar mudança, movimento e crescimento (ou, pelo menos, aparência de crescimento), mas temos dificuldade de amar e celebrar o que éramos e tínhamos, o que somos e temos, ou mesmo o que seremos; a busca por superioridade quase sempre faz promessas falsas sobre o futuro e, portanto, gera decepção. (O pequeno lírio de Kierkegaard é o exemplo mais vívido.)

Superioridade, verdade e coisas boas

15. A maioria das asserções de superioridade se apoia em conceitos falsos. Nenhuma de minhas realizações é predominantemente minha, e é impossível separar minha contribuição da contribuição de muitos outros. Qualquer que seja a maneira pela qual eu provo que sou superior a alguém em alguma coisa, nunca sou capaz de identificar de imediato em que medida sou a origem exclusiva dessa superioridade e assumir crédito. (Para Paulo, esse é um importante motivo

para a inadequação de qualquer avaliação comparativa de nós mesmos ou de outros.)

16. Aqueles que se esforçam para ser superiores a outros usam conceitos falsos como arma contra concorrentes; por vezes, aquilo que imaginam ser fato a respeito de si mesmo e outros é, na realidade, uma distorção ou negação da verdade. Ao procurar reconhecimento de minha superioridade e evitar a vergonha da inferioridade, exagero minhas realizações e minimizo as de outros. Conceitos falsos e mentiras me elevam na percepção de outros mais que apenas minhas realizações seriam capazes de fazer, mesmo que minha asserção dessas realizações já se baseasse, em parte, em conceitos falsos, como observei na tese 15. (Quanto ao papel das mentiras no esforço por superioridade, considere o Satanás de Milton.)
17. Quando ser superior a outros é o valor predominante, o esforço por superioridade esvazia muitas coisas boas e valiosas. Seu valor passa a ser medido de acordo com sua contribuição para a superioridade de quem se esforça, não importa quão valiosas ou sagradas essas coisas sejam de si mesmas. (Essa é uma das lições do discurso em que Paulo considera a lei de Deus "lixo" quando usada como instrumento para retidão superior, ou do fato de o pequeno lírio de Kierkegaard destruir sua própria beleza, maior que a glória de Salomão.) Se uma coisa boa me caracteriza como alguém inferior porque meu concorrente adquiriu uma coisa melhor e conquistou mais realizações, esse fato em si desvaloriza aquela coisa boa aos meus olhos e a transforma em um meio malsucedido de alcançar meu fim. Em contrapartida, se uma coisa verdadeiramente boa caracteriza meu concorrente como alguém superior, será difícil, e por vezes até impossível, eu ter prazer nela. (O Satanás de Milton, ao observar a terra recém-criada, fica "cheio de desprazer" com "todo o prazer" de sua beleza.)
18. A inferioridade que o esforço por superioridade desencadeia tem consequências devastadoras na biosfera. A fim de ascender na hierarquia social, entramos em um ciclo de desperdício em que descartamos tudo o que nos atrasa (uma roupa da moda do ano passado, um *smartphone* de dois anos atrás) e adquirimos coisas novas para aprimorar nosso *status*, ao mesmo tempo que enchemos de lixo o planeta que é nosso lar. O esforço por superioridade que acelera inovação

pode não apenas nos cegar completamente para muitas coisas boas não competitivas (como os caracóis de árvore havaianos chamados "joias da floresta"), mas nos tornar agentes ativos de sua destruição.

19. O esforço por superioridade tem a tendência de apagar as particularidades das pessoas. Quem se esforça para obter superioridade passa a maior parte do tempo fazendo comparações conforme uma só escala de valores (uma só escala de beleza, inteligência, sucesso, e assim por diante) e, então, procura concretizar uma forma superior desse valor. Ao longo do caminho, somos infiéis à nossa forma específica de sermos humanos, ao tipo de beleza, inteligência e sucesso apropriados especificamente para nós. Ao mesmo tempo, quando nos concentrarmos em classificações hierárquicas, nosso esforço por superioridade nos leva a perder a percepção de glória presente no simples fato de que somos humanos. "Morremos", assassinados por nossa própria mão, levada a esse ato hediondo pela cultura e estrutura de esforço por superioridade. (Kierkegaard destaca os perigos disso para nossa singularidade e para nossa humanidade.)

Além da superioridade e inferioridade

20. Para evitar essa "morte", para viver em verdadeira liberdade e com alegria, precisamos abrir mão do esforço por superioridade. Cada um de nós é glorioso pelo simples fato de ser humano. Deus nos concede existência e glória ao nos fazer existir como espécime singular da humanidade. Quando outros nos quebram e quando quebramos a nós mesmos, seja no esforço por superioridade ou de outras maneiras, Deus promete nos tornar "nova criação". Graças ao fato de que Deus nos valoriza e permanece ao nosso lado, quer estejamos quebrados ou inteiros, nossa glória é maior do que qualquer coisa que possamos fazer para nos tornar gloriosos. (Essa é a convicção central de Paulo, de Milton e de Kierkegaard, o alicerce de todo o edifício de seu pensamento.)

21. O grau de importância de uma pessoa em uma comunidade é exatamente igual ao de qualquer outra; não há membros superiores ou inferiores. Valor ou *status* superior ou inferior são ficções sociais; exercem forte atração e são extremamente destrutivas, mas, ainda assim, não passam de ficções. (Paulo é claro e Kierkegaard é categórico a esse respeito.)

22. A glória que recebemos de Deus é, ao mesmo tempo, o destino alcançado e a jornada iniciada. É o chamado que vem do mais recôndito de nosso ser para viver e manifestar no mundo nossa glória específica como criaturas de Deus singulares e insubstituíveis. Esse é um convite para esforço e até para zelo. Contudo, nesse esforço não importa como nos saímos em comparação com outros. Eles não são nossa medida, embora possam servir de inspiração ou advertência. A medida da excelência é Jesus Cristo. E ele também é a garantia de nossa futura excelência (fato que Paulo, Milton e Kierkegaard ressaltam).
23. Uma das injunções mais revolucionárias do Novo Testamento, um aspecto fundamental da excelência que todos os seguidores de Cristo devem almejar, é para que cada pessoa em uma comunidade trate todas as outras como se fossem superiores, não em realizações, mas em importância. A obediência a essa injunção é, provavelmente, a melhor maneira de subverter o esforço por superioridade e as hierarquias de honra que ele produz e que dependem principalmente de diferenças relativas, e não absolutas.
24. A prática de tratar outros como superiores a nós é mais que uma estratégia para mudança social radical. Reflete o próprio caráter do Deus de quem, por meio de quem e para quem são todas as coisas (veja Rm 11.36). Como diz o Credo Niceno, em Jesus, aquele "por meio do qual todas as coisas foram feitas [...] desceu" e se tornou servo, o mais humilde dos seres humanos, a fim de elevar todos a glória semelhante à dele.

Agradecimentos

Creio que somos opacos para nós mesmos — ou, como disse Nietzsche em *Genealogia da moral*, "nós conhecedores somos desconhecidos para nós mesmos" — e que outros são ainda menos cognoscíveis para nós. Portanto, não sabemos ao certo em que medida qualquer uma de nossas realizações é devidamente nossa e o quanto devemos a outros (veja cap. 4, seção 6). Se isso é verdade, escrever agradecimentos é uma empreitada quase sempre condenada a fracassar. E, no entanto, é necessária e não inteiramente impossível. Não se preocupe, pois não vou tentar identificar todas as contribuições de outros para esta obra, começando com a mente de Deus antes de o universo vir a existir com um forte lampejo, de acordo com a ciência moderna e com o antigo livro de Gênesis (como observa Marilynne Robinson em *Reading Genesis*). Essa seria a parte "impossível" de "não inteiramente impossível". O que posso fazer é citar o nome dos colaboradores que ajudaram de forma direta a dar existência a este livro. É meu dever e minha alegria citar esses nomes, mesmo que eu não seja capaz de identificar exatamente onde minha contribuição termina e onde começa a deles. É correto que honremos o autor, mas, na verdade, não sabemos o que significa ser autor de uma obra, quem ou o que exatamente é o autor de um livro, isto é, "autor" em seu sentido original de originador, "criador que realiza, aquele que faz ou cria" (Online Etymology Dictionary).

Como agradecimento geral, posso dizer que este livro sobre esforço por superioridade, ainda que venha a ser considerado bom, não define nenhuma superioridade mínima identificável de seu autor em relação a qualquer outra pessoa. Qualquer expressão de vanglória a seu respeito teria de incluir um bocado de gente, e não tenho como dizer que parcela é minha. Escrevi a maioria das palavras e redigi a maioria dos parágrafos, exceto por aqueles que, como indiquei, são de Taylor Craig, meu excelente assistente de pesquisa a quem sou profundamente grato por seu trabalho neste livro. Ele me ajudou a refletir tanto sobre a substância quanto sobre a forma do livro, encurtou o capítulo sobre Milton e me ajudou a dividir o capítulo sobre Paulo em dois, tarefas que também envolveram escrita, não reconhecida no texto do livro. Em determinado estágio do processo de escrita, Eric Holland também realizou um excelente trabalho como meu assistente de pesquisa. Sou grato, ainda, a Karin Fransen (do Centro de Fé e Cultura de Yale) por sua contribuição editorial. Algumas das palavras deste livro são dela, e a ausência de palavras grafadas incorretamente, de escolhas equivocadas de termos e de frases deselegantes também se deve a ela. Eric Salo (da editora Baker) preparou com grande competência o manuscrito para impressão.

Muitos colegas e amigos leram versões anteriores de capítulos individuais ou de todo o manuscrito e fizeram comentários valiosos: Drew Collins, Matthew Croasmun, Andrew Davison, Keri Day, Jeffrey Dill, Filippo Falcone, Matteo Frey, Stephen Garcia, John Hare, Justin Hawkins, Jeppe Hedaa, Peter Johnson, Francisco Javier López Frías, Ross McCullough, Teresa Morgan, Stephanie Mota Thurston, Tiago de Melo Novais, Charlotte vanOyen-Witvliet, Mark Seifrid, Kendall Soulen, Kathryn Tanner e Jonathan Wilson-Hartgrove. Foi Jonathan quem me incentivou a escrever de modo mais direto sobre o que Jesus tinha a dizer sobre o esforço por superioridade, em vez de apenas deixar que Milton e Kierkegaard articulassem seu ensino. O resultado é a primeira parte do capítulo 6.

Ao olhar para o manuscrito deste livro, sou grato aos membros do conselho consultivo do Centro de Fé e Cultura de Yale: Marjie Calvert, Meagan Carter, Smoot Carter, Bill Cross, Laura Giles, Walter Giles, Julie Johnson, Louis Kim, Pam King, Patty Love, Skip Masback, Peter Meringolo, Jill Otto, Fred Sievert, Beth Stephenson e Scott Stephenson. Sem eles, eu não teria uma equipe da qual alguns membros pesquisaram, editaram e comentaram rascunhos deste livro. Conversei com todos os membros do conselho sobre as ideias do livro e, com alguns deles, tive interações mais longas acerca de sua tese.

Apresentei parte do conteúdo desta obra na forma de palestras nos seguintes eventos: Richard Myers Lecture Series na University Baptist Church em Charlottesville, Virginia (2022); Gross Memorial Lectures em Valparaiso University em Valparaiso, Indiana (2024); e Edward Schillebeecx Lecture na Catholic University em Leuven, Bélgica (2024). Sou grato a Matthew Tennant, Lisa Driver e Stephan van Erp pelos convites e aos ouvintes dessas palestras por seu envolvimento ativo com o material. Como observei no prefácio, uma forma incipiente desse material foi apresentada no Segundo Congresso Global sobre Esportes e Cristianismo na Calvin University em Grand Rapids, Michigan (2019). Sou grato a Brian Bolt por me convidar, a Kristen Deede Johnson por sua resposta e a professores que, posteriormente, participaram da discussão da palestra e de minha teologia de modo mais amplo. É em parte graças a sua oposição que minha primeira tentativa de escrever sobre o esforço por superioridade amadureceu e se transformou neste livro.

Ao longo dos anos, a organização McDonald Agape Foundation tem apoiado meu trabalho e o trabalho do Centro de Fé e Cultura de Yale. Ela praticamente custeou de modo direto dois pequenos congressos em Yale sobre o esforço por superioridade, o que me permitiu escolher colegas para me ajudar a refletir sobre vários aspectos desse assunto. Sou grato especialmente a Peter McDonald, atual presidente da fundação e membro de seu conselho, por acreditar no trabalho que estou realizando.

Robert Hosack, meu editor na Brazos, merece gratidão não apenas por dirigir o processo editorial deste livro, mas também por permitir que eu o colocasse no lugar de outro para o qual eu havia assinado contrato.

Este livro é dedicado a Ryan MacAnnally-Linz, atual diretor administrativo do Centro de Fé e Cultura de Yale. Ele se tornou meu assistente de pesquisa pouco depois que veio de Darthmouth para estudar na Yale Divinity School in 2008, e temos trabalhado juntos desde então. Uma vez que ele escreveu uma tese de doutorado magistral sobre humildade, foi a primeira pessoa com quem conversei quando, em 2018, comecei a trabalhar em uma palestra para o Congresso Global sobre Esportes e Cristianismo. Tratamos dessa ideia durante uma longa viagem de carro; lembro-me da discussão, mas não de nosso destino, nem do motivo da viagem. Mais que qualquer outra pessoa que conheço bem, Ryan personifica o desinteresse no esforço por superioridade e o zelo por excelência que este livro procura articular a promover.

Por fim, e mais importante, sou profundamente agradecido a minha esposa, Jessica, e minha filha, Mira. Cada uma, à sua maneira, é fonte de força e alegria, e ambas são lembranças muito necessárias e bem-vindas de que, como escreve o apóstolo Paulo, amamos uns aos outros com dedicação quando procuramos considerá-los mais importantes que nós.

Bibliografia

Adler, Alfred. *The Best of Alfred Adler*. Grapevine India, 2023. Kindle.

Augustine. *The City of God against the Pagans*. Org. e trad., R. W. Dyson. Cambridge: Cambridge University Press, 1998.

Bardill, Jonathan. "A New Temple for Byzantium: Anicia Juliana, King Solomon, and the Gilded Ceiling of the Church of St. Polyeuktos in Constantinople." In: *Social and Political Life in Late Antiquity*, org. William Bowden, Adam Gutteridge e Carlos Machado, p. 339-70. Leiden: Brill, 2006.

Barker, John W. *Justinian and the Later Roman Empire*. Madison: University of Wisconsin Press, 1966.

Barnaby, Andrew. "'The Form of a Servant': At(-)onement by Kenosis in Paradise Lost." *Milton Quarterly* 52, nº 1 (2018): 1-19.

Barth, Karl. *The Epistle to the Philippians*. Trad. James W. Leitch. Richmond: John Knox Press, 1962.

Bell, Peter N., trad. *Three Political Voices from the Age of Justinian*. Liverpool: Liverpool University Press, 2009.

Bengel, John Albert. *Gnomon of the New Testament*. vol. 3, *Romans and 1 and 2 Corinthians*. Trad. James Bryce. Edimburgo: T&T Clark, 1877.

Bertram, Christopher. "Jean-Jacques Rousseau." *Stanford Encyclopedia of Philosophy*. Stanford University. Publicado pela primeira vez em 27 de setembro 2010. Revisado em 21 de abril de 2023. https://plato.stanford.edu/entries/rousseau.

Blake, William. *The Marriage of Heaven and Hell*. Boston: John W. Luce and Company, 1906.

Bloom, Harold. *The Anxiety of Influence: A Theory of Poetry*. Oxford: Oxford University Press, 1973.

Bonhoeffer, Dietrich. "Who Am I?". In: Dietrich Bonhoeffer Works, vol. 8, *Letters and Papers from Prison*, org. John W. de Gruchy, p. 459-60. Minneapolis: Fortress, 2010.

Bultmann, Rudolph. "καυχάομαι." In: *Theological Dictionary of the New Testament*, vol. 3, org. Gerhard Kittle e Gerhard Friedrich, p. 645-54. Grand Rapids: Eerdmans, 1964-76.

Chapais, Bernard. "Competence and the Evolutionary Origins of Status and Power in Humans." Human Nature 26 (2015): 161-83.

Charvet, John. *The Social Problem in the Philosophy of Jean-Jacques Rousseau*. Cambridge: Cambridge University Press, 1974.

Cheng, Joey T., Jessical L. Tracy e Joseph Henrich, "Pride, Personality, and the Evolutionary Foundations of Human Social Status". *Evolution and Human Behavior* 31, nº 5 (2010): 334-47.

Cohen, Paula Maranz. "Injured Merit: How a Righteous Sense of Grievance Can Lead to a Better World." *American Scholar*, 28 de janeiro de 2021. https://theamericanscholar.org/injured-merit.

Cortina, Adela. *Aporophobia: Why We Reject the Poor Instead of Helping Them*. Princeton: Princeton University Press, 2022. [No Brasil, *Aporofobia, a aversão ao pobre: Um desafio para a democracia*. São Paulo: Contracorrente, 2020.]

De Benoist, Alain. *On Being a Pagan*. Trad. John Graham. North Augusta: Arcana Europa Media, 2018.

Dostoevsky, Fyodor. *Crime and Punishment*. Trad. Richard Pevear; Larissa Volokhonsky. Nova York: Vintage, 2021.

Ehrenberg, Alain. *The Weariness of the Self: Diagnosing the History of Depression in the Contemporary Age*. Montreal: McGill-Queen's University Press, 2009.

Falcone, Filippo. *Milton's Inward Liberty: A Reading of Christian Liberty from the Prose to Paradise Lost*. Eugene: James Clark, 2014.

Fee, Gordon. *The First Epistle to the Corinthians*. Grand Rapids: Eerdmans, 2014. [No Brasil, *1Coríntios: Comentário exegético*. São Paulo: Vida Nova, 2019.]

Fowl, Stephen E. "Christology and Ethics in Philippians 2:5-11." In: *Where Christology Began: Essays on Philippians 2*, org. Ralph P. Martin e Brian J. Dodd, p. 140-53. Louisville: Westminster John Knox, 1998.

Frías, Francisco Javier López. "Games as Windows and Remedies to Modern Society: A Qualified Defense of Agonistic Encounters." Yale Center for Faith & Culture, consulta sobre "Striving for Superiority", New Haven, 8-9 de dezembro de 2023.

Furnish, Victor Paul. *II Corinthians: Translated with Introduction, Notes and Commentary*. Anchor Bible 32A. Garden City: Doubleday, 1984.

Galbraith, John Kenneth. *The Affluent Society*. Boston: Houghton Mifflin, 1959.

Gathercole, Simon J. *Where Is Boasting? Early Jewish Soteriology and Paul's Response in Romans 1—5*. Grand Rapids: Eerdmans, 2002. Kindle.

Gilbert, Sandra M. "Patriarchal Poetry and Women Readers: Reflections on Milton's Bogey." *Publications of the Modern Language Association (PMLA)* 93, nº 3 (maio de 1978): 368-82. https://www.jstor.org/stable/461860. "The Hagia Sophia Case." Harvard Law Review 134, nº 3 (janeiro de 2021): 1278- 85. https://harvardlawreview.org/print/vol-134/the-hagia-sophia-case.

Han, Byung-Chul. *The Burnout Society*. Trad. Erik Butler. Stanford: Stanford University Press, 2015. [No Brasil, *Sociedade do cansaço*. Petrópolis: Vozes, 2015.]

Harrison, R. M. "The Church of St. Polyeuktos in Istanbul and the Temple of Solomon". *Harvard Ukrainian Studies 7* (janeiro de 1983): 276-79.

Hawkins, Justin. "Pusillanimity, Superiority, Magnanimity, Haecceity: A Reply to Miroslav Volf." Yale Center for Faith & Culture, consulta sobre "Striving for Superiority", 9-10 de setembro de 2022.

Held, Shai. *The Heart of Torah*. vol. 1, *Essays on the Weekly Torah Portion: Genesis and Exodus*. Philadelphia: Jewish Publication Society, 2017.

______. *Judaism Is about Love: Recovering the Heart of Jewish Life*. Nova York: Farrar, Straus and Giroux, 2024.

Hellerman, Joseph H. *Reconstructing Honor in Ancient Philippi: Carmen Christi as Cursus Pudorum*. Cambridge: Cambridge University Press, 2005.

Hengel, Martin. *Crucifixion in the Ancient World and the Folly of the Message of the Cross*. Trad. John Bowden. Philadelphia: Fortress, 1977.

Hobbes, Thomas. *The Elements of Law, Natural and Politic*. Org. Ferdinand Tönnies. Londres: Frank Cass, 1969.

Homer. *The Odyssey of Homer*. Trad. Richmond Lattimore. Nova York: HarperCollins, 2007.

Hunter, William B. "Milton on the Exaltation of the Son: The War in Heaven in Paradise Lost." *English Literary History 36*, nº 1 (março de 1969): 215-31.

Janezic, Katharina A. e Aina Gallego. "Eliciting Preferences for Truth-Telling in a Survey of Politicians." *Proceedings of the National Academy of Sciences of the United States of America 117*, nº 36 (agosto de 2020): 22002-22008. https://doi.org/10.1073/pnas.2008144117.

Johnston, James E. "Milton on the Doctrine of the Atonement." *Renascence* 38, nº 1 (outono de 1985): 40-53.

Julian of Norwich. *Revelations of Divine Love*. Trad. Barry Windeatt. Oxford: Oxford University Press, 2015.

Kaminsky, Joel S. "Reclaiming a Theology of Election: Favoritism and the Joseph Story." *Perspectives in Religious Studies* 31, nº 2 (verão de 2004): 135-52.

Kant, Immanuel. *Religion within the Boundaries of Mere Reason*. Orgs. Allen Wood e George di Giovanni. Cambridge: Cambridge University Press, 1998.

Kavanagh, Jennifer e Michael D. Rich. *Truth Decay: An Initial Exploration of the Diminishing Role of Facts and Analysis in American Public Life*. Santa Monica, CA: RAND, 2018.

Kestenbaum, Moshe Don. *Run after the Right Kavod: Changing the World— and Yourself!—through Proper Use of Respect, Self-Esteem, and Honor*. Lakewood: Israel Bookshop, 2011.

Kiechel, Walter. "The Case against Competing." *Harvard Business Review*, 30 de abril de 2015. https://hbr.org/2015/04/the-case-against-competing.

Kierkegaard, Søren. *Christian Discourses*. Org. e trad. Howard V. Hong e Edna H. Hong. Princeton: Princeton University Press, 1997.

______. *Without Authority*. vol. 18 in: *Kierkegaard's Writings*. Trad. Howard V. Hong e Edna H. Hong. Princeton: Princeton University Press, 1997.

______. *Philosophical Fragments*. Trad. David F. Swenson e Howard V. Hong. Princeton: Princeton University Press, 1962.

______. *Practice in Christianity*. Org. e trad. Howard V. Hong e Edna H. Hong. Princeton: Princeton University Press, 1991.

______. *The Sickness unto Death: A Christian Psychological Exposition for Upbuilding and Awakening*. Org. e trad. Howard V. Hong e Edna H. Hong. Princeton: Princeton University Press, 1980.

______. *Upbuilding Discourses in Various Spirits*. Org. e trad. Howard V. Hong e Edna H. Hong. Princeton: Princeton University Press, 1993.

______. *Works of Love*. Trad. Howard V. Hong e Edna H. Hong. Princeton: Princeton University Press, 1995.

Kilgour, Maggie. "'Thy Perfect Image Viewing': Poetic Creation and Ovid's Narcissus in Paradise Lost." *Studies in Philology* 102, nº 3 (verão 2005): 307-39.

Labriola, Albert C. "'Thy Humiliation Shall Exalt': The Christology of Paradise Lost". *Milton Studies* 15 (1981): 29-42.

Levenson, Jon D. *The Death and Resurrection of the Beloved Son: Transformation of Child Sacrifice in Judaism and Christianity*. New Haven: Yale University Press, 1995.

______. "Genesis". In: *The Jewish Study Bible*, 2ª ed., org. Adele Berlin e Marc Zvi Brettler, p. 10-94. Nova York: Oxford University Press, 2014.

______. *Inheriting Abraham: The Legacy of the Patriarch in Judaism, Christianity, and Islam*. Princeton: Princeton University Press, 2012.

______. *The Love of God: Divine Gift, Human Gratitude, and Mutual Faithfulness in Judaism*. Princeton: Princeton University Press, 2016.

Lerner, Berel Dov. "Joseph the Unrighteous." *Judaism* 38 (1989): 278-81.

Lewis, C. S. *A Preface to Paradise Lost: Being the Ballard Matthews Lectures Delivered at University College, North Wales, 1941*. London: Oxford University Press, 1954. [No Brasil, *Prefácio ao Paraíso perdido*. Rio de Janeiro: Thomas Nelson Brasil, 2024.]

Linton, Ralph. *The Study of Man*. Nova York: Appleton-Century-Crofts, 1936.

Lippitt, John e C. Stephen Evans. "Søren Kierkegaard." *Stanford Encyclopedia of Philosophy*. Stanford University. Publicado pela primeira vez em 3 de dezembro de 1996. Última alteração em novembro de 2017. https://plato.stanford.edu/archives/ spr2023/entries/kierkegaard.

Livy. *The Early History of Rome, Books I-V*. Trad. Aubrey de Sélincourt. New York: Penguin Classics, 2002.

Lohfink, Gerhard. *Wie hat Jesus Gemeinde gewollt? Zur gesellschaftlichen Dimension des christlichen Glaubens*. Freiburg: Herder, 1982.

Löwith, Karl. *Von Hegel zu Nietzsche: Der revolutionäre Bruch im Denken des 19.* Jahrhunderds. Hamburg: Felix Meiner Verlag, 1969.

Luthar, Suniya S. e Nina L. Kumar. "Youth in High-Achieving Schools: Challenges to Mental Health and Directions for Evidence-Based Interventions." In: *Handbook of School-Based Mental Health Promotion: An Evidence-Informed Framework for Implementation*, org. Alan W. Leschied, Donald H. Saklofske e Gordon L. Flett, p. 441-58. Nova York: Springer Science, 2018.

Luther, Martin. *The Freedom of the Christian*. In: *Luther's Works*, vol. 31, *Career of the Reformer I*, org. Harold J. Grimm; Helmut T. Lehmann, trad. W. A. Lambert, p. 327-78. Philadelphia: Muhlenberg, 1957.

______. "The Heidelberg Disputation, 1518". In: *Luther's Works*, vol. 31, *Career of the Reformer I*, org. e trad. Harold J. Grimm, p. 35-70. Philadelphia: Fortress, 1957.

______. *Lectures on Romans*. In: *Luther's Works*, vol. 25, org. Hilton C. Oswald, p. 433-67. St. Louis: Concordia, 1972.

______. "The Magnificat". In: *Luther's Works*, vol. 21, *Sermon on the Mount and the Magnificat*, org. Jaroslav Jan Pelikan, trad. A. T. Steinhaeuser, 295-355. St. Louis: Concordia, 1956.

______. "Preface to the Epistle of St. Paul to the Romans". In: *Luther's Works*, vol. 34, *Word and Sacrament I*, org. E. Theodore Bachmann e Helmut T. Lehmann, trad. Charles M. Jacobs, p. 365-80. Philadelphia: Muhlenberg, 1960.

______. "Two Kinds of Righteousness, 1519". In: *Luther's Works*, vol. 31, *Career of the Reformer I*, org. Harold J. Grimm, trad. Lowell J. Satre, p. 293-306. Philadelphia: Fortress, 1957.

Martin, Dale. *Slavery as Salvation: The Metaphor of Slavery in Pauline Christianity*. New Haven: Yale University Press, 1990.

McClanan, Anne. *Representations of Early Byzantine Empresses: Image and Empire*. Nova York: Palgrave MacMillan, 2002.

Meier, Heinrich. "Rousseaus Diskurs über den Ursprung und die Grundlagen der Ungleichheit unter den Menschen: Ein einführender Essay über die Rhetorik und die Intention des Werkes." In: *Diskurs über die Ungleichheit, by Jean-Jacques Rousseau*, org. Heinrich Maier, p. xxi-lxvii. Paderborn: UTB, Stuttgart, 2001.

Milton, John. *Complete Poems and Major Prose*. Org. Merritt Y. Hughes. Indianapolis: Hackett, 2003.

______. *Paradise Lost*. Org. William Kerrigan, John Rumrich e Stephen M. Fallon. Nova York: Modern Library, 2008.

______. "The Tenure of Kings and Magistrates". In: *John Milton: Complete Poems and Major Prose*, org. Merritt Y. Hughes. Indianapolis: Hackett, 2003.

Morgan, Teresa. *The New Testament and the Theology of Trust: "This Rich Trust"*. Oxford: Oxford University Press, 2022.

Morrison, Toni. *The Bluest Eye*. Nova York: Vintage, 2007. [No Brasil, *O olho mais azul*. São Paulo: Companhia das Letras, 2019.]

Neuhouser, Frederick. *Rousseau's Theodicy of Self-Love: Evil, Rationality, and the Drive for Recognition*. Oxford: Oxford University Press, 2009.

Nietzsche, Friedrich. *The Complete Works of Friedrich Nietzsche*. Org. Alan D. Schrift, Duncan Large e Adrian Del Caro. Stanford, CA: Stanford University Press, 2021.

______. *Nietzsche: On the Genealogy of Morality and Other Writings*. Org. Keith Ansell-Pearson, trad. Carol Diethe. Cambridge: Cambridge University Press, 2017.

______. *The Portable Nietzsche*. Trad. Walter Kaufmann. Nova York: Penguin, 1976.

______. *The Will to Power*. Trad. Walter Kaufmann; R. J. Hollingdale. Nova York: Vintage, 1968.

Ousterhout, Robert G. *Eastern Medieval Architecture: The Building Traditions of Byzantium and Neighboring Lands*. Onassis Series in Hellenic Culture. Nova York: Oxford University Press, 2019.

Ovid. *Metamorphoses*. Trad. A. D. Melville. Oxford: Oxford University Press, 2009.

Oxford English Dictionary. 2ª ed. Oxford: Oxford University Press, 2004.

Pattison, Mark. "Milton." In: *John Milton: Complete Poetical Works*. Hastings, East Sussex: Delphi Classics, 2015. Kindle.

Phillips, Edward. "The Life of Milton." In: *Complete Poems and Major Prose*, org. Merritt Y. Hughes, p. 1025-37. Indianapolis: Hackett, 2003.

Plato. *Crito*. In: *Plato: Complete Works*, org. John Cooper, trad. G. M. A. Grube, p. 37-48. Indianapolis: Hackett, 1997.

______. *Republic*. In: *Plato: Complete Works*, org. John Cooper, trad. G. M. A. Grube e C. D. C. Reeve, p. 971-1223. Indianapolis: Hackett, 1997.

Plekon, Michael. "Moral Accounting: Kierkegaard's Social Theory and Criticism." *Kierkegaardiana* 12 (junho de 1982): 69-82, https://doi.org/10.7146/kga.v12i0.31357.

Plutarch. "Caesar." In: *Roman Lives: A Selection of Eight Roman Lives*. Trad. Robin Waterfield. Oxford: Oxford University Press, 2009.

Roberts, Robert C. *Recovering Christian Character: The Psychological Wisdom of Søren Kierkegaard*. Grand Rapids: Eerdmans, 2022.

Robinson, Marilynne. *Reading Genesis*. Nova York: Farrar, Straus and Giroux, 2024.

Rogers, John. "The Infant Cry of God." English 220: Milton. Aula em Yale University, New Haven, CT, outono de 2007.

______. "Paradise Lost: Books V-VI." English 220: Milton. Aula em Yale University, New Haven, CT, outono de 2007.

Rosa, Hartmut. *Resonance: A Sociology of Our Relation to the World*. Trad. James C. Wagner. Cambridge: Polity Press, 2019.

______. *Social Acceleration: A New Theory of Modernity*. Trad. Jonathan Trejo-Mathys. Nova York: Columbia University Press, 2014.

Rousseau, Jean-Jacques. "Discourse on the Origin and the Foundation of Inequality among Men, or Second Discourse." In: *Rousseau: The Discourses and Other Early Political Writings*, org. e trad. Victor Gourevitch, p. 111-231. Cambridge: Cambridge University Press, 2019.

Sandel, Michael J. *The Tyranny of Merit: What's Become of the Common Good*. Nova York: Farrar, Straus and Giroux, 2020. [No Brasil, *A tirania do mérito: O que aconteceu com o bem comum?* Rio de Janeiro: Civilização Brasileira, 2020.]

Sarna, Nahum. *Genesis*. Philadelphia: Jewish Publication Society, 1989.

Scheler, Max. *Ressentiment*. Trad. Lewis B. Coser; William W. Holdheim. Milwaukee: Marquette University Press, 1988.

Schibille, Nadine. *Hagia Sophia and the Byzantine Aesthetic Experience*. Nova York: Ashgate, 2014.

Schofield, Malcolm. *Cicero: Political Philosophy*. Oxford: Oxford University Press, 2021.

Schottroff, Louise. *1 Corinthians*. Trad. Everett R. Kalin. Stuttgart: Kohlhammer Verlag, 2022.

Seifrid, Mark. *The Second Letter to the Corinthians*. Grand Rapids: Eerdmans, 2014.

Simmel, Georg. *Schriften zur Soziologie: Eine Auswahl*. Org. Ottenhein Rammstedt e Heinz-Jürgen Dahme. Frankfurt am Main: Suhrkamp, 1983.

Smith, Adam. *The Theory of Moral Sentiments*. Uplifting Publications, 2009. Kindle.

Soulen, Kendall. Artigo sem título. Yale Center for Faith & Culture, consulta sobre "Striving for Superiority", 9-10 de setembro de 2022.

Stendahl, Krister. *Final Account: Paul's Letter to the Romans*. Minneapolis: Fortress, 1995.

Taylor, Charles. *Cosmic Connections: Poetry in the Age of Disenchantment*. Cambridge: Belknap Press of Harvard University Press, 2024.

______. *Sources of the Self: The Making of the Modern Identity*. Cambridge, MA: Harvard University Press, 1989. [No Brasil, *As fontes do "self": A construção da identidade moderna*. São Paulo: Loyola, 1997.]

Theissen, Gerd. *The Religion of the Earliest Churches: Creating a Symbolic World*. Trad. John Bowden. Minneapolis: Fortress, 1999.

Urban, David V. "The Increasing Distance between De Doctrina Christiana and Milton's Poetry: An Answer to John K. Hale." *Connotations* 32 (abril de 2023): 1-10.

______. "Revisiting the History of the De Doctrina Christiana Authorship Debate and Its Ramifications for Milton Scholarship: A Response to Falcone and Kerr." *Connotations* 29, nº 2 (julho de 2020): 156-88.

US Surgeon General's Advisory. *Social Media and Youth Mental Health*. US Department of Health and Human Services, 2023. https://www.hhs.gov/sites/default/files/sg-youth-mental-health-social-media-advisory.pdf.

Virgil. *The Aeneid*. Trad. Robert Fitzgerald. Nova York: Vintage Books, 1990.

Volf, Miroslav. *Exclusion and Embrace: A Theological Exploration of Identity, Otherness, and Reconciliation*. Ed. rev. Nashville: Abingdom, 2019. [No Brasil, *Exclusão e abraço: Uma reflexão teológica sobre identidade, alteridade e reconciliação*. São Paulo: Mundo Cristão, 2021.]

Volf, Miroslav e Ryan McAnnally-Linz. *The Home of God: A Brief Story of Everything*. Grand Rapids: Brazos, 2022.

______. "Joyful Recognition: Debt, Duty, and Gratitude to God". In: *A Theology of Gratitude: Christian and Muslim Perspectives*, org. Mona Siddiqui; Nathanael Vette, p. 3-17. Cambridge: Cambridge University Press, 2023.

Wallace, David Foster. *This Is Water: Some Thoughts, Delivered on a Significant Occasion, about Living a Compassionate Life*. Nova York: Little, Brown, 2009.

Wilson, David Sloan. *Does Altruism Exist? Culture, Genes, and the Welfare of Others*. New Haven: Yale University Press, 2015.

Wright, N. T. "Lecture Nine: Paul's Upside-Down Boast: 2 Corinthians 11:16-12:13." Seminário on-line sobre 2Coríntios, verão de 2020.

Sobre o autor

Miroslav Volf nasceu em 1956, na Croácia. Doutor em Teologia pela Universidade de Tübingen, na Alemanha, dirige atualmente o Centro de Fé e Cultura da Universidade Yale, nos Estados Unidos. Autor e editor de mais de vinte obras, publicou pela Mundo Cristão *O fim da memória* (2009), *Uma fé pública* (2018) e *Exclusão e abraço* (2021).

Compartilhe suas impressões de leitura,
mencionando o título da obra, pelo e-mail
opiniao-do-leitor@mundocristao.com.br
ou por nossas redes sociais

Esta obra foi composta com tipografia Minion Pro
e impressa em papel Pólen Natural 70 g/m² na gráfica Imprensa da Fé